W0372710

gebrauchsanleitung
gast

FRANK SIMMETH

Für meinen Vater,
der es liebte, für Gäste zu kochen.
Er ist wohl im wahrsten Sinne
die Ur-Sache für dieses Buch.

gebrauchsanleitung gast

gäste begeistern, geschickt verkaufen

FRANK SIMMETH

MATTHAES VERLAG GMBH

Ein ganz besonderer Dank gilt meiner Frau Natalie. Ohne ihre liebevolle Ermutigung und Unterstützung hätte ich dieses Buch nicht schreiben können.

ISBN 978-3-87515-060-5

MIX
Papier aus verantwortungsvollen Quellen
FSC® C022125

Lektorat: Cornelia Ruhland, Astrid Seizinger
Illustrationen und Piktogramme: Daniel Fuhr
Satz und Gestaltung: fidus Publikations-Service GmbH
Umschlaggestaltung: Büroecco Kommunikationsdesign GmbH

Printed in Germany

Inhalt

Gebrauchsanleitung Gast

Über dieses Buch

„Wenn du gut mit Gästen und Kunden umgehen möchtest, dann musst du schon ein wenig Psychologe sein ...!“

Haben Sie diesen Satz schon einmal gehört? Mir hat das zumindest mein Ausbilder während meiner Kochausbildung so gesagt. „Lehrjahre sind keine Herrenjahre“, war ein weiterer Spruch, dessen Sinn ich in den ersten Monate in der Gastronomie zu verstehen begann. Nach schier endlosen Stunden, die ich mit Gemüse oder mit Reinigungsmitteln in der Hand verbrachte, durfte ich dann endlich an den tatsächlichen Ort des Geschehens, an die Front, zum Mittelpunkt aller Anstrengungen: den GAST! Wie es der Ruf des ehrwürdigen Hauses, eines Münchner First-Class-Hotels, verlangte, habe ich mich damals ehrfürchtig und fast ein wenig schüchtern diesem für mich neuen „Wesen“ genähert und versucht, meinen Job gut zu machen. Erster Kontakt, erstes Problem: Was heißt guter Job am Gast? So gesehen hatte ich es in der Küche einfacher. Hier gibt es Rezepte und Verfahrensweisen. Wenn ich als Koch diese Zutat mit jenem Gewürz mische und in gewisser Weise behandle, bekomme ich immer ein ganz ähnliches Ergebnis. Das ist im Umgang mit Gästen nicht ganz so einfach. Ein „Erfolgsrezept“, das heute zu glücklichen und zufriedenen Gästen führt, muss morgen nicht unbedingt das gleiche Ergebnis erzielen.

Die Aussagen, die ich damals von meinen Ausbildern bekommen habe, empfinde ich aus heutiger Sicht haarsträubend, da unzulänglich: Gut mit Gästen umzugehen würde bedeuten, auf alle Fälle freundlich, zuvorkommend, höflich, zurückhaltend, verbindlich, schnell usw. zu sein. Das ist ja nicht grundlegend falsch und hört sich sogar schlüssig an. Das Problem liegt aber darin, dass ich immer noch nicht weiß bzw. wusste, wie ich mich nun tatsächlich hätte verhalten sollen. Auch ein Spruch wie „Du musst den Gästen ihre Wünsche von den Augen ablesen!“ ist meines Erachtens nicht wirklich hilfreich, sondern gehört eher in Zaubershows oder in den Zirkus als in den gastronomischen Alltag. Wie schwer muss der Umgang mit Gästen sein, wenn wir das dazugehörige Verhalten in Verallgemeinerungen und Metaphern ausdrücken müssen? Vielleicht liegt es aber auch daran, dass der Umgang mit Gästen individuell und höchst emotional ist und es dafür einfach keine Gebrauchsanleitung gibt.

Genau an der Stelle möchte ich mit diesem Buch ansetzen. Seit vielen Jahren beschäftige ich mich als Trainer im Bereich Gastronomie und Hotellerie damit, den Prozess des Verallgemeinerns zu stoppen und wieder auf den Punkt zu bringen, welches konkrete Verhalten denn tatsächlich zum zufriedenen Gast führt. Je mehr ich mich mit diesem Thema befasse, umso mehr gewinnt der Eingangssatz meines Erachtens an Wahrheit: Du musst oder vielmehr kannst ein wenig Psychologe sein, um gezielt und geschickt mit Kunden und Gästen umzugehen! Anscheinend gibt es doch „Rezepte" und Vorgehensweisen, die bei den meisten Menschen zu ganz ähnlichem Verhalten oder Ergebnissen führen.

Auch wenn dieses Buch Wissen schaffen soll, hat es nicht den Anspruch, wissenschaftlich zu sein, sondern praxistauglich. Es wird darum gehen, wie Gäste ihre Welt, Sie und Ihre Leistung wahrnehmen; es wird von verbaler- und nonverbaler Kommunikation handeln sowie von den Wirkungsweisen, die zu Kaufentscheidungen führen. Das mag manchmal psychologisch, aber an anderer Stelle einfach nur logisch oder das Ergebnis guter Beobachtung sein. Bevor Sie nun mit Ihrer „Gebrauchsanleitung" beginnen, möchte ich Ihnen aber auch eine Gebrauchsanleitung für dieses Buch geben. Wie die vorherigen Zeilen vielleicht schon gezeigt haben, sind nicht Begrifflichkeiten oder Wissen entscheidend für den Erfolg in der Praxis, sondern einzig das entsprechende Verhalten. Zur besseren Übersichtlichkeit habe ich deshalb die Inhalte dieses Buches in vier Bereiche unterteilt:

1 Wissen und Verhalten

Immer wenn Sie dieses Zeichen neben dem Text entdecken, geht es um Inhalte und um Wissen. Sie werden jetzt etwas über Theorien, Erkenntnisse oder Thesen lesen. Ich werde anhand anschaulicher Beispiele aus der Praxis diese Inhalte näher erläutern. Ich bin der Überzeugung, dass es in den meisten Fällen sinnvoll ist, Wirkungsweisen zunächst zu verstehen, um, darauf aufbauend, das entsprechende Verhalten zu entwickeln.

2 Überprüfen

Ein ganzes Buch hat viel Text und ich halte es nicht für sinnvoll, sich große, zusammenhängende Texte zu merken. Sehr geschickt ist es aber, sich wie an einem Buffet die „Sahnestückchen" herauszupicken. Immer wenn Sie dieses Zeichen entdecken, finden Sie einige Fragen, mit denen Sie überprüfen können, ob Sie sich Ihre „Sahnestücke" auch herausgepickt haben.

3 Tipps & Übungen

Es ist schwer, einmal Gelesenes oder Erfahrenes sofort in die Praxis umzusetzen oder sich zu verändern. Hinter unserem Verhalten und unseren Meinungen steckt ja oftmals jahrelange Routine. Zusätzlich sind einige, in diesem Buch enthaltene, Modelle sehr komplex und erfordern ein gewisses Maß an Aufmerksamkeit. Immer wenn Sie dieses Zeichen sehen, finden Sie Vorschläge, wie Sie die Inhalte in der Praxis trainieren können oder Tipps, die Sie einfach und schnell im Alltag umsetzen können.

4 Nur für Profis!

Ziel dieses Buches ist es, im Umgang mit Gästen und Kunden Klarheit zu schaffen. Einige wenige im Buch genannte Übungen beziehen sich auf die Erkenntnisse der NLP (Neurolinguistischen Programmierung). Diese sind zwar psychologisch leicht zu erklären, aber für sehr rational denkende Menschen womöglich ungewöhnlich. Wenn Sie also dieses Zeichen sehen, sind Sie herzlich eingeladen, gewöhnliche Wege zu verlassen und einen Schritt mehr ins Detail zu gehen. NLP ist als Methode perfekt geeignet, um im Umgang mit Kunden und Gästen zusätzlich eine psychologische Komponente einzufügen. NLP ist schnell und unkompliziert einsetzbar, hat eine hohe Wirksamkeit und dreht sich um das Instrument der Dienstleistung schlechthin: verbale und nonverbale Kommunikation (Linguistik). Der im NLP wiederzufindende Gedanke, das eigene Verhalten und die eigene Kommunikation auf die Bedürfnisse und das Weltbild eines anderen abzustimmen, trifft meines Erachtens den Kerngedanken der Arbeit mit Gästen und Kunden.

Aus welchem Grund Sie dieses Buch nun in der Hand halten und was auch immer Sie dazu motivieren mag, jetzt weiter zu lesen: Ich verspreche Ihnen jetzt schon, dass Sie mit dem enthaltenen Wissen über Wahrnehmung, Kommunikation sowie über psychologische und soziale Wirkungsweisen Ihre Gäste nicht nur gezielt begeistern werden können, sondern auch geschickt mehr verkaufen werden. Lust? Dann lade ich Sie gerne ein zu dieser praxisnahen, humorvollen und philosophischen Reise, um Ihre Gäste besser kennen zu lernen: **Gebrauchsanleitung Gast!** Übrigens: Wenn Sie jetzt vielleicht sagen „Gäste sind auch nur Menschen“, dann haben Sie Recht! Alle in diesem Buch genannten Wirkungsweisen treffen auch auf alle anderen Menschen zu.

Ihr
Frank Simmeth

Erster Teil – Gäste begeistern

Wie Gäste „ticken“

Ein einsamer Wanderer in den Bergen. Überraschend ist Nebel aufgezogen und als dieser wieder abzieht die bittere Erkenntnis: Er hat sich verlaufen. Verzweifelt irrt er umher und erreicht nach Stunden einen breiten Bach. Überglücklich sieht er auf der anderen Seite einen Bauer bei der Feldarbeit und ruft ihm zu: „Entschuldigen Sie, wie komme ich auf die andere Seite?“ Der Bauer schaut verwundert auf und sagt: „Warum, sie sind doch schon auf der anderen Seite ...“

Nette Geschichte, aber was hat das mit unserem Thema zu tun? In diesem Witz kommt ein wichtiges Problem unserer Branche und auch gleich dessen Lösung zum Ausdruck. Um andere – sprich Gäste – verstehen zu können, muss ich deren Sichtweise einnehmen!
Eine Bekannte von mir betreibt in München einen großen Coffeeshop. Da wir uns regelmäßig austauschen, weiß ich, dass Sie von ganzem Herzen Gastgeberin ist und ihr Handeln nach den Bedürfnissen der Gäste ausrichtet. Bei einem unserer Treffen hat sie mir aber ziemlich genervt Folgendes erzählt: „Ich biete über 300 Wahlmöglichkeiten für Kaffee an und jetzt wollen die Gäste von mir auch noch laktosefreie Milch haben! Was soll ich denn noch alles machen?“. Gute Frage! Soll sie, oder soll sie nicht?
Ich würde empfehlen, dass sie zusätzlich zu „fettarm“ und „Soja“ auch „laktosefreie Milch“ anbieten soll. Das hat meines Erachtens nichts damit zu tun, dass ein Gastronom alles für Gäste möglich machen sollte. Der entscheidende Punkt ist, dass die Coffeeshops der Konkurrenz bereits laktosefreie Milch im Angebot haben und dies damit automatisch zur Erwartung der Gäste wird. Mit anderen Worten: Tut sie es nicht, fällt sie trotz 300 Wahlmöglichkeiten bei ihren Gästen negativ auf!

Ich erlebe häufig Mitarbeiter aus Gastronomie und Hotellerie, die glauben, ihre Leistung nach den Wünschen und Bedürfnissen der Gäste und Kunden auszurichten. Schnell zeigt sich dann aber, dass in der Realität die Leistung nicht mit den tatsächlichen Erwartungen der Gäste verglichen wird, sondern nur die angenommenen Erwartungen mit der Leistung. Das hört sich dann in der Praxis so oder ganz ähnlich an: „Ich glaube, dass meine Gäste dies und jenes von mir erwarten. Das, was ich dafür jetzt an Leistung inklusive Kraft und Energie aufwende, sollte ausreichend sein.“. An diesem Beispiel wird schnell deutlich, dass Gäste möglicherweise eine andere Haltung dazu haben, welche Leistung angemessen ist. Als zweiter Aspekt spielt auch die Wahrnehmung der Gäste eine große Rolle. Was nutzt es, wenn Mitarbeiter in stundenlanger Kleinarbeit exotische Serviettenformen falten, wenn die

Gäste das einfach übersehen? Wenn Sie Ihre Gäste begeistern möchten, lohnt es sich, die Sichtweise der Gäste anzunehmen um herauszufinden, was sie tatsächlich von Ihnen erwarten und wie sie Ihre Leistung wahrnehmen.

Sehen Gäste überhaupt richtig?

Bevor wir uns der Frage der Erwartungen zuwenden, sollten wir einige Grundlagen darüber klären, wie Ihre Gäste ihre eigene Welt wahrnehmen und begreifen. Zunächst ist es wichtig zu wissen, dass das Fenster in diese Welt aus 5 Wahrnehmungskanälen besteht: sehen, hören, fühlen, riechen und schmecken. Auch wenn manche Menschen noch einen 6. oder 7. Sinn beschwören, sind es doch vor allem diese 5 Kanäle, mit denen wir uns einen Eindruck über unsere Umwelt verschaffen.

Welche interessanten Abläufe während eines Wahrnehmungsprozesses passieren, können Sie ganz leicht mit einem kleinen Test herausfinden: Bitten Sie einmal einen Freund oder Bekannten, Ihnen einen seiner letzten Restaurantbesuche zu beschreiben. Ich gehe einfach einmal davon aus, dass die Geschichte, die Sie jetzt hören werden, je nach Detailverliebtheit Ihres Gegenübers eine Länge zwischen 2 und 15 Minuten haben wird. Auf jeden Fall wird die Geschichte kürzer sein als der Restaurantbesuch selbst.
Normalerweise „kürzt" Ihr Gegenüber sein Restauranterlebnis und wird sich wahrscheinlich nicht mehr an alle Details erinnern. Vielleicht werden Sie in der Erzählung auch Sätze hören wie „Wir wurden von den Mitarbeitern freundlich bedient." oder „Da sitzt man ganz bequem." usw. In den meisten Fällen wird es aber so gewesen sein, dass Ihr Bekannter oder Freund eben nicht von allen Mitarbeitern bedient worden ist und wahrscheinlich nicht alle Plätze auf Sitzkomfort getestet hat. Das bedeutet, dass Einzelerlebnisse und Erfahrungen verallgemeinert werden. Selten werden Sie Beschreibungen hören über einzelne Bilder im Restaurant oder über genaue Zutaten und die Zusammenstellung der Speisen. Viel öfter wird wahrscheinlich die Rede davon sein, wie perfekt das Essen harmoniert hat oder eben nicht, ob die Atmosphäre gefallen hat oder eher geschmacklos war. Mit anderen Worten: Sie erhalten nicht mehr eine Beschreibung der sachlich wahrgenommenen Dinge, sondern eine individuelle Bewertung. Was ich hier aufzeigen möchte ist, dass die Wahrnehmung der Gäste eine sehr individuelle Sache ist und dass psychologisch gesehen drei Filter die Wahrnehmung Ihrer Gäste bestimmen:

- kürzen (tilgen),
- verallgemeinern (generalisieren),
- bewerten (verzerren).

Praxistipp Nr. 1
Überlassen Sie es nicht dem Zufall, was Ihre Gäste wahrnehmen. Wenn Sie eine besondere Leistung anbieten, dann sprechen Sie Ihre Gäste darauf an und lenken Sie damit deren Sinne gezielt auf den gewünschten Punkt!

Ich möchte Ihnen noch einen weiteren Aspekt der Wahrnehmung aufzeigen. Bitten Sie noch einen anderen Freund oder Bekannten, Ihnen seinen letzten Restaurantbesuch zu beschreiben. Achten Sie nun aber auf die Wörter und Formulierungen, die in den Beschreibungen vorkommen. Die meisten Beschreibungen stellen die Wahrnehmung eines einzelnen Sinnesorgans in den Mittelpunkt. Hier einige Beispiele:

„Der Rotwein hat sich schon gut angehört", „Schon am Eingang hat es nach frischem Brot gerochen.", „Das ist ein Restaurant, in dem man sich richtig wohlfühlen kann.", „Der Hauptgang war ganz nach meinem Geschmack.", „Die Vorspeise war wunderschön angerichtet" ...

Fallen Ihnen die sinnesspezifischen Begriffe in den Formulierungen auf? Das Ganze geht natürlich auch anders:

„Der Rotwein war schön trocken.", „Schon am Eingang war ich von der tollen Dekoration begeistert.", „Bei der Wahl des Hauptganges hatte ich den richtigen Riecher.", „Bei der Vorspeise habe ich auf meine Frau gehört." ...

Wenn Sie dieses Spiel mit mehreren Menschen durchführen, bekommen Sie nicht nur ein Gefühl für „Sinnesbegriffe", sondern stellen auch fest, dass Menschen in Ihren Erzählungen einen Sinneskanal bevorzugt verwenden. Das bedeutet, Ihre Gäste nehmen Ihre Leistung nicht nur durch Filter verändert wahr, sondern sie bevorzugen auch einen Kanal über den sie besonders empfänglich sind. Menschen im Allgemeinen, und damit eben auch Ihre Gäste im Speziellen, nehmen ihre Welt also bevorzugt entweder visuell (sehen), kinästhetisch (fühlen), auditiv (hören), gustatorisch (schmecken) oder olfaktorisch (riechen) wahr. Ich möchte noch einmal betonen, dass ich mit „bevorzugt" nicht „ausschließlich" meine.

Natürlich sind im Normalfall bei Ihren Gästen auch alle anderen Kanäle beteiligt. Da statistisch gesehen über 80 % der Menschheit den visuellen (sehen) und kinästhetischen Kanal (fühlen) bevorzugen, empfiehlt es sich, diesen Sinnen besondere Aufmerksamkeit zu schenken. Besonders auf diesen Aspekt der sinnesspezifischen Wahrnehmung werde ich beim Thema „aktiver Verkauf" und bei den nonverbalen Kontaktstrategien noch einmal zurückkommen.

Praxistipp Nr. 2
Achten Sie darauf, dass Sie in Ihrem Angebot, in Ihren Werbematerialien und in der Gastkommunikation möglichst alle Sinne – sehen, hören, schmecken, riechen und fühlen – ansprechen, um die unterschiedlichen und individuellen Vorlieben Ihrer Gäste abzudecken.

Wenn Sie noch einmal an den Witz auf Seite 12 denken, wird die Problematik klar. Nicht nur Gäste haben ihre eigene Sicht der Dinge, sondern natürlich auch Sie selbst! Wenn Sie aber Gäste begeistern möchten, muss deren Wahrnehmung und nicht Ihre eigene im Mittelpunkt stehen. Denken Sie daran: Begeisterte Gäste kommen wieder.

Wie Erwartungen entstehen

Im vorigen Abschnitt war die Rede von den drei universellen Wahrnehmungsfiltern. Diese sind evolutionär gesehen nicht nur ziemlich alt, sondern auch höchst sinnvoll. Auf den ersten Blick scheint es eher befremdlich, dass unser Unterbewusstsein die Informationen der Wahrnehmungskanäle verändert, kürzt und verallgemeinert. Es wäre doch schön, wenn unsere Gäste und wir selbst alles ständig wahrnehmen würden, oder? Nein, das wäre wohl mehr ein Alptraum und würde eher in geschlossene Abteilungen als in irgendwelche Restaurants oder Hotels führen. Es ist durchaus schlüssig, dass unser Unterbewusstsein mittels Filter eine Vorauswahl darüber trifft, welche Informationen überhaupt ans Bewusstsein weitergeleitet werden. Theoretisch könnte ja auch ein Säbelzahntiger um die Ecke kommen. Dann ist es plötzlich überlebenswichtig, möglichst freie Sinneskanäle zu haben, die nicht mit anderen unwichtigen Dingen beschäftigt sind. Säbelzahntiger sind heute ja eher „selten" geworden, aber die Filter funktionieren immer noch. Im eben genannten Beispiel war der Filter „tilgen", also „kürzen". Aber auch der Filter „generalisieren" hat in einem gewissen Kontext etwas Überlebenswichtiges! Nehmen wir einmal an, Sie werden heute von einem gelben Auto angefahren, dann müssen Sie morgen bei einem roten Auto nicht ausprobieren, ob dieses nun eine andere Wirkung hat. Sie werden dieses Einzelerlebnis verallgemeinern und auf das Auto allgemein beziehen.

Lassen Sie uns aber in Ihren gastronomischen Alltag zurückkehren. Wenn Ihre Gäste heute in ein bayerisches Restaurant gehen, werden Sie das Essengehen in einem schwäbischen Restaurant nicht neu lernen müssen. Auch hier werden Sie verallgemeinern. Das bedeutet, unser Gehirn „schreibt" bei neuen Erfahrungen praktisch „mit" (Fachbegriff: Mindscripts), um bei zukünftigen, ganz ähnlichen Erlebnissen bereits gewonnene Erfahrungen einfach abzurufen. Mit anderen Worten, in unserem Gehirn gibt es z. B. das „Programm" Essengehen. Vielleicht gibt es noch eine Unterscheidung zwischen „McDonalds“ und „Dallmayer“. Grundsätzlich werden Sie aber mit dem einen Programm ganz gut auch bei „Burger King“ und mit dem anderen womöglich auch bei „Feinkost Käfer“ zurechtkommen.

Nehmen wir einmal an, Sie fliegen morgen nach Berlin und gehen am Abend in ein Restaurant, das Sie bis jetzt noch nie gesehen haben. Auf dem Weg in Ihr „neues“ Restaurant werden sie wahrscheinlich nicht nach Hausnummern schauen, sondern zunächst nach Gebäuden, die irgendwie wie ein Restaurant aussehen und erst dann prüfen, ob der Name an der Türe mit dem Namen aus dem Branchenbuch übereinstimmt. Dann werden Sie hineingehen, kurz prüfen, ob hier von Ihnen erwartet wird, an der Türe stehen zu bleiben. Dann gehen Sie zu einem Tisch, warten, bis Sie ein Schriftstück in die Hand bekommen auf dem das Angebot abgedruckt ist, usw. Anders ausgedrückt, das Programm „Essengehen“ gibt einen ganz konkreten „Ablaufplan“ vor, wie Sie die kommenden Dinge und Situationen jetzt erwarten. So entsteht aus der Art und Weise, was und wie Sie und Ihre Gäste die Welt wahrnehmen, eine konkrete Erwartung. Der Umkehrschluss daraus ist, dass vieles, was Kunden und Gäste in anderen Restaurants, Hotels, bei Veranstaltungen usw. als Leistung wahrgenommen haben, automatisch nun auch bei und von Ihnen erwartet wird. Das ist aber nicht die einzige „unbequeme Wahrheit“, die mit diesem Modell deutlich wird. Das Gehirn bzw. Unterbewusstsein ist Meister darin alles, was es bereits kennt, einfach auszublenden, um das Bewusstsein vor „Unwichtigem“ zu schützen. Alles, was also „normal“ ist, nehmen Ihre Gäste nicht wirklich bewusst wahr. Nur den Erwartungen Ihrer Gäste zu entsprechen reicht deshalb nicht aus, um diese zu begeistern und zu binden.

Praxistipp Nr. 3
Achten Sie darauf, welche Leistung Ihre direkte Konkurrenz erbringt. Ihre Gäste werden die gleiche oder ähnliche Leistung auch von Ihnen erwarten! Wenn Ihre Gäste eine erwartete Leistung bei Ihnen nicht erhalten, bleiben negative Erinnerungen hängen.

Gewöhnlich oder außergewöhnlich?

Habe ich für schlechte Stimmung bei Ihnen gesorgt, indem ich behaupte, ein Teil Ihrer Leistung würde Ihren Gästen womöglich erst wieder ins Bewusstsein dringen, wenn sie fehlt?
Stellen Sie sich eine ganz banale Situation vor: Sie sitzen in einem Restaurant, ein Kellner serviert Ihnen Ihr Essen und sagt: „Guten Appetit“. Jetzt stellen Sie sich die gleiche Situation vor, nur diesmal stellt der Kellner den Teller hin und sagt nichts. Welche der beiden Situationen würde Ihnen bewusst auffallen? Das ist fast schon ein erschreckender

Gedanke, wie viele Dinge und Abläufe wir im normalen Tagesablauf erledigen, ohne dass unser Bewusstsein aktiv daran teilnimmt. Denken Sie z. B. an die Dinge, die Sie letzte Woche auf dem Weg in die Arbeit erlebt haben. Wie viele Erlebnisse fallen Ihnen spontan ein? Setzen Sie nun die Anzahl der bewussten Erlebnisse ins Verhältnis mit der Zeit, die Sie letzte Woche für den Weg zur Arbeit verwendet haben. Da tut sich die Fragen auf, wer eigentlich Ihren Wagen steuert, während sich Ihr Bewusstsein mit den Tagesaufgaben der nächsten Stunden beschäftigt. Versuchen Sie jetzt, sich an Ihre Restaurantbesuche der letzten Monate zu erinnern. Vielleicht geht es Ihnen wie mir:

1. Ich kann mich sofort an einige sehr schöne Erlebnisse erinnern. In den meisten dieser Betriebe war ich auch noch ein zweites oder drittes Mal.
2. Dann fallen mir einige nicht so gute Erlebnisse ein. In diesen Betrieben war ich auf alle Fälle nur einmal Gast.
3. Wenn ich dann länger überlege, fallen mir auch noch einige Restaurants ein, in denen zwar nichts Besonderes passiert ist, die ich aber dennoch nicht wieder besucht habe.

Die interessante Frage ist jetzt, zu welcher dieser drei Kategorien Sie Ihren Betrieb zählen würden? Das ist aus meiner Sicht der entscheidende Punkt! Da Sie dieses Buch in der Hand halten, gehe ich davon aus, dass es tatsächlich Ihr Ziel ist, Ihre Gäste zu begeistern. Dann nutzen Sie diese Wirkungsweisen doch zu Ihren Gunsten, indem Sie gezielt dafür sorgen, dass Sie in den Köpfen Ihrer Gäste „haften" bleiben. Wenn Ihre Gäste heute überlegen, welches Restaurant sie besuchen wollen, welches Hotel sie für ihre Reise buchen sollen oder wo die nächste Veranstaltung stattfinden soll, dann sollten diese **an Sie denken**. Das ist ähnlich wie beim Google-Ranking. Wer erst auf der zweiten Seite erscheint, wird nicht gebucht! Der Trick ist, zusätzlich zu Ihrem Bemühen, den Erwartungen der Gäste zu entsprechen, noch einzelne gezielte Überraschungen zu präsentieren. Leistungen, kleine Gesten oder eine Art der Kommunikation, die Ihre Gäste nicht erwarten. Dinge, die dafür sorgen, dass Ihre Gäste den „Autopilot" kurz abschalten und die Situation bewusst wahrnehmen.

Amerikaner nennen diese Punkte: „The Wow-Factor". Punkte, die ein Wow bei Ihren Gästen erzeugen und gezielt sicherstellen, dass Sie in Erinnerung bleiben. Was tun Sie denn bisher um aufzufallen? Wodurch werden Sie im wahrsten Sinne des Wortes **„außergewöhnlich"**? Ich selbst als Unternehmer habe z. B. angefangen, wieder Postkarten an meine Kunden zu senden, um nicht in der täglichen e-Mail Flut unterzugehen. Ich sende zu Weihnachten selbstgemachte Marmelade statt Champagner und mache in meinen Veranstaltungen Service für die

Teilnehmer. Das geht so lange gut, bis meine Kunden diese Leistung von mir nur noch erwarten. Spätestens dann muss ich mir wieder etwas anderes und Neues einfallen lassen, weil es keine Überraschung mehr ist. Ich bin der festen Überzeugung, dass es relativ egal ist, wie man vorgeht, um aufzufallen. Ein Gastronom aus der Rhön hat mir z. B. erzählt, dass er große Erfolge damit hat, seine Speisekarte umgekehrt, also von hinten zu starten: „Da kommen Gäste das nächste Mal mit Freunden wieder, nur um ihnen die verrückte Speisekarte zu zeigen …"

Praxisübung:

Wow! Erarbeiten Sie 10 Punkte, mit denen Sie bei ihren Gästen/Kunden gezielt auffallen und damit „haften" bleiben:

1. ....

2. ....

3. ....

4. ....

5. ....

6. ....

7. ....

8. ....

9. ....

10. ....

»Das **Durchschnittliche**

gibt der Welt ihren Bestand,

das **Außergewöhnliche**

ihren Wert.«

Oscar Wilde

Wenn Sie Ihre Gäste tatsächlich begeistern möchten, werden Sie um den Punkt „Überraschung“ nicht herumkommen. Und es reicht dafür nicht aus, Leistungen in einer gewissen Menge anzubieten. In meiner Begriffsdefinition geht „Gäste begeistern“ über „sehr zufriedenstellen“ hinaus. Für Begeisterung kommen eben noch weitere Aspekte dazu, wie plötzlicher Emotionswechsel und spontanes Lachen oder große Freude. Haben Sie schon einmal darauf geachtet, was passiert, wenn Ihnen jemand einen Witz erzählt? Meist beginnen Witze mit einer mehr oder weniger normalen Geschichte. Diese soll Sie in einen gewissen Denkrahmen bringen. Dann, plötzlich und unerwartet, nimmt diese Geschichte eine neue und womöglich sogar skurrile Wendung. Genau an dem Punkt der unerwarteten Wende, beim plötzlichen Ändern des Denkrahmens (Pointe) werden Energien frei, die sich in spontanem Lachen entladen. Ich hoffe, dass ich Ihr Leben nicht ärmer mache, indem ich hier die Wirkungsweise von Witzen entzaubere. Lachen Sie bitte auch zukünftig über gute Witze. Achten Sie aber gleichzeitig darauf, was genau in Ihrem Kopf passiert. Diese Wirkungsweise lässt sich nämlich gut für unseren beruflichen Kontext nutzbar machen (Fachbegriff: utilisieren).

Erinnern Sie sich noch an Ihre Schulzeit, wenn es im Sommer das erste Mal „hitzefrei“ gab? Man saß auf einem Stuhl, war mehr oder weniger vertieft in den Unterricht. Plötzlich ein Glockenschlag und eine Stimme ertönte durch den Lautsprecher: „Aufgrund der sommerlichen Temperaturen entfällt der weitere Unterricht“. Ich weiß nicht, wie es Ihnen geht, aber ich erinnere mich noch gut daran, dass das tatsächlich Begeisterung ausgelöst hat! Daran, dass ich genau wie alle anderen die Arme hochgerissen habe und spontan aufgesprungen bin. Wenn es die Tage darauf wieder hitzefrei gab, habe ich mich zwar auch gefreut. Für stürmische Begeisterung braucht es aber den Aspekt des „Unerwarteten“. Die meisten Gastronomen und Hoteliers benutzen die Formulierung „Gäste begeistern“ in Form von „vollkommen zufriedenstellen“. Mit dem jetzigen Wissen können Sie sich davon abheben und tatsächlich für Begeisterung sorgen! Planen und inszenieren Sie die kleinen Überraschungen für Ihre Gäste geschickt!

Die eigene Sichtweise verändern

Der sehr emotionale Punkt von begeisterten Gästen hat also rational etwas mit Wahrnehmung und Erwartungen zu tun. Damit Sie nun gezielt die Erwartungen Ihrer Gäste erfüllen oder mit kleinen Überraschungen auch noch übertreffen können, macht es Sinn, diese Erwartungen möglichst gut zu kennen. Wie schon erwähnt, besteht in der Praxis häufig eine Diskrepanz zwischen dem, was Gäste erwarten und dem, was Mitarbeiter in Gastronomie und Hotellerie glauben, dass ihre

Gäste es erwarten. Der Gedanke, den eigenen Betrieb aus Gastsicht zu betrachten, ist nicht wirklich neu. Im gastronomischen Alltag sieht das oftmals so aus:

- Eine Servicekraft checkt vor Servicebeginn, ob die Tische korrekt eingedeckt sind und der Gastraum sauber ist.
- Ein Küchenchef stellt eine neue Tageskarte zusammen und liest noch einmal durch, ob sich die einzelnen Gerichte gut anhören.
- Ein Bankettleiter überlegt vor einer Veranstaltungsabsprache, welche Details er vom Kunden noch braucht.
- Eine Rezeptionistin überprüft am Morgen Technik und Verbrauchsmaterial am Frontdesk, um Gäste aus- und einzuchecken.
- Eine Frühstückskraft achtet darauf, dass alle Speisen ordnungsgemäß am Buffet angerichtet sind.
- usw.

Wenn Sie jetzt sagen, dass all diese Tätigkeiten höchst sinnvoll und professionell sind, haben Sie völlig Recht. Der einzige Punkt, der bei diesen Beschreibungen ungenügend beachtet wird, ist der Gast. Die „Brille“, mit der wir unsere eigene Leistung betrachten, ist logischerweise sehr prozessorientiert. Mit anderen Worten: Wenn wir nicht in der Gastronomie, sondern vor Gericht stehen würden, würde unsere eigene Beurteilung der Leistung wahrscheinlich vom Richter wegen Befangenheit abgelehnt. Es ist nichts dagegen einzuwenden, dass Sie von Ihrer eigenen Leistung überzeugt sind. Das Ziel ist jedoch, die Gäste zu begeistern. In den meisten Fällen mag das eine ja zum anderen führen. Festhalten möchte ich an dieser Stelle nur, dass das nicht zwingend so sein muss. Ihrem Ziel folgend, nämlich die Begeisterung Ihrer Gäste in den Mittelpunkt zu stellen, müssten die oben genannten Tätigkeiten und Aufgaben eigentlich folgendermaßen lauten:

- Wie werden meine Gäste den Gastraum wahrnehmen?
- Welche Gerichte möchten meine Gäste bei mir essen?
- Was müssen meine Kunden jetzt vor der Veranstaltung noch wissen, damit keine negativen Überraschungen entstehen?
- Was brauchen meine Gäste nach dem Auschecken noch, um gut in den Tag zu starten?
- Sind alle Artikel am Frühstücksbuffet gut für die Gäste erreichbar und sehen lecker aus?
- usw.

Praxistipp Nr. 4

Beziehen Sie Ihre Gäste gedanklich in Aufgaben und Tätigkeiten mit ein. Verwenden Sie in Checklisten und in interner Kommunikation Formulierungen aus Sicht Ihrer Gäste.

Die eigene Sichtweise zu verändern und die Gastsicht einzunehmen, geht darüber hinaus, nur darüber nachzudenken, was Gäste jetzt denken könnten. Was auf den ersten Blick vielleicht abstrakt erscheint, ist eigentlich ganz logisch: Wenn Sie über andere Menschen nachdenken, beurteilen Sie seine oder ihre Welt immer noch durch Ihre eigene „Brille“. Wenn Sie Ihre Leistung und Ihren Betrieb aus Gastsicht sehen möchten, müssen Sie deshalb als Gast denken. Die gute Nachricht an dieser Stelle ist, dass Sie das bereits können. Sie, wie auch alle anderen Primaten haben sogar eigene Nervenzellen, die es ermöglichen, sich in andere Menschen hineinzuversetzen und sogar deren Empfindungen selbst zu spüren. Italienische Hirnforscher haben diese Zellen 1995 entdeckt und Spiegelneuronen genannt. Auch wenn diese Entdeckung immer noch als Sensation gefeiert wird, ist das Prinzip schon viel länger bekannt. Wenn wir nicht fähig wären, uns in andere Menschen hineinzuversetzen und - selbst wenn wir nicht aktiv beteiligt sind - ähnliche Gefühle zu entwickeln, gäbe es wahrscheinlich keine Horrorfilme, bei denen es wichtig ist mental in die Rolle des Hauptdarstellers zu schlüpfen und dessen Erleben nachzuempfinden.

Auch wenn nun hoffentlich Ihr gastronomischer Alltag nicht einem Horrorfilm gleicht, können Sie auch hier in die Rolle Ihres Hauptdarstellers schlüpfen und nachfühlen, wie er Ihre Leistung, Ihren Betrieb oder Bereich wahrnimmt. Mithilfe einer kleinen Mentalübung können Sie sich dafür sogar eine gewünschte Rolle einfach aussuchen. Wenn Sie Ihren Bereich z. B. einmal aus kritischen Gastaugen betrachten wollen, dann denken Sie zunächst an einen kritischen Gast und nehmen im wahrsten Sinne dessen Haltung ein. Das Wort „Haltung“ beschreibt schließlich nicht nur die Geisteshaltung bzw. Meinung (Psyche), sondern gleichzeitig auch die Körperhaltung (Physis). Wie sieht also ein kritischer Gast aus? Wie sieht seine Mimik aus? Wie spricht er, wie geht und verhält er sich? Wie antwortet er auf Ihre Fragen? Wenn Sie sich dann in Ihrer Vorstellung ein gutes Bild über Ihren Protagonisten gemacht haben, fangen Sie an, seine Rolle zu spielen. Kommen Sie in seiner Haltung, mit seiner Mimik, Sprechweise und seiner Art sich zu bewegen in Ihr Restaurant, an den Tisch, ans Frühstücksbuffet, ins Hotelzimmer usw. und sehen Sie Ihre eigene Leistung mit seinen kritischen Augen. Sie werden überrascht sein, welche neuen Aspekte so ein Rollentausch bringen kann. Aus meiner Sicht ist es durchaus sinnvoll, die eigene Leistung aus verschiedenen Emotionszuständen heraus zu betrachten. Sicherlich haben Sie selbst auch schon festgestellt, dass die Welt an sonnigen Tagen anders aussieht als an verregneten.

Praxistipp Nr. 5
Betrachten Sie Ihren Betrieb aus Gastsicht und mit verschiedenen Emotionszuständen. Wie nehmen Gäste, die müde, genervt, in Eile, kritisch, freudig oder gespannt sind, Ihre Leistung wahr?

Alles wirkt!

Bisher ging es in diesem Kapitel darum, was Gäste bewusst wahrnehmen und über mögliche Wege, sich diese Wirkungsweisen im gastronomischen Alltag nutzbar zu machen. Was dabei noch nicht beleuchtet wurde ist die unbewusste Wahrnehmung Ihrer Gäste. Dabei gibt es wissenschaftliche Studien, die ähnlich dem bekannten „Eisbergprinzip" behaupten, dass über 90 % der Denkprozesse und Entscheidungen im Gehirn unbewusst ablaufen. Über den schönen Gedanken, wer so gesehen eigentlich „Herr im Hause" ist, wird derzeit nicht nur in der Fachwelt rege diskutiert. Mit der Frage, wie Ihre Gäste Entscheidungen treffen, werden wir uns beim Thema Verkauf noch eingehender befassen.

Ich möchte erneut auf die Wahrnehmung Ihrer Gäste eingehen. Wenn ich behauptet habe, dass Ihre Gäste Teile Ihrer Leistung nicht bewusst wahrnehmen, bedeutet das nicht, dass sie diese gar nicht wahrnehmen, sondern eben nur nicht bewusst. Ein gutes Modell, sich das zu verdeutlichen, ist ein Vergleich der Bandbreite an wahrgenommenen Informationen mit den Übertragungsgeschwindigkeiten im Gehirn. Demnach ist unser Bewusstsein fähig, 40 bit/Sekunde zu verarbeiten. Das ist im Vergleich zu modernen Datenleitungen ziemlich wenig. Unsere Sinnesorgane sind hingegen fähig, 11.000.000 bit/Sekunde wahrzunehmen. Bei dieser Diskrepanz wird schnell klar, warum eine gewisse Vorauswahl des Unterbewusstseins, welche Informationen überhaupt an das Bewusstsein weitergeleitet werden, höchst sinnvoll ist. Wenn aber auf der unbewussten Ebene eine Vorauswahl getroffen wird, muss auch auf der gleichen Ebene eine Bewertung der eingehenden Informationen folgen. Theoretisch könnte ja auch eine Gefahr von der jetzigen Situation ausgehen und hinter dem leisen Rascheln im Gebüsch wieder der bekannte Säbelzahntiger stecken. Ihre Gäste nehmen also alles wahr und nehmen eine – wenn auch meist unbewusste – Bewertung vor.

Wahrscheinlich haben Sie das selbst auch schon erlebt: Sie sitzen in einem Restaurant und es will keine Stimmung aufkommen. Mit dem bislang erworbenen Wissen sollten jetzt eigentlich alle „Alarmglocken" bei Ihnen klingeln. Entweder hatten Sie einfach nur ein schlechtes Händchen bei der Wahl Ihrer Begleitung, oder es gibt womöglich andere Signale, die für Ihre Stimmung einfach nicht förderlich sind.

Es gibt z. B. ein Fastfood-Restaurant, bei dem ich mir in regelmäßigen Abständen etwas zum Essen mitnehme. Im Restaurant selbst verzehre ich meinen Burger aber recht ungern. Ich habe ihn sogar schon einmal im Auto auf dem Parkplatz gegessen, anstatt ins Restaurant zu gehen. Ohne jetzt näher über Privatsphäre oder die Bequemlichkeit der eigenen Autositze zu diskutieren, steht wohl zweifelsfrei fest, dass mich der Gastraum selbst nicht zum Verbleiben einlädt. Das mag an den Sitzen liegen, oder an der Hektik am Schalter. Ich habe aber bei einem meiner Besuche einmal festgestellt, dass eines der Küchengeräte im Produktionsbereich in regelmäßigen Abständen einen hellen Pfeifton von sich gibt, der sich nach einer Weile in einen anhaltenden Alarmton verwandelt, bis ein Mitarbeiter aufmerksam wird. Ich glaube, den meisten anderen Gästen fällt dieses Pfeifen nicht bewusst auf. Ja, selbst die Mitarbeiter scheinen nur noch den Alarmton zu hören und die vorausgehenden Töne nicht mehr. Alles wirkt! Sie sollten wissen, dass alle Signale eine Auswirkung haben können. Für dieses Fastfood-Restaurant mag das nicht überdenkenswert sein. Hier ist es ja tatsächlich nicht das erklärte Ziel, die Gäste zum Verweilen einzuladen.

Wie sieht es in Ihrem Betrieb aus? Welche Signale könnten sich auf die Stimmung Ihrer Gäste auswirken? Wenn Sie z. B. ein Fischrestaurant betreiben, mag es rein thematisch womöglich sogar passen, ein Bild der untergehenden Titanic im Eingangsbereich aufzuhängen. Die Frage ist aber, ob Sie damit wünschenswerte Signale an Ihre Gäste aussenden? Interessant an dieser Stelle ist auch das Beispiel eines Mitarbeiters aus einem Selfservice-Restaurant. Er hatte im Hintergrund der Kasse ein Bild aufgehängt, das die Karikatur eines wütenden Kunden zeigte. Was als Spaß gedacht war, hatte seltsame Auswirkungen. Das Team stellte fest, dass an dieser Kasse mehr Reklamationen stattfanden als an den anderen Kassen. Das Phänomen fand der Beschreibung nach ein Ende, als das Bild wieder abgehängt wurde. Viel geschickter macht das ein anderer Betrieb aus der Systemgastronomie, in dessen Gastraum große Bilder von genießenden, zufriedenen und lächelnden Gästen hängen.

Dieses Prinzip funktioniert praktisch mit allen Sinneskanälen. So sendet der Duft von frisch gebrühtem Kaffee oder von frischen Backwaren nun einmal eine gewisse Botschaft. Der Geruch von Küchenabwässern oder Urinalen steigert hingegen nicht unbedingt die Bereitschaft, in einem Restaurant leckere Gerichte von der Karte zu wählen. Beachtenswert empfinde ich auch das Thema Musik. Wie wahrscheinlich die meisten Menschen weiß auch ich seit meinem ersten Besuch in einer Diskothek, welche Wirkung der DJ auf meine Stimmung haben kann. Oftmals scheint dieses Wissen aber abhanden gekommen zu sein. In vielen gastronomischen Betrieben fällt mir auf, dass die Hintergrundmusik auf die jeweilige Gemütslage der Mitarbeiter oder den Geschmack des Inhabers abgestimmt ist. Da kann man sich als Gast nur wünschen, dass der Inhaber nicht schwermütig ist. Auch hier lohnt es sich, auf Gäste, Unternehmensziel und Tageszeit zu achten. Entspannungsmusik z. B. am Frühstücksbuffet ist nun einmal nicht geeignet, Gäste beschwingt in den Tag starten zu lassen. Am Abend nach einem anstrengenden Arbeitstag hingegen mag die gleiche Musik für Gäste sehr angenehm sein und den entspannenden Charakter eines Hotels sanft und wirkungsvoll unterstreichen.

Praxistipp Nr. 6
Nehmen Sie Ihren Betrieb oder Arbeitsbereich regelmäßig mit allen Sinnen wahr: sehen, hören, schmecken, riechen und fühlen Sie. Prüfen Sie, ob alle Signale, die Sie aussenden, geeignet und zielführend auf Ihr Konzept abgestimmt sind.

Kleine Gesten, große Wirkung

Unter dem Aspekt der Wahrnehmung lässt sich zusammenfassend festhalten, dass man Gäste und Kunden dadurch begeistert, indem man sowohl bewusst als auch unbewusst positiv auffällt. Verwirrend? Dann lassen Sie es mich noch einmal anders ausdrücken: Sie können Gäste begeistern und an Ihr Unternehmen binden, indem Sie in gewisser Art und Weise ...

1 ... mit Ihren Gästen kommunizieren
2 ... Dinge tun, die überraschen
3 ... einen angemessenen Rahmen schaffen

Eingehen möchte ich an dieser Stelle auf den zweiten Punkt: Dinge tun, mit denen Sie auffallen und überraschen. Genau genommen müssen wir „Gesten“ ja als Teil der nonverbalen Kommunikation bezeichnen. Da diesem Thema aber noch ein eigenes Kapitel gewidmet ist, möchte ich kleine Gesten mit großer Wirkung hier unter dem Gesichtspunkt „Verhalten“ beleuchten. Auch wenn Sie noch so schöne Worte an Ihre Gäste richten, mit „Engelszungen“ sprechen können, Sie in all Ihren Formulierungen ein Ass oder ein Genie im Verhandeln sind: Wenn Ihr Verhalten, Ihre Gesten eine andere Sprache sprechen, wird sich die Begeisterung Ihrer Gäste und Kunden eher in Grenzen halten. Das Zitat von Goethe: „Lasst den Worten Taten folgen“, beschreibt diesbezüglich eine einfache, aber sinnvolle Wahrheit. Evolutionsbiologisch betrachtet ist dieser Satz eigentlich falsch. Abgesehen von ein paar urigen Lauten bis vor einigen Zehntausendjahren, folgten die Worte (Sprache) erst in jüngerer Zeit der Menschheitsgeschichte. Das ist vielleicht auch der Grund dafür, dass unser Gehirn einem beobachteten

Verhalten immer noch eine weitaus größere Bedeutung zumisst als dem gesprochenen Wort.

Neben den evolutionären Gesichtspunkten ist es zudem höchst sinnvoll für uns, eine Bewertung von Situationen aufgrund von Verhalten vorzunehmen anstelle von Äußerungen. Nehmen wir z. B. an, ich habe Ihnen erzählt, dass ich jetzt gleich zur Arbeit muss. Sie hingegen sehen, dass ich stattdessen zum Schlittschuhlaufen gehe. Je nachdem, wie unsere Beziehung geartet ist, werden Sie jetzt entweder enttäuscht, verwirrt oder sogar verärgert reagieren. Womöglich werden Sie sogar weiteren Kontakt mit mir vermeiden. Im Gegensatz zu diesem fast banalen Beispiel hat unser Alltag jedoch viel komplexere Strukturen.

Nehmen wir beispielsweise an, ich frage in einem Restaurant beim Hauptgang nach einer Pfeffermühle. Die Bedienung sagt zu mir: „Bringe ich gerne!", ihr Gesichtsausdruck sagt aber etwas ganz anderes aus und die Pfeffermühle kommt dann auch genau passend zum letzten Bissen ... In diesem Fall ist das Beispiel nicht mehr banal, sondern bei dem einen oder anderen Mitarbeiter in unserer Branche womöglich Alltag. Meine Reaktion als Gast ist aber die gleiche: Enttäuschung, Verwirrung oder sogar Verärgerung. Auch hier werde ich den Kontakt zukünftig womöglich vermeiden! Die einfache Wahrheit von Goethe würde in so einer Situation sicherlich helfen: Lasst den Worten Taten folgen! Stimmt Verhalten und Kommunikation nicht überein, spricht man von Inkongruenz. Gibt es umgekehrt zwischen Verhalten und Kommunikation exakte Übereinstimmung, spricht man von Kongruenz oder Integrität. Ich bin der festen Überzeugung, dass ausschließlich integere, übereinstimmende Menschen andere Menschen, wie Gäste, tatsächlich überzeugen können.

Um den Kreis zu schließen, möchte ich wieder auf die Anfangsidee der kleinen Gesten mit großer Wirkung zurückkommen. Die Frage ist doch: Welche Botschaften will ich an meine Gäste senden und über welche Gesten, über welches Verhalten will ich diese Botschaften vermitteln? Mit welchem Verhalten sorge ich dafür, dass ich für meine Gäste kongruent erscheine? Kundenbindung bedeutet in unserer Branche, dass wir mit den Gästen eine möglichst feste Beziehung eingehen.

Vielleicht lohnt hier ein Vergleich mit einer anderen festen Beziehung: der Ehe. Nehmen wir einmal an, ein Ehemann fragt seine Frau: „Na mein Schatz, hast du Hunger?" Wenn Sie erwartungsvoll aufblickt, fährt er fort: „Dann mach Dir doch etwas Leckeres zum Essen!". Das ist natürlich Blödsinn und es wäre die passende, nette Geste, dass der Ehemann seine Partnerin jetzt mit etwas Leckerem verwöhnt, um seine Botschaft, nämlich Liebe, zu transportieren.

In der Beziehung mit unseren Gästen können wir den Begriff Liebe vielleicht übersetzen in Botschaften wie Wertschätzung, Respekt, Anerkennung, Interesse, Wohlfühlen, Genießen usw. „Walk what you talk"! Jetzt gilt es nur noch herauszufinden, mit welchem Verhalten diese Botschaften transportiert werden können. Lautet das Motto eines Hotels „Fühlen Sie sich wie zu Hause" und ich muss dann als Gast meine Koffer selber die Treppen hochtragen und finde auf dem Zimmer einen leeren Kühlschrank vor, mag mich das zwar tatsächlich an zuhause erinnern und damit kongruent sein, mich aber trotzdem nicht an den Betrieb binden!

Welche Botschaften senden Sie mit folgenden kleinen Gesten an Ihre Gäste:

- Eine Servicekraft kommt beim Hauptgang mit der Pfeffermühle an den Tisch.
- Ein Koch kommt persönlich an den Tisch und fragt die Gäste, ob das Essen schmeckt.
- In einem Hotel werden die Gäste mit Handschlag begrüßt.
- Die Servicekraft nimmt den Mantel ab und bringt ihn nach Begleichung der Rechnung wieder.
- Der Frühdienst in einem Hotel macht die Frontscheiben der Autos der Gäste sauber.
- Im Restaurant wird der Gast einer Reservierung mit Namen angesprochen.
- Nach einer Veranstaltung erhält der Gastgeber eine Postkarte oder eine SMS: „Danke für den netten Abend!"
- Ein Restaurant hält Schirme für die Gäste bereit.
- Die Servicekraft bringt eine Schale Wasser für den Hund.
- usw.

Welche kleinen Gesten für Ihren Betrieb geeignet sind, hängt natürlich von Ihren individuellen Botschaften ab, die Sie senden möchten. Die Wirkung ist jedoch unumstritten. Eine nette Geste sagt mehr als tausend Worte ...

Praxisübung:

Erarbeiten Sie zu den genannten und zu eigenen gewünschten Botschaften jeweils mindestens zwei kleine Gesten, die diese Botschaften in konkretes Verhalten umsetzen:

Wertschätzung:

....

....

Respekt:

....

....

Interesse:

....

....

....:
Individuell oder betrieblich gewünschte Botschaft

....

....

....:
Individuell oder betrieblich gewünschte Botschaft

....

....

....:
Individuell oder betrieblich gewünschte Botschaft

....

....

Zum Thema „kleine Gesten mit großer Wirkung“ gibt es noch einen weiteren, sehr interessanten und wohl weitgehend unbewussten Aspekt, der gezielt eingesetzt, enorme Wirkung haben kann. Haben Sie sich denn schon mal gefragt, wie Gäste Ihren Service be**werten**? Folgende passende Definition für Service habe ich dafür im Duden gefunden:

Service bedeutet Kundendienst und Kundenbetreuung unter den Gesichtspunkten Atmosphäre, Beratung, Präsentation, Verpackung und Reklamation.

Soweit so gut und verständlich. Nur das Wort **Verpackung** mag an dieser Stelle vielleicht auffallen, weil in dieser Begriffsreihe eher unscheinbar oder sogar unpassend. Meines Erachtens ist das aber genau der Aspekt mit der größten Wirkung. Zur Erklärung vielleicht folgendes Gedankenspiel: Haben Sie schon einmal etwas zu Weihnachten oder zum Geburtstag verschenkt? Natürlich ist doch die Verpackung der überraschende Weg zum Inhalt. Darüber hinaus gibt es aber noch einen weiteren Punkt, warum man mit viel Geduld Geschenkpapier und Schleifchen aussucht und dann etwas liebevoll einpackt. Ein Geschenk z.B. im Elektromarkt zu kaufen, ist, ausgestattet mit finanziellen Möglichkeiten, ziemlich einfach. In der Verpackung aber liegt dann die Wertschätzung, die Liebe, die Freude! Verpackung beschreibt im wahrsten Sinne das „Drumherum“ oder mit anderen Worten das **Wie** und nicht das **Was**. Nachdem Sie in den vorherigen Kapiteln schon etwas über Wahrnehmung gelesen haben, könnte in Ihnen der Verdacht aufkeimen, dass unser Gehirn wohl der Verpackung und nicht dem Inhalt die größere Bedeutung zumisst. Erinnern Sie sich noch an unseren Säbelzahntiger? Natürlich ist, oder vielmehr war, die Information Säbelzahntiger (**Was**) wichtig für uns. Wer so eine Information falsch bewertet, erzeugt keine Nachkommen mehr. Um dieser Information die angemessene Bedeutung beizumessen, ist es aber viel wichtiger, ob dieser Feind gerade ziemlich nah oder noch ganz weit weg ist (**Wie**), ob ich schon Zweige knacken höre usw. Die evolutionäre Prägung, das Drumherum als Bedeutungsraster zu verwenden, ist also schon ziemlich alt. Das Wie bestimmt das Was, die Verpackung bewertet den Inhalt! Das Wie bestimmt, ob Sie Ihre Gäste und Kunden wert- oder geringschätzen. Nehmen wir einmal an, Sie bereiten eine Delikatesse aus feinsten Zutaten zu, richten diese mit viel Liebe auf einem Teller an und die Servicekraft „klatscht“ diesen Teller dann lieblos einem Gast hin. Was glauben Sie, welche Botschaft nun bewusst oder unbewusst beim Gast ankommt? Wertvoll oder wertlos? Damit bekommt die Aussage „kleine Gesten mit großer Wirkung“ noch eine ganz andere Tragweite. Wenn ich sehe, dass jemand etwas sehr vorsichtig anfasst, muss es sich wohl um etwas Wertvolles handeln. Das bedeutet, dass Sie alles, **was** Sie für Ihre Gäste tun, durch die Art und Weise, **wie** Sie es zelebrieren, halten, ansehen, noch ein wenig wertvoller machen können. Ich konnte z. B. einmal beobachten, wie ein Chocolatier Pralinen zubereitet hat. Wie ein Goldschmied hat er seine kleinen Kunstwerke mit einer Spezialgabel durch flüssige Schokolade gezogen und diese dann zum Kühlen auf Gitter gelegt. Dann hat er in liebevoller Kleinarbeit jede Sorte mit ausgefeilter Dekoration versehen und sie liebevoll in hübsche Schachteln gelegt. Das Ganze hat sich hinter einem Schaufenster in einer Fußgängerzone zugetragen und ich stand mit großen Augen und offenem Mund davor. Was ist wohl eine angemessene Reaktion auf so ein Erlebnis? Natürlich bin ich in das Geschäft gegangen und habe mir ein Päckchen Pralinen gekauft. Wenn jemand etwas mit so viel Liebe macht, muss es doch auch ganz besonders schmecken!

Ganz ähnlich mag sich das auch in Ihrem Alltag zutragen. Wie halten Sie ein Glas, die Speisekarte, die Flasche Wasser oder Wein? Wie überreichen Sie einen Teller, das Wechselgeld, den Mantel, die Rechnung, den Meldeschein oder ein Angebot für eine Veranstaltung? Wie decken Sie einen Tisch ein, zeigen den Gästen den Weg im Restaurant usw. Das „Drumherum“ bestimmt nun einmal den Inhalt.

In Asien z. B. ist es weit verbreitet, dass Servicemitarbeiter Geld oder Belege mit beiden Händen annehmen oder den Gästen und Kunden geben. In dieser kleinen Geste steckt ein schönes Stück Wertschätzung. Ein wenig von dieser Einstellung würde ich mir im deutschen Einzelhandel manchmal auch wünschen!

Praxistipp Nr. 7
Machen Sie alles, was Sie tun, noch ein Stück wertvoller durch die Art und Weise, wie Sie es tun. Nutzen Sie Ihre Bühne! Zelebrieren Sie Ihre Speisen, Getränke und Dienstleistungen ein wenig, um diese angemessen zu inszenieren.

Ganz sicher verunsichert

Kennen Sie den Satz „Schuster bleib bei deinen Leisten“? Schade, dass dieses Sprichwort nicht einen gastronomischen Beruf beschreibt. Vielleicht würde sich das dann so anhören: „Bayerischer Koch bleib bei deinen Zutaten“, oder: „Hotelier bleib bei deinen Betten“. Das würde in der Branche für weitaus mehr Klarheit sorgen. Ich war einmal Gast auf einer Grillparty von Bauarbeitern. Es gab dort zum Essen ein paar einfache, leckere Salate und der Gastgeber hat das Fleisch am Grill mit einer Flasche Bier abgelöscht. Soweit so gut. Das hat zum Gastgeber und dem Großteil der Gäste gepasst. (Kongruenz!). Ohne jetzt alle Bauarbeiter in eine Schublade stecken zu wollen, aber stellen Sie sich nun vor, dieser Bauarbeiter hätte die Steaks am Grill mit Calvados flambiert und die Marinade mit einem Rosmarinzweig über das Fleisch geträufelt. Stellen Sie sich weiterhin vor, als Beilage hätte er ein paar Feinkostsalate bereitgestellt und das Essen mit einem kleinen Gruß aus der Küche gestartet. In meiner Vorstellung sehe ich dann einige Gäste, die womöglich lächelnd den Kopf schütteln. Gäste, die vielleicht noch einige Tage darüber reden, dass es wohl ein wenig übertrieben war und der Gastgeber keine der vielen Kochshows im TV mehr anschauen sollte! (Inkongruenz!). Nein, unser Handwerker hat das ganz intuitiv richtig gemacht. Er bietet als Gastgeber das, was er gut kann und was zu ihm und seiner Zielgruppe gut passt. Alles andere würde seine Gäste verwirren.

Was sich hier sehr einleuchtend anhört, wird in der Praxis von manchen Gastronomiebetrieben und Hoteliers ungenügend beachtet. Das asiatische Wok-Gericht passt nun einmal nicht zur bayerischen Gaststätte. Darüber hinaus schmeckt dieses erfahrungsgemäß dort auch nicht so gut wie in der asiatischen Garküche um die Ecke. Selbst wenn ich die gleichen Grundprodukte verwende, könnte ich den Geschmack meiner Gäste verfehlen. Wie bereits an anderer Stelle schon erwähnt: Der Rahmen bestimmt den Inhalt, das „Drumherum“ bestimmt unsere sinnliche Wahrnehmung! Diese Erfahrung hat jeder schon gemacht, der den geliebten italienischen Landwein nach dem Urlaub zuhause mit Grausen in den Abguss geschüttet hat ...

Der Versuch, auch ungewöhnliche Dinge anzubieten, um neue oder andere Zielgruppen zu gewinnen und an den Betrieb zu binden, ist vollkommen verständlich. Das funktioniert aber nur dann, wenn diese Angebotsänderung auch zur Identität des Betriebes passt. Alles andere verwirrt die Gäste! Die Identität eines Betriebes entsteht aus der Historie, dem Standort, der Betriebskultur, dem Grundkonzept, der Preisstruktur, der Regionalität der Produkte, dem Gebäude usw. In einem Kapitel über Gästebindung darf dieser Punkt nicht fehlen: Inkongruenzen lösen Gästebindungen wieder auf! Oder mit anderen Worten: Verwirrte Gäste kommen in der Regel nicht wieder. Ausgenommen davon ist natürlich, wenn Sie „Unpassendes“ in einen neuen Rahmen setzen. Wie bereits erwähnt, bestimmt der Rahmen auch mental den Inhalt. Ein neuer Rahmen wäre z. B. eine Sonderaktion. Wenn also, wie in München geschehen, ein asiatisches Restaurant eine zeitlich begrenzte Sonderaktion durchführt - „Italienisch-asiatische Freundschaft“ - und einen italienischen Koch engagiert, darf natürlich neben dem Wok-Gericht auch eine leckere Pasta stehen. Ein Gegenbeispiel: Ich konnte kürzlich einer Lokaleröffnung mit afrikanischem Namen, asiatischer Küche und Barlounge-Charakter beiwohnen. So etwas verunsichert mich als Gast. Das Ergebnis? Nach zwei Monaten hat der Inhaber aufgegeben und das Lokal wieder geschlossen. Operation misslungen, Patient tot ...

Sinnvoll ist z. B.
- Regionale Produkte in einem regional ausgerichteten Betrieb
- Gutbürgerlich oder traditionell in einem Familienbetrieb
- Ausgefeilte Speisen in einem exklusiven Restaurant

Womöglich nicht immer sinnvoll ist z. B.
- Preise einzelner Produkte in einem exklusiven Restaurant zu reduzieren, um neue Gäste zu gewinnen
- Familienangebote unter der Woche in einen Businesshotel
- Rheinischer Sauerbraten in einer Brasserie

Mit dem Begriff „sinnvoll“ ist gemeint, dass das Angebot und die Leistung für die Gäste bewusst und unbewusst widerspruchsfrei, also kongruent sind. Ein guter Weg, das zu überprüfen, ist, das Angebot in Bezug zur Betriebsidentität zu setzen. Die Identität ist nicht zu verwechseln mit dem USP (Unique Selling Proposition), also mit **dem** herausragenden, abgrenzenden Leistungselement eines Betriebes. Er ist nur ein Teil der umfassenderen Identität. Die wörtliche Übersetzung von Identität (Identität = Übereinstimmung, Echtheit, Gleichheit) bedeutet, dass etwas übereinstimmt! Folgende Frage ist deshalb hilfreich, um die eigene Identität zu definieren und für Übereinstimmung zu sorgen: Wofür stehen Sie / steht Ihr Betrieb?

Praxistipp Nr. 8

Wofür stehen Sie? Formulieren Sie Ihre Identität in einigen Sätzen. Benutzen Sie Ihre ausformulierte Identität praktisch als Musterkriterium (Schablone), um Produkte, Angebote und Dienstleistungen zu überprüfen und Übereinstimmung sicherzustellen.

Der Gedanke „Ich mache alles für meine Gäste möglich“ kann in der Praxis sogar kontraproduktiv sein! Wenn Sie auf alle Wünsche eingehen, machen Sie manchmal nur „Einzelschicksale“ glücklich, verschrecken aber dafür womöglich viele andere Gäste. Wenn Sie z. B. eine französische Brasserie betreiben und einer Ihrer Stammgäste bittet Sie, für ihn doch einmal eine leckere Currywurst mit Pommes auf die Tageskarte zu setzen, empfiehlt es sich, die Finger davon zu lassen. Psychologisch gesehen würden Sie auf unbewusster Ebene unter Umständen einen Fehler machen und bei den anderen Gästen für Unsicherheit sorgen. Diese Unsicherheiten werden nur in Form eines „mehr oder weniger unguten Gefühls registriert“, was es schwer macht, die tatsächliche Ursache auszumachen. Der psychologische Fachbegriff für diese Unsicherheiten heißt: Kognitive Dissonanzen.

Das Beispiel „Currywurst mit Pommes in der Brasserie“ ist ja sehr eindeutig. In der Praxis sind die Beispiele kognitiver Dissonanzen viel schwieriger zu erkennen. Mit dem Wissen darüber, dass „ungute Gefühle“ wie Unlust, leichte Ablehnung bis hin zu Frust oder Wut ein mögliches Indiz für kognitive Dissonanzen sein können, können Sie sich gerne, wie ich, einen Sport daraus machen, in anderen Gastronomiebetrieben und Hotelzimmern beim Auftreten dieser Gefühle auf die Suche nach Unstimmigkeiten zu gehen. Der Trick ist ganz einfach. Wenn bei Ihnen Gefühle wie Unlust oder Trübung der Laune entstehen, die offensichtlich nichts mit der momentanen Situation, Begleitung oder Gedanken zu tun haben, dann muss das ja ein Indiz dafür sein, dass nun das Unterbewusstsein auf etwas reagiert. So gesehen machen Sie damit Ihre Gefühle zum Detektor für Unstimmigkeiten. In so einer Situation gilt es dann, ähnlich den Rätselseiten in Zeitschriften, nur noch auf die Suche zu gehen: Finden Sie die Fehler in diesem Bild ...

In einer sehr schönen bayerischen Gaststätte hat einmal das Lesen der Speisekarte bei mir eher Unlust ausgelöst. Bewusst hingesehen, habe ich auf der kleinen Karte dann als Unstimmigkeit den griechischen Bauernsalat entdeckt. Passt nicht! Bitte von der Karte nehmen! In einem anderen Beispiel ist bei mir in einer wunderschönen modernen Brasserie in Duisburg beim Essen nicht wirklich Wohlgefühl entstanden. Bewusst auf Unstimmigkeiten geachtet, habe ich entdeckt, dass unter den witzig und modern gekleideten Servicekräften der Oberkellner im Frack wie ein Pinguin ausgesehen hat. Passt nicht! Bitte umziehen!

Als aufmerksamer Leser wird Ihnen jetzt vielleicht aufgefallen sein, dass es am Anfang des Kapitels darum ging, bewusst aufzufallen, Dinge „außer der Reihe“ und damit außergewöhnlich zu machen. Ich habe sogar das Beispiel genannt von einem Kollegen, der Speisekarten falsch herum einsortiert um aufzufallen. Im jetzigen Abschnitt empfehle ich hingegen dringend es zu vermeiden, die Gäste zu verwirren und zu verunsichern. Steht das dem nun entgegen? Ist das jetzt praktisch auch inkongruent, also nicht übereinstimmend?

Nein, ist es nicht! Der kleine, aber feine Unterschied zwischen diesen zwei Abschnitten ist die Bewusstseinsgrenze. Genau genommen, spreche ich in den Abschnitten sogar von zwei unterschiedlichen Gehirnbereichen. Auf überraschende, auffallende, außergewöhnliche „Verwirrungen“ reagiert sofort unser Bewusstsein und damit im Gehirn der Neocortex. Dieser entwicklungsgeschichtlich eher neue Gehirnteil (neo) sagt dann womöglich: „Hey, witzig“,„Wow“,„Da schau mal her“,„Das habe ich nicht erwartet“ usw ...“ Auf inkongruente, indifferente, unterschwellige „Verwirrungen“ reagiert hingegen das limbische System unseres Gehirns. Dieser Bereich im Gehirn sagt im Gegensatz zum Neokortex nichts zu uns. Das liegt daran, dass das viel ältere limbische System nicht sprechen kann! Es macht sich ausschließlich über

Emotionen bemerkbar. In der Realität sieht das so aus: Während das Bewusstsein (Neocortex) die Speisekarte liest und damit gut beschäftigt ist, scannt das Unterbewusstsein (limbisches System) ständig die Umgebung ab, ob uns Gefahr droht. Dieses System teilt sich uns mit, indem es Situationen neurochemisch markiert (Emotionen). Dieses für uns um Sicherheit sorgende System wird also jegliche Unsicherheiten mit einem schlechten Gefühl markieren und damit dafür sorgen, dass wir dieses Gefühl in Zukunft möglichst vermeiden (womöglich nicht mehr kommen!). Mit anderen Worten: Wenn Sie Ihre Gäste schon verwirren wollen, dann machen Sie das möglichst bewusst!

Fachkompetenz versus Intuition

Dieses Kapitel soll aufzeigen, dass das Ergebnis, Gäste und Kunden zu begeistern und damit an den Betrieb zu binden, aus einer Vielzahl von einzelnen Einflussfaktoren und den passenden Verhaltensweisen besteht. Man könnte jetzt dem Irrglauben verfallen, dass die bisherigen Punkte so schwer und komplex sind, dass kaum jemand fähig wäre, alles im Tagesablauf ständig zu beachten. Ganz im Gegenteil! Sind Sie als Gastronom, Führungskraft oder Mitarbeiter in unserer Branche denn wirklich überzeugter Gastgeber? Gastgeber mit „Herzblut" werden den Großteil der bisher genannten Punkte wohl ganz intuitiv richtig machen. Mit „Herzblut" ist hier eine Mischung aus zwei Punkten gemeint. Zum einen Teil besteht „Herzblut" einfach nur aus einem „ganz guten Gefühl dafür" (Intuition), wie man Gäste glücklich macht. Der zweite Teil von „Herzblut" ist dann nur noch der Wille und die Bereitschaft zur Anstrengung, den ersten Teil auch tatsächlich umzusetzen.

Tatsächliches Fachwissen spielt hier meiner Meinung nach praktisch „nur" als Effektverstärker eine untergeordnete Rolle. Ich zumindest gehe selten begeistert oder sogar als Fan aus einem Restaurant oder Hotel, weil dort alles fachlich korrekt war. Das mag für jemanden, der im IHK Prüfungsausschuss sitzt, Kochmützen oder Sterne verteilt, vielleicht etwas anderes sein. Ich kann durchaus auch begeistert sein, wenn es fachlich einmal nicht ganz korrekt abläuft. Waren Sie denn schon einmal bei Freunden oder Bekannten eingeladen, die beruflich etwas ganz anderes machen? Witzigerweise erlebe ich auch bei Menschen, die anscheinend von Gastronomie und Hotellerie keine oder wenig fachliche Ahnung haben als Gast durchaus eine Behandlung, die mit bereits genannter Definition von Service laut Duden vergleichbar ist: „Service bedeutet Kundendienst und Kundenbetreuung unter den Gesichtspunkten: Atmosphäre, Präsentation, Beratung, Verpackung und Reklamation."

Als Gast bei der genannten Grillparty von Bauarbeitern habe ich erlebt, dass für tolle Musik gesorgt wurde, dass das Salatbuffet ansprechend dekoriert wurde. Im Boden steckten Fackeln, der Gastgeber erzählte mir, wie er seine Koteletts nach Geheimrezept eingelegt hatte usw. Beim Verabschieden habe ich dann auch noch ein paar leckere Reste vom Buffet zum Transport eingepackt mitbekommen. Aus solchen und ganz ähnlichen Erlebnissen heraus ist meine Meinung entstanden, dass, einmal abgesehen von gewissen Einzelgängern mit irgendwelchen sozialen Störungen, die meisten Menschen ein ganz gutes Bild davon haben, wie man Gäste glücklich machen kann und damit an sich bindet!

Habe ich jetzt mit dem Thema „Fachkompetenz" für unseren Beruf gebrochen? Diesen Eindruck möchte ich auf keinen Fall entstehen lassen. Wir haben einen anspruchsvollen Beruf und, wie für jeden anderen Beruf auch, empfinde ich eine umfassende Fachkompetenz als Basis für die Arbeit am Gast als unbedingt erforderlich! Richtig ist aber zweifelsohne, dass viele Mitarbeiter in unserer Branche den Tagesablauf am Gast in Prozesse „packen", Gäste „abarbeiten" und Aufgaben nacheinander „erledigen". Das kann dann zwar fachlich und rational korrekt sein, muss aber dennoch nicht zwingend dazu führen, dass Gäste begeistert sind und wiederkommen. Gäste sind emotional und manchmal sogar irrational! Oftmals ist es durchaus angemessen, sich wieder auf sein „gutes Gefühl, wie man Gäste glücklich macht" (Intuition) zu verlassen. Das führt dann womöglich dazu, dass sich der Gedanke: „Was muss ich als nächstes tun?" verändert zur Frage: „Wer sind meine Gäste und was brauchen diese jetzt noch?". Erstaunlicherweise kennen Branchenfremde die Prozesse in Gastronomie und Hotellerie meist nicht und sind trotzdem bei der privaten Einladung ganz intuitiv ein hervorragender Gastgeber ...

Überprüfungsfragen zum Kapitel

Welche Aspekte bezüglich der Wahrnehmung von Menschen müssen Sie bedenken, wenn Sie Ihre Leistung auf Ihre Gäste abstimmen möchten?

Wie können Sie herausfinden, was Ihre Gäste von Ihnen erwarten?

Wie können Sie dafür sorgen, dass sich Gäste an Sie erinnern?

Wie können Sie die Gastsicht gezielt in Ihre täglichen Abläufe mit einbeziehen?

Nennen Sie drei Beispiele, wie Sie die Stimmung der Gäste gezielt beeinflussen können:

Was müssen Sie konkret beachten, wenn oder bevor Sie Botschaften über Ihre Dienstleistung nach außen senden?

Wie können Sie Ihre Produkte und Dienstleistungen für Ihre Gäste noch ein Stück wertvoller machen?

Wofür ist es evolutionär gut, dem Rahmen mehr Bedeutung zuzumessen als dem Inhalt?

Was sollten Sie unbedingt beachten, wenn Sie Standards für betriebliche Prozesse setzen?

Nennen Sie zwei Punkte, die das limbische System im Gehirn vom Neocortex unterscheiden:

Zweiter Teil – Gut im Kontakt

Höflich oder lieber persönlich?

Ich hörte einmal davon, dass einst, vor wohl nicht allzu langer Zeit der König von Schloss Gastropia morgens aufwachte und nach seinem Lakaien rief. Der kam gelaufen ganz geschwind und sagte: „Guten Morgen mein König, was darf ich denn für Euer Gnaden tun?" „Geh in die Küche!" rief der König aus, „und bereite mir ein Frühstück, das meinen Morgen erfreut, mit leckerem Gebäck und heißem Kaffee!". „So sei es", sagte der Lakai, eilte hinweg und tat, wie man ihm aufgetragen. Als er zurück kam, sagte der König: „Und gehe nun auch noch zum Markt und besorge mir Fleisch und Gemüse, damit auch dieser Abend ein Genuss für mich und meine Sinne ist!" Und so eilte der Lakai zum Markt. Dort traf er zufällig seinen Kollegen, einen Lakaien vom Nachbarschloss Hotellia. Als er ihn sah, ging er zu ihm, schüttelte den Kopf und sagte: „Sag mal, wie geht es dir eigentlich? Findest du die Arbeit mit Königen nicht auch irgendwie zum Kotzen ...?"

Was macht den Reiz gastronomischer Berufe eigentlich aus? Dafür, dass ich wenig Menschen kenne, die in Gastronomie oder Hotellerie wegen der außergewöhnlich guten Bezahlung (!) arbeiten, treffe ich überdurchschnittlich viele Menschen, die diesen Beruf lieben. Anscheinend ist Geld doch nicht alles im Leben. Psychologisch betrachtet, zählt Geld primär nicht zu den Grundbedürfnissen der Menschen (außer als Mittel, um ...). Unsere Grundbedürfnisse sind Wertschätzung, Respekt, Liebe, Anerkennung, Sinnhaftigkeit usw. Vielleicht lohnt hier wieder ein Blick zu den Ursprüngen. Haben Sie schon einmal Freunde zu sich nach Hause zum Essen eingeladen? Warum tun Sie sich so etwas überhaupt an? Sie müssen planen, einkaufen, die Wohnung auf Vordermann bringen, Sie stehen in der Küche und kochen, bis die Freunde kommen. Dann sorgen Sie für gute Unterhaltung, machen vielleicht sogar Ihre besten Weine auf. Ihre Gäste gehen spätabends und Sie stehen auch noch vor einem Berg Abwasch. Für was eigentlich so viel Aufwand? Was haben Sie überhaupt davon?

Gastgeber können diese Frage sofort beantworten: Sie haben strahlende Gäste, Menschen, die am nächsten Tag noch einmal anrufen und sich bedanken, die mit anderen über den tollen Abend bei Ihnen reden und vielleicht noch eine Gegeneinladung aussprechen. Wenn Sie das jetzt mit den genannten psychologischen Grundbedürfnissen vergleichen, fallen Ihnen sicherlich sofort einige Übereinstimmungen auf. Es gibt wohl sehr wenige Berufe, in denen das Ergebnis der eigenen Arbeit (Wertschätzung, Anerkennung, Respekt) so unmittelbar deutlich werden kann, wie in Gastronomie und Hotellerie. Es wird Sie vielleicht nicht überraschen, dass in unserem Märchen am Anfang etwas fehlt: Wertschätzung, Respekt und Anerkennung! Eine entscheidende Voraussetzung, um dies zu erreichen, ist sicherlich der gute Kontakt zwischen Mitarbeiter und Gast bzw. Kunden. In diesem Kapitel werde ich noch aufdecken, warum das so ist. Unter gutem Kontakt verstehe ich in diesem Fall die Annäherung unter Gesprächspartnern auf inhaltlicher und insbesondere auf emotionaler Ebene. In diesem Kontext ist mit emotionaler Ebene die Stimmung und Gefühlslage der Gäste gemeint.

Praxistipp Nr. 9
Sorgen Sie für guten Kontakt mit Ihren Gästen. Das bedeutet, dass Sie sich auf inhaltlicher und emotionaler Ebene angleichen. Die emotionale Ebene überwiegt dabei!

Für viele Mitarbeiter ist der Kontakt, den sie mit privaten Gästen haben, ein anderer als der Kontakt mit beruflichen Gästen. Vielleicht hat diese Kontaktunterscheidung zwischen privaten und beruflichen Gästen ihren Ursprung schon im Ausbildungsverfahren für Gastronomie und Hotellerie. Dieses ist zwar fundiert, wie wohl sonst nirgendwo auf dieser Erde, aber hat trotzdem meines Erachtens eine große Schwäche: Es ist nicht ausreichend gastorientiert! Wie bereits erwähnt, ist der Umgang mit Gästen (wie ja auch zuhause) etwas höchst Emotionales. Die Ausbildung in gastronomischen Berufen stellt aber fast ausschließlich die kognitiven, rationalen und sachlichen Kenntnisse und Fähigkeiten in den Mittelpunkt. Mitarbeiter werden ausgebildet und bewertet, klassische Garnituren „aufsagen" zu können, Tische korrekt einzudecken und eine Vielzahl von Speisen und Getränke zu kennen und zu beschreiben. Ich möchte der Fachkompetenz nicht die Berechtigung bei der Ausbildung von Fachleuten abstreiten. Ich bemängele aber, dass der Umgang mit Menschen in der Ausbildung meist eine geringe oder zumindest eine untergeordnete Rolle spielt.

Im Bezug auf Kunden und Gäste lernen Auszubildende z. B. manchmal immer noch, möglichst höflich und zurückhaltend aufzutreten. Das Problem ist, dass so ein Verhalten zwar gut geeignet ist, um eine gewisse Distanz zum Gast zu wahren, aber es ist für mich unverständlich, wofür das im Umgang mit Gästen und Kunden gut sein soll! Ganz im Gegenteil. In vielen Fällen kann so ein Verhalten sogar zum Kontaktabbruch führen (Fachbegriff: Mismatch). Wenn also Emotionalität der Schlüssel ist, um in guten Kontakt mit den Gästen zu kommen, muss persönlicher Umgang und nicht höfliche Distanz das Ziel im Gastkontakt sein! Viele in unserem Beruf glauben anscheinend immer noch, dass Gäste und Kunden hauptsächlich über das Angebot, also über die Produkte, zu überzeugen sind. „Meine Küche spricht für sich!" habe ich letztens einmal von einem Wirt gehört. Aber einmal ehrlich: die wenigsten Küchen können tatsächlich sprechen ...

Was schnell für guten Kontakt sorgt

Die Fähigkeit, schnell in guten Kontakt mit Gästen zu kommen, empfinde ich als eine der wichtigsten Schlüsselkompetenzen in Gastronomie und Hotellerie. Bin ich nicht in gutem Kontakt mit meinen Gästen und Kunden, werde ich wenig von der erwünschten Anerkennung und Wertschätzung bekommen. Vom guten Kontakt hängt aber auch ab, ob eine ausgesprochene Empfehlung (z.B. Upselling) als nett und wohlwollend beim Gast ankommt oder als dröge und aufdringlich. Selbst wenn es einmal zu einer Reklamation kommt, wenn also die Gäste mit meiner Leistung unzufrieden sind, hängt die Art und Weise, **wie** diese Beschwerde angebracht wird, und auch der weitere Verlauf stark davon ab, wie gut der Kontakt in diesem Augenblick ist. Ich behaupte sogar, dass z.B. bei einer Veranstaltungsanfrage nicht die Angebotsmappe oder der tolle Speisen- bzw. Buffetvorschlag die (kauf)entscheidenden Kriterien sind, ob der Kunde nun bei Ihnen bucht oder beim Kollegen nebenan. Ich glaube, dass vor allem die Beziehung und der gute Kontakt dafür sorgen, dass Ihre Gäste und Kunden Ihnen vertrauen und sich bei Ihnen wohl**fühlen**!

Die Bedeutung des guten Kontakts ist damit ausreichend klargestellt. Nun ist die Frage interessant, wie Sie diesen emotionalen Kontakt mit anderen Menschen möglichst schnell aufbauen können? Im fordernden Tagesgeschäft in Gastronomie und Hotellerie haben Sie häufig für einen einzelnen Gast wirklich nur einen Augenblick. Für ein wenig „Small talk“ bleibt da manchmal einfach keine Zeit. Die gute Nachricht ist: Der Augen-Blick ist für einen ersten Kontaktaufbau durchaus ausreichend! Wie schon im ersten Teil dieses Buchs aufgezeigt, ist die verbale Sprache in der Menschheitsentwicklung etwas relativ Neues. Die natürliche Fähigkeit in guten Kontakt mit anderen Menschen zu kommen, ist ungleich älter und muss deshalb aus mehr nonverbalen Signalen bestehen. Das wichtigste Instrument, um Kontakt mit anderen Menschen aufzunehmen, sind die Augen! Diese Fähigkeit der Kontaktaufnahme ist so wichtig, dass sie sich in der Sprache manifestiert hat: Blickkontakt! Die Anweisung vieler Vorgesetzen an Mitarbeiter mit Gastkontakt: „Schau deinen Gästen in die Augen“ trifft diesen Punkt aber nur unzureichend. Viele Mitarbeiter haben zwar räumlichen „Gastkontakt“ , bleiben aber emotional distanziert (Fachbegriff: dissoziiert). Verstärkt wird die emotionale Distanz oft zusätzlich mit einem Blick, der alles andere aussagt, als: Ich freue mich! Ein Blick kann nicht nur sprichwörtlich „mehr als tausend Worte“ sagen, sondern auch buchstäblich. Menschen blicken auf ganz unterschiedliche Arten in die Welt. Gemeinsam mit Kleinstbewegungen der Mimik (Fachbegriff: Micromovement) können Sie mit einem Blick z. B. Offenheit und starkes Interesse ausdrücken, oder auch völliges Desinteresse.

Dieses Phänomen kennt wahrscheinlich jeder aus anderen Lebensbereichen. Stellen Sie sich vor, Sie sind in einer Diskothek auf potentieller Partnersuche. Schon aufgrund der Lautstärke bekommt verbale Kommunikation sofort eine eher zweitrangige Bedeutung. Von einem Stehtisch aus sehen Sie in 5 Meter Entfernung auf der Tanzfläche ein Objekt Ihrer Begierde. Ihr limbisches System markiert die Situation sofort neurochemisch. Ohne Worte, und auf diese Distanz, sagt Ihr Blick jetzt vielleicht eines sehr klar aus: „Ja, ich will (Dich kennen lernen)!“. In der Diskothek ist es zwar etwas dunkler, aber trotzdem scannt auch das Objekt Ihrer Begierde den Raum und nimmt Ihren Kontaktblick deshalb sofort wahr. Sie sendet Ihnen einen Blick völligen Desinteresses zurück (Kontaktabbruch) und dreht sich dann tanzend um. Sofort schwindet enttäuscht Ihr Interesse und Sie begeben sich mit Ihren Augen weiter auf die Suche ... Ist Ihnen dieses Beispiel jetzt zwar bekannt, aber zu weit hergeholt? Dann stellen Sie sich folgende Situationen vor:

Situation 1: Ein Gast betritt ein Restaurant. Das Restaurant ist voll, der Gast blickt durch die Reihen und prüft, ob noch es noch einen freien Platz gibt. Gleichzeitig scannt sein Unterbewusstsein die Situation: „Besteht hier Gefahr für mich?“, „Verhalte ich mich richtig?“, „Bin ich hier von Menschen umgeben, die mir wohl gesonnen sind?“ usw. Das limbische System im Gehirn markiert die Situation sofort neurochemisch mit Emotionen wie Unsicherheit, Anspannung und Stress. Von hinten blickt eine Servicekraft mit offenem Kontaktblick auf. Noch bevor sie auf den Gast zugeht und ihn mit einem Lächeln begrüßt, hat das Unterbewusstsein den Kontaktblick der Servicekraft wahrgenommen und gibt emotionale Entwarnung: „Ja, hier bin ich gerne gesehen!“, „Ich bin hier willkommen!“, „Ich fühle mich schon sicherer!“ usw. Diese Entspannung führt beim Gast ebenfalls zu einem Lächeln. Erst jetzt treten Gast und Mitarbeiter in den verbalen Dialog ...

Situation 2: Ein Businessgast betritt nach einem anstrengenden Geschäftstag am Abend das gebuchte Hotel und wünscht sich ein wenig Entspannung. Sein Hereinkommen bleibt unbemerkt, weil die Mitarbeiterin gerade im Buchungssystem vertieft ist. Das Unterbewusstsein meldet: „Vorsicht! Die Situation ist für dich noch unübersichtlich ...“. An der Rezeption angekommen, sagt die Mitarbeiterin, gebannt auf den Bildschirm blickend: „Bin sofort bei Ihnen“ und schaut erst nach zwei Sekunden auf. Das Unterbewusstsein des Gastes hat diesen Kontaktentzug sofort wahrgenommen. Das limbische System markiert die Situation bereits unterschwellig mit Aggression: „Du bist hier nicht wichtig genug! Setz dich durch ...". Mit versteinerter Miene und leicht wütendem Tonfall sagt der Gast zur Mitarbeiterin: „Ich heiße Schmitt, habe reserviert!!". Das Unterbewusstsein der Mitarbeiterin nimmt die Kontaktverweigerung natürlich auch sofort wahr. Sie denkt: „Gott! Wieder so ein arroganter Schlipsträger."

Situation 3: Ein Gast steht mittags für ein Sandwich in einem Coffeeshop an. Obwohl in einer längeren Schlange, nimmt er weder die anderen Gäste, noch die Mitarbeiter bewusst wahr. Das Bewusstsein beschäftigt sich gerade mit der weiteren Tagesplanung. Alles andere fährt somit auf „Autopilot". An der Ausgabe registriert das Unterbewusstsein des Gastes sofort den offenen Kontaktblick des Mitarbeiters. Dieser sagt aus: „Ich sehe dich! Du bist nicht nur einer von vielen ...". Das limbische System markiert diese Situation sofort mit angenehmen Gefühlen und schaltet den „Autopiloten" ab. Jetzt nimmt der Gast die Mitarbeiterin bewusst wahr und bedankt sich mit einem Lächeln ...

Praxistipp Nr. 10

Achten Sie darauf, dass Sie mit einem offenen und freundlichen Kontaktblick möglichst schnell Beziehung zu Ihren Gästen aufbauen.

Die Bedeutung guten Kontakts im ersten Augen-Blick wird von vielen Mitarbeitern unterschätzt! Das bedeutet aber nicht, dass die Fähigkeit und das Können dazu nicht vorhanden sind! Interessanterweise kommen Menschen ja schon auf die Welt mit dieser Fähigkeit. Das ist ganz gut bei kleinen Kindern zu beobachten. Vielleicht ist Ihnen schon einmal aufgefallen, dass kleine Kinder eine ganz besondere Art haben, einen anzusehen. Wenn Sie sich immer schon gefragt haben, wie die das machen, dann wissen Sie es jetzt! Die Kinder schauen einfach nur offen, direkt, neugierig und unverdorben in die Welt. Das nette Gefühl, das dies bei Ihnen auslöst, deutet nur darauf hin, dass Ihr Unterbewusstsein sofort auf diesen Kontaktblick reagiert. Wenn Sie sich jetzt fragen, ob diese Kompetenz bei Ihnen womöglich „eingeschlafen" ist, dann können Sie das überprüfen, indem Sie sehr bewusst über mehrere Tage 10-15 Minuten während Ihres Tagesgeschäfts versuchen, mit Gästen auch ohne Worte, sondern nur durch einen Blick, Kontakt aufzunehmen. Spielen Sie dabei auch mit Entfernungen. Sollte das überraschenderweise sehr positive Reaktionen auslösen, dann empfehle ich Ihnen, einfach weiterzumachen ...

Praxisübung

Überprüfen und verfeinern Sie Ihre Fähigkeit der Kontaktaufnahme nur mit den Augen.

Setzen Sie sich in ein Café an einem belebten Platz. Lassen Sie erst Ihren Blick ziellos schweifen und versuchen Sie dann mit einem offenen Blick wahllos Kontakt mit Passanten aufzunehmen.

Spielen Sie nun mit der Intensität Ihres Blickes und achten Sie dabei gezielt auf die Reaktion der Passanten. Versuchen Sie, auf diese Art mit möglichst vielen Menschen Kontakt aufzunehmen.
Insofern Sie Single sind oder neue Kontakte knüpfen möchten, können Sie die Übung gerne mit einem Lächeln unterstützen. Wenn Sie nicht auf Partner- oder Kontaktsuche sind, empfehle ich Ihnen mit dem unterstützenden Lächeln sorgfältig dosiert umzugehen ...

»**Gleichgültigkeit** in den Augen lässt sich nicht durch ein **Lächeln** vertuschen.«

Frank Simmeth

Bewusst habe ich in den bisher aufgeführten Praxissituationen Beispiele von Erstkontakten genannt. Vielleicht kennen Sie ja das Sprichwort: „Keine zweite Chance für einen ersten Eindruck“? Dieses Sprichwort bezieht sich in seiner Verwendung hauptsächlich auf Kleidung und Auftreten. Im Kontext des guten Kontakts können Sie dieses Sprichwort aber auch in Verhalten übersetzen. Die zweite der drei, im vorigen Abschnitt beschriebenen, Situationen macht sofort deutlich was passiert, wenn diese Regel im Kontaktaufbau nicht ausreichend beachtet wird.

Wieder einmal ist die dahinter liegende Wirkungsweise sehr alt. Die ersten Sekunden der Informationsverarbeitung bestimmen den Grad der Aufmerksamkeit, den das Bewusstsein nun für den weiteren Verlauf aufbringt. Oder anders gesagt: In der Steinzeit war es für die in der Höhle wartende Frau natürlich sehr interessant, ob der Schatten am Höhleneingang vom Mann stammte, der gerade von der Jagd zurückkehrte, oder von einem Säbelzahntiger. Unser Gehirn ist also darauf geprägt, dem ersten Eindruck eine besondere Bedeutung beizumessen. Da diese Regel auch noch gilt, wenn heutzutage ein Gast unsere „Höhlen“ betritt, also ins Restaurant oder Hotel kommt, empfiehlt es sich sehr, die Tragweite dieser Situation anzuerkennen und möglichst schnell für guten Kontakt zu sorgen. Abends auf dem Sofa entscheiden Sie sich bei einem Film im Fernsehen ja auch ziemlich schnell, ob Sie am Thema wirklich interessiert, gespannt und aufmerksam sind, oder ob Sie doch lieber wieder „wegzappen“.

Ein schlechter Start im Kundenkontakt ist wie ein Hemd, das man an falscher Stelle zu Knöpfen anfängt. So ein “Fehlstart“ ist schwer nachzubessern. Es gibt noch ein zweites Sprichwort, das diese Wirkungsweise verdeutlicht, aber noch einen zweiten Aspekt hinzufügt: „Der erste Eindruck zählt, der letzte bleibt!“. Der Film im Fernsehen mag noch so spannend gestartet sein, wenn der Schluss mau und unspektakulär gewesen ist, wird der ganze Film als mau und unspektakulär im Gedächtnis bleiben. Im ersten Kapitel dieses Buches war schon einmal die Rede davon, dass unser Gehirn alle Erlebnisse bewertet. Unser Gehirn speichert dann das Erlebnis mit der dazugehörigen individuellen Bewertung ab. Wenn ich diese Erinnerung später wieder aus meinem Gedächtnis abrufe, rufe ich auch gleichzeitig in schwächerer Form die gespeicherte Bewertung (Emotionen) mit ab. Das Phänomen ist bekannt: Sie erinnern sich an ein unerfreuliches Erlebnis und ihre Stimmung verschlechtert sich sofort ein wenig. Sie erinnern sich an ein schönes Erlebnis und schon entsteht in Ihnen ein Gefühl der Freude. Welches Gefühl soll sich bei Ihren Gästen und Kunden einstellen, wenn diese sich an einen Besuch bei Ihnen erinnern? Der erste Kontakt bestimmt den weiteren Ablauf, der letzte Kontakt die emotionale

Bewertung. Es empfiehlt sich sehr, beiden Situationen besondere Aufmerksamkeit zu schenken!

Praxistipp Nr. 11
Widmen Sie Ihren Gästen und Kunden zu Beginn und am Ende des Besuchs besondere Aufmerksamkeit. Am Anfang bestimmen Sie damit den weiteren Kontaktverlauf, am Ende beeinflussen sie, wie Ihre Gäste Sie bewerten!

Von Lachen und Lächeln

Natürlich gibt es noch weitere verbale und nonverbale Strategien, die für guten Kontakt sorgen. Ein Signal, das bisher eher unbeachtet geblieben ist, ist das Lächeln, dem in unserer Branche eine so große Bedeutung zukommt. Ein Hotelier hat mir einmal erzählt, dass ein strahlendes Lächeln bei ihm eine Einstellungsvoraussetzung ist. In der Realität bräuchte ein Mitarbeiter, der den ganzen Tag über strahlend lächelt, wahrscheinlich nach ein paar Tagen psychologische Unterstützung. Genau genommen besteht der Unterschied zwischen einem Lächeln und einem Lachen in der Gefühlsklasse. Während echtes Lachen ein Ausdruck von tatsächlicher Freude oder Spaß ist (Fachbegriff: Primärgefühl), beschreibt das Lächeln nur ein angepasstes Gefühl (Fachbegriff: Sekundärgefühl) mit dem Ziel, sozial für guten Kontakt zu sorgen. Kann also ein Lächeln überhaupt ehrlich sein? Ja, es kann! Die dahinterstehende Botschaft ist: „Ich mag dich". Diese Botschaft ist richtig und ehrlich, wenn sie mit folgender, oder ähnlicher, inneren Haltung übereinstimmt: Ich mag meine Gäste tatsächlich (Kongruenz). Mit anderen Worten: Mitarbeiter, denen bestimmte Gäste und Kunden unsympathisch sind, werden auch mit außerordentlich schauspielerischem Talent nicht vermeiden können, dass ihr Lächeln aufgesetzt wirkt ...

Richtig ist aber, dass das Lächeln der wirkungsvollste Kontaktverstärker ist. Wie sagte schon Charlie Chaplin: „Ein Tag ohne ein Lächeln ist ein verlorener Tag!" Dem stimme ich gerne zu. Das Schönste daran ist, dass das eigene Lächeln auch das einfachste Mittel ist, den Gästen und Kunden selbst ein Lächeln abzugewinnen. Ganz böse gesagt, können die auch fast nicht anders. Wussten Sie, dass unser Gehirn fähig ist, ein Lächeln als einzige Emotion noch auf knapp 100m Entfernung bei einem anderen Menschen zu erkennen und emotional zu bewerten? Unsere Wahrnehmung ist also darauf ausgerichtet, möglichst früh zu erkennen, ob uns ein anderer Mensch positiv gestimmt ist. Sie dürfen raten, aus welchem evolutionären Zeitalter diese Fähigkeit wieder einmal stammt ... Wenn Sie einen Gast also nicht anlächeln, lassen Sie ihn, psychologisch gesehen, zunächst im Unklaren darüber, ob Sie ihm wohl gesonnen sind oder nicht. Unbewusst markiert Ihr Gast diese Situation erneut emotional mit: „Vorsicht! Situation ist unübersichtlich, womöglich unsicher!“. So gesehen hat es fast schon etwas von Egoismus, die Gäste und Kunden anzulächeln. Aktion gleich Reaktion, oder wie mein Vater immer gesagt hat: „So, wie man in den Wald hinein ruft, so schallt es heraus!“. Sie lächeln und die Gäste lächeln zurück. Zumindest, wenn diese Ihnen gegenüber positiv gestimmt sind. Genau das ist aber auch ein sehr gutes Warnsignal: Lächeln Ihre Gäste jetzt nicht zurück, ist das ein Zeichen dafür, dass diese Ihnen in diesem Augenblick (noch) nicht positiv gestimmt sind. Das muss zunächst nicht unbedingt an Ihnen liegen. Wichtig ist aber zu wissen, dass Sie wahrscheinlich einen sehr schnellen und effektiven Kontaktabbruch erzeugen würden, wenn Sie die Reaktion Ihres Gastes ignorieren und einfach weiterlächeln. Wie eingangs schon erwähnt, bedeutet guter Kontakt, dass eine emotionale Ebene zwischen Gesprächspartnern besteht. Dass eine unterschiedliche emotionale Verfassung (Fachbegriff: State) zwischen Gesprächspartnern zu einem Kontaktabbruch führen kann, haben Sie sicherlich schon einmal am eigenen Leib erfahren. Stellen Sie sich vor, Sie verschulden einen Autounfall, bleiben selbst zwar unverletzt, das geliebte Auto hingegen ist Schrott. Tags drauf, immer noch voller Ärger und Traurigkeit (State), treffen Sie einen Bekannten auf der Straße und erzählen von Ihrem Missgeschick. Ihre Bekannter hingegen lacht Sie an und sagt: „Ist doch nicht so schlimm, stell dich nicht so an, das wird schon wieder ...“. Wie wäre wohl Ihre Reaktion? Würden Sie sich für den tollen Tipp bedanken und mitlachen oder hätten Sie eher das Bedürfnis, auf der Stelle kehrt zu machen und Ihren Bekannten wortlos stehen zu lassen? Viel geschickter wäre es in so einer Situation doch, wenn Ihr Bekannter sich emotional auf Ihre Ebene begeben würde: „Ach, so ein Pech!“ (Ärger) oder: „Oh, das tut mir wirklich Leid.“ (Traurigkeit). So eine Reaktion würde den guten Kontakt zwischen Ihnen verstärken.

Praxistipp Nr. 12

Begrüßen Sie Ihre Gäste mit einem Lächeln! Achten Sie dann aber auf die emotionale Haltung Ihrer Gäste und reagieren Sie entsprechend empathisch. Nur so kann guter Kontakt auf emotionaler Ebene gehalten werden.

Ähnlich ist das auch im Gastkontakt. Es ist natürlich höchst sinnvoll, Gäste mit einem Lächeln willkommen zu heißen. Weiterhin ist es aber genauso wichtig, eine gute Wahrnehmung für die emotionale Haltung (State) der Gäste zu entwickeln und sich dieser ein wenig anzugleichen. Das verstärkt den guten Kontakt. Nehmen wir einmal an, ein Gast kommt verärgert an die Rezeption eines Hotels und beschwert sich darüber, dass er nicht schlafen konnte. Um im guten Kontakt zu bleiben, sollten Sie jetzt auf jeden Fall dafür sorgen, dass Sie übereinstimmend auf verbaler und emotionaler Ebene Bedauern ausdrücken: „Das tut mir sehr leid, dass Sie nicht gut schlafen konnten" zusammen mit einem bedauernden Gesichtsausdruck. Die Aussage, dass Mitarbeiter in Gastronomie und Hotellerie vor allem lächeln „können" müssen, trifft demnach nicht auf alle Situationen zu.. Ich bin der Überzeugung, dass gute Gastgeber auf dem „Emotionsklavier" möglichst **alle** Tasten gut spielen können sollten.

Die Zielvorgabe, Gäste und Kunden während des Besuchs in Gastronomie und Hotellerie zum Lächeln zu bringen, ist absolut sinnvoll. Ein kongruentes Lächeln ist immer mit positiven Emotionen verbunden. Wenn ich als Gast die Wahl habe, besuche ich ausschließlich die Betriebe wieder, in denen ich positive Emotionen hatte! Bei dem einen oder anderen Gast könnte man jedoch zurecht annehmen, dass er zum Lächeln eher in den Keller geht ... Sie haben in solchen Situationen die Wahl! Sie können das so akzeptieren und einfach weiterarbeiten oder noch einmal einen geschickten Versuch starten. Natürlich gibt es auch einen zusätzlichen Trick, wie man die Chance drastisch erhöht, seine Gäste zum Lächeln zu bringen. Die letzten Zeilen besagen, dass gemäß der sozialen Prägung ein Lächeln meist schon zu einem Gegenlächeln führt. Umgekehrt habe ich dargestellt, dass das fehlende Lächeln des Gegenübers ein ganz aussagekräftiges Indiz dafür ist, dass noch kein guter Kontakt besteht. Wenn aber der gute Kontakt bereits vorhanden ist, neigen Menschen ganz unbewusst dazu, diesen halten zu wollen. Wenn Sie also im guten Kontakt mit Ihren Gästen und Kunden sind und Ihre eigene Emotionslage verändern, werden Ihre Gäste Ihnen in Ihren Stimmungen folgen, um den guten Kontakt aufrecht zu erhalten. Da diese Prozesse unbewusst ablaufen, wird es Ihrem Gegenüber sehr schwer fallen, sich dieser Wirkungsweise zu entziehen! Hört sich das für Sie abstrakt an? Ist es aber nicht! Ich könnte mir sogar vorstellen, dass Sie diesen Effekt schon viele dutzende Male genutzt haben – nämlich in der Interaktion mit kleinen Kindern ... Haben Sie schon einmal versucht, ein Kleinkind zum Lächeln zu bringen? Ganz intuitiv werden Sie wahrscheinlich die in diesem Kapitel genannten Gedanken bereits anwenden. Sie werden zunächst mit einem offenen, direkten und neugierigen Blick Kontakt aufnehmen. Wenn das Kind Ihren Kontaktversuch jetzt nicht sofort mit einem Lächeln beantwortet, werden Sie wahrscheinlich sofort die Strategie ändern. Sie werden ganz intuitiv die Mimik des Kindes imitieren, sich vielleicht sogar spielerisch angleichen (und damit unbewusst die Emotionslage spiegeln) und erst dann einen zweiten Versuch mit einem eigenen Lächeln starten. War Ihr Versuch, damit Kontakt aufzubauen erfolgreich, wird Ihnen das Kind jetzt folgen und selbst lächeln! Witzigerweise funktioniert das auch bei Erwachsenen immer noch ganz gut. Stellen Sie sich jetzt einmal die Interaktion mit einem Gast als Bühnenstück in drei Akten vor. Lassen Sie uns unser Bühnenstück zum besseren Verständnis „Empfang im Hotel“ nennen:

1. Akt: Der Gast betritt morgens die Bühne und kommt an die Rezeption. Die Mitarbeiterin nimmt sofort Blickkontakt auf und begrüßt unseren Hauptdarsteller mit einem freundlichen Lächeln. Sie sagt: „Ich hoffe, Ihr Tag hat mit einer guten Anfahrt begonnen?“.

2. Akt: Seine Mimik bleibt ernst. Er sagt: „Nein, ich stand eine Stunde lang im Stau!“. Ihre Mimik ändert sich in Betroffenheit. Sie sagt: „Oh, das kenne ich gut! Es ist schrecklich, wenn der Tag schon so anfängt!“. Unser Hauptdarsteller bestätigt das mit einem Kopfnicken.

3. Akt: Die Mitarbeiterin verändert jetzt Mimik und Emotionslage, sie gibt sich freundlich und positiv und sagt mit einem Lächeln: „Dann kann es ab jetzt nur besser werden! Hat man Ihnen denn bereits einen ersten Kaffee angeboten?“. Jetzt lächelt unser Hauptdarsteller auch und antwortet: „Vielen Dank, das ist nett, aber ich möchte erst auf mein Zimmer ...“.

Ist die Wirkungsweise schon ersichtlich? Hier noch einmal das Regiebuch: Der Fachbegriff für psychologisch guten Kontakt heißt „Rapport“. Der Begriff für das Angleichen von verbalen und nonverbalen Signalen heißt „Pacing“ und der Fachbegriff für das Führen von einer Emotionslage in eine andere „Leading“. In unserem Bühnenstück versucht die Mitarbeiterin im **ersten Akt** mit Blickkontakt und Lächeln für guten Rapport zu sorgen. Zunächst misslingt ihr das wegen der stark negativen momentanen Gefühlslage des Gastes. Im **zweiten Akt** spiegelt (Fachbegriff: paced) sie die Emotionslage des Gastes, um für guten Kontakt zu sorgen. Dieser zweite Versuch gelingt. Seine Zustimmung signalisiert der Gast mit einem Nicken. Er fühlt sich verstanden. Im **dritten Akt** führt (Fachbegriff: leaded) die Mitarbeiterin den Gast daraufhin in eine neue Gefühlslage, indem Sie selbst die emotionale Lage ändert. Der Gast lächelt ...

Distanz und Nähe

Es ist immer angemessen, ein Kapitel über Kontaktstrategien mit den nonverbalen Signalen zu beginnen. Sie machen den Großteil der Kommunikation aus – das liegt, wie in den vorangehenden Kapiteln beschrieben, in unserer Evolution begründet. Außer in der Mimik und im Blickkontakt manifestiert sich nonverbale Kommunikation aber noch in weiteren Ausdrucksformen: Auftreten, Körperhaltung, Gestik, Stimmlage (Fachbegriff: Tonalität) sowie in Distanz und Nähe. Wobei mit Distanz und Nähe bei der nonverbalen Kommunikation der **räumliche** Aspekt gemeint ist. Hinsichtlich des guten Kontakts beschreiben die Begriffe Distanz (Fachbegriff: dissoziiert) und Nähe (Fachbegriff: assoziiert) hingegen die **emotionale** Komponente in der Kommunikation. Ich hoffe, Sie verzeihen mir diese kleine „Wortklauberei", schließlich möchte ich nicht jedes Wort auf die sprichwörtliche „Goldwaage" legen. Aber Worte steuern nun einmal unsere Wahrnehmung. Vielleicht hat das Buch bisher ja schon gezeigt, dass es sich nicht nur bei den Gästen lohnt, genau hinzusehen!

Der räumliche und emotionale Aspekt von Distanz und Nähe sollte im gastronomischen Alltag auf keinen Fall verwechselt werden. Wenn emotionale Distanziertheit für schlechten Kontakt sorgt, muss räumliche Nähe nicht unbedingt das Gegenteil auslösen! Natürlich ist im Bezug auf das Thema Distanz und Nähe darüber nachzudenken, ob es tatsächlich Sinn macht, Mitarbeiter in der Gastronomie und Hotellerie hinter „Desks" und „Tresen" zu stellen und man es ihnen damit praktisch unmöglich macht, auf Menschen zuzugehen. Der Rückschluss aber, einfach näher ranzugehen, um für guten Kontakt zu Kunden und Gäste zu sorgen, ist trügerisch. Die Nähe könnte womöglich nur bei südländischen Gästen oder sehr speziellen Gastronomiebetrieben gut ankommen ...

Mehrere Vorabendsendungen haben in diesem Punkt ganze Arbeit geleistet und meines Erachtens für einen Trugschluss gesorgt. In diesen Reportagen wurde das Trinkgeldverhalten von Gästen „analysiert". Das Ergebnis dieser so genannten Studien war, dass Gäste im Restaurant, die von der Servicekraft kurz und „beiläufig" berührt werden, mehr Trinkgeld bekommen. Als „kurze Berührung" wurden z. B. genannt: die Berührung mit der offenen Handfläche auf dem Rücken, die praktisch zufällige Berührung der Hand des Gastes, das kurze Anfassen am Arm usw. Der Konsens dieser Aussagen war, dass eine kurze Berührung auf Gäste und Kunden psychologisch als so „vertraut" wirke, dass Gäste deshalb das Trinkgeld schon praktisch unbewusst in ungeahnten Höhen fließen lassen ... Sehr bedenklich finde ich an dieser Aussage, dass diese noch nicht einmal ganz falsch ist. Mit anderen Worten, wer diesen Rat für voll nimmt, wird womöglich **auch** positive Ergebnisse damit erzielen. Das Problem ist aber viel mehr die Frage, was denn bei den anderen Gästen passiert, auf die diese kurze Berührung nicht positiv wirkt. Zunächst handelt es sich bei dieser Aussage um eine grobe Verallgemeinerung (Fachbegriff: Generalisierung). Tatsächlich neigen wir ja dazu, aus wiederkehrenden Erlebnissen schnell eine „Regel" zu machen. Diesen Effekt findet man ganz gut in Vorurteilen wieder wie in diesen: „**Frauen** sind schlechte Autofahrer", „**Männer** haben keine Geduld" oder „**Gäste** geben mehr Trinkgeld, wenn ...".

Also, auch hier bitte genau hinsehen! Tatsächlich gibt es unter Menschen unterschiedliche „Vorlieben“ der Wahrnehmung. Für einen eher kinästhetischen Menschen (gefühlsorientiert) mag eine kurze Berührung tatsächlich Positives vermitteln. Das hängt aber auch von weiteren Faktoren ab. Zum Beispiel davon, wie gut die Beziehung im Moment der Berührung ist (auch wenn der Begriff *Sympathie* übersetzt tatsächlich *mitfühlen* bedeutet ...). Ich kann noch so ein „Kinästhet“ sein, wenn ich mein Gegenüber nicht mag, werde ich dessen Berührung ganz sicher nicht als angenehm empfinden. Auch die Höhe des Trinkgelds hängt von weiteren Punkten ab. Das muss nicht ausschließlich psychologische Ursachen haben, sondern kann z.B. auch an der individuellen, wirtschaftlichen Lage des Gastes liegen. Durchaus richtig ist aber, dass positives Feedback und Anerkennung (wie eben **auch** Trinkgeld) natürlich nicht vom guten Kontakt zum Gast oder Kunden zu trennen sind. Die unterschiedlichen Reaktionen auf die „kurze Berührung“ haben einen weiteren Grund. Wenn es kinästhetisch orientierte Menschen gibt, dann gibt es sicher auch Menschen, die eher visuell oder auditiv, olfaktorisch (geruchsorientiert) oder gustatorisch (geschmacksorientiert) sind. Auf diese Menschen wirkt eine kurze Berührung dann womöglich sogar abschreckend oder unangenehm! Wenn ich also tatsächlich wie in o.g. „Studien“ alle Gäste über einen Kamm scheren und als kinästhetisch ansehen würde, müsste ich wahrscheinlich nicht nur mit den positiven, sondern auch mit den sich häufenden negativen Erfahrungen am Gast leben. Mit anderen Worten: Ein Teil der Gäste gibt mir mehr Anerkennung – die anderen sehe ich dafür möglicherweise nie wieder ...

Dieses Risiko würde ich auf keinen Fall eingehen. Wenn Sie bei Ihren Gästen genau hinhören, können sie allerdings heraushören, mit welchem Sinn diese Ihre Welt bevorzugt wahrnehmen. Erinnern Sie sich? Am Anfang des Buches ist Ihnen dieser Aspekt schon einmal begegnet. Im ersten Kapitel beschreibe ich, dass sich die Wahrnehmung Ihrer Gäste an den Sinnen orientiert und sich in der Sprache widerspiegelt. So gesehen lassen folgende Kommentare von Gästen gewisse Rückschlüsse zu: „Das am Nachbartisch **sieht** aber gut aus ...“ (*visuell*), „Das **hört** sich aber gut an ...(*auditiv*)“, „Kann ich noch einmal die Karte **sehen**?“ (*visuell*), „Ich habe mich bei Ihnen sehr wohl **gefühlt**!“ (*kinästhetisch*), „Das **riecht** aber toll hier! (*olfaktorisch*)“, „Ich habe richtig **Hunger**!“ (*kinästhetisch*), „Ich möchte noch ein wenig **schauen** ...“ (*visuell*), „Das ist perfekt zum **Entspannen**!“ (*kinästhetisch*), „Ich schätze beim Wein am liebsten folgende **Aromen** ...“ (olfak*torisch*) usw. Wenn Sie einen Gast oder Kunden als gefühlsorientierten Menschen „enttarnen“, dann mag auch räumliche Nähe den guten Kontakt verstärken.

Menschen besitzen aufgrund Ihrer individuellen, soziokulturellen Prägung sehr unterschiedliche Vorlieben bezüglich Distanz und Nähe.

Was für den einen Gast eine perfekte Gesprächsdistanz ist, kann für den anderen bereits ein Eingriff in die räumliche Intimsphäre sein. Die Kunst liegt darin, die perfekte individuelle Gesprächsdistanz zu finden, in der sich der Gast wohlfühlt. Eine mögliche Vorgehensweise hierbei ist ein Mix aus guter Beobachtung und buchstäblichem „Herantasten". Ein guter Hinweis darauf, dass sich Menschen in meiner Nähe nicht mehr wohlfühlen, ist eine Veränderung ihrer Körperhaltung: Sie weichen im Sitzen mit dem Oberkörper ein wenig zurück, sie versuchen „wegzurutschen" oder mir den Blick entziehen (Entzug eines Teils der Kommunikation). Letzteres ist wahrscheinlich das stärkste Signal. Ähnlich wie im Aufzug, wenn sich viele unbekannte Menschen auf engstem Raum begegnen. Auch hier kann man beobachten, dass Menschen jegliche Kommunikation und ganz besonders den Blickkontakt vermeiden, um die unerlaubte Nähe zu „ertragen". Solange also keine derart abwehrenden Signale vom Gast kommen, ist es gar kein Problem, die so oft beschriebene „mitteleuropäische Distanz" einfach noch ein wenig zu verringern bzw. im umgekehrten Falle die Distanz wieder ein wenig zu erhöhen. Abschließend zu diesem Thema vielleicht noch ein Gedanke für Servicekräfte, die einfach räumlich nicht die Möglichkeit haben, die vom Gast am besten empfundene Distanz zu wahren. In einem dicht bestuhlten Gastraum oder an einem Tisch mit mehr als vier Gästen kann es tatsächlich ein schwieriges Unterfangen sein, sich bei dem einen oder anderen Gast nicht ungewollt in dessen „Intimzone" zu begeben. Wenn es gar nicht anders geht, würde ich in diesem Falle den „Aufzug-Trick" anwenden und die als unangenehm empfundene Nähe nicht durch einen zusätzlichen, intensiven Blickkontakt verstärken, sondern die Situation so kurz wie möglich halten. Abgesehen von solchen Ausnahmesituationen, empfiehlt es sich allerdings tatsächlich, die eigene Position am Tisch bei der Orderannahme, im Verkaufsgespräch, beim Empfang neuer Gäste usw. immer wieder zu verändern und auf die Gäste somit im wahrsten Sinne des Wortes „zuzugehen".

Wen finden wir eigentlich sympathisch?

Freund oder Feind? Ursprünglich hatten wahrscheinlich alle nonverbalen Signale den Sinn, diese Unterscheidung möglichst schnell durchführen zu können, um für guten sozialen Kontakt zu sorgen. Nicht zwischen Freund und Feind unterscheiden zu können oder alleine dazustehen, ist buchstäblich tödlich für uns Herdentiere! Eine gewisse Sozialkompetenz hat so gesehen nichts mit romantischen Formulierungen in Stellenbeschreibungen zu tun, sondern ist im wahrsten Sinne für uns Menschen überlebenswichtig. Wie aber findet diese Unterscheidung statt? Haben Sie schon einmal privat einen Menschen kennen gelernt und sich bereits nach den ersten Sekunden gedacht, dass Sie auf diese Begegnung getrost hätten verzichten können? Bei anderen

Begegnungen hingegen wechselt man mit einem fremden Menschen nur ein paar Sätze und findet diesen sofort sympathisch.

Das ist wohl auch Alltag bei uns in der Gastronomie und Hotellerie. Wir treffen Kunden und Gäste, die uns sofort sympathisch sind und andere eben nicht. Vielleicht haben Sie bisher noch nicht genau gewusst, wie das Unterbewusstsein diese Unterscheidung trifft. Rational kann das ja keine bewusste Entscheidung sein! Oder trauen Sie sich tatsächlich zu, einen Menschen innerhalb von Sekunden in seiner Gesamtheit zu be- und verurteilen? Da die Unterscheidung von Freund und Feind überlebenswichtig ist, greift unser Unterbewusstsein auf einen Trick zurück, um innerhalb von Sekunden zu entscheiden. Das Konzept dahinter klingt einleuchtend: „Wenn jemand so ist wie ich, wird er mir auch nichts Böses wollen!“ Aus diesem Grund reagiert unser Unterbewusstsein ganz besonders auf Gemeinsamkeiten in der nonverbalen Kommunikation. Das bedeutet, je ähnlicher uns andere Menschen sind, je mehr deren nonverbale Kommunikation (Gestik, Auftreten, Stimmlage, Lautstärke, Weltsicht) unserer eigenen nonverbalen Kommunikation entspricht, desto sympathischer sind sie uns! Interessant finde ich an dieser Stelle auch, wie sich diese Tatsache in der Sprache manifestiert hat. Die wörtliche Übersetzung von Sym-pathie bedeutet Mit-fühlen!

Noch einmal zurück zu den Menschen, die Sie manchmal schon innerhalb von Sekunden eher unsympathisch finden. Haben Sie schon einmal erlebt, dass sich dieses „Anfangsurteil“ über einen anderen Menschen nach einem gewissen Zeitraum, einigen Minuten, Stunden, Tagen oder Wochen, gänzlich geändert hat und Sie den gleichen Menschen auf einmal sympathisch finden? „Sich kennenlernen“ ist psychologisch gesehen ein Prozess des gegenseitigen Entdeckens. In gemeinsamen Gesprächen wird immer klarer, wie das Weltbild des anderen aussieht (Verständnis). Natürlich wächst mit jedem Gespräch auch die Chance, in der Welt des anderen Gemeinsamkeiten zu entdecken, also „Schnittstellen“ zur eigenen Weltsicht auszumachen. Das erklärt, warum uns manche Menschen im Laufe der Zeit nach und nach sympathischer werden.

Ich kann mir vorstellen, dass in diesem Fall die Menge der Schnittstellen, also der Gemeinsamkeiten, den individuellen kritischen Punkt zur „Sympathie“ überschritten hat. Wenn Sie also Gästen und Kunden begegnen, die Ihnen nicht auf Anhieb sympathisch sind, dann ist das **kein** Zeichen dafür, dass diese besonders seltsam sind, sondern einfach nur **anders**. Wenn Sie solche Gäste künftig eher sympathisch(er) finden wollen, wäre eine empfehlenswerte und angemessene Reaktion, Interesse an ihnen zu zeigen und sich nicht emotional zu distanzieren (Kontaktabbruch) ...

Praxistipp Nr. 13
Bleiben Sie auch mit den Gästen in gutem Kontakt, die Ihnen nicht auf Anhieb sympathisch sind. Sie lassen damit den notwendigen Raum für mögliche Veränderung!

Da Sie dieses Buch in der Hand halten, gehe ich davon aus, dass Ihr Hauptaugenmerk im gastronomischen Alltag nicht darauf liegt, dass Ihnen die Gäste möglichst alle sympathisch sind, sondern darauf, dass die Gäste **sie** sympathisch finden. Das ist eine gute Voraussetzung, um Gäste und Kunden an sich zu binden. Einen Abschnitt weiter oben, im „Bühnenstück in drei Akten", hat die darin beschriebene Mitarbeiterin für guten Kontakt gesorgt, indem sie die eigene Emotionslage der momentanen Emotionslage des Gastes angeglichen hat. Wenn also Ähnlichkeiten im Verhalten gleichzeitig für Sympathien und für guten Kontakt (Fachbegriff: Rapport) sorgen, dann funktioniert das natürlich auch, wenn man die anderen nonverbalen Signale denen der Gästen und Kunden anpasst (Pacing der Körpersprache).

Ich habe schon von vielen Mitarbeitern in Gastronomie und Hotellerie gehört, dass „man nicht alle Gäste gleich" behandeln könne. In der Praxis werden dann aber häufig trotzdem alle irgendwie gleich oder je nach momentaner Stimmung behandelt. Was bedeutet es tatsächlich, individuell auf Gäste einzugehen? Meines Erachtens ist es genau das: Individuell mit Gästen und Kunden umzugehen heißt, sich auf verbalen und nonverbalen Ebenen anzugleichen und sich dann buchstäblich einig zu sein ... Spricht Ihr Gast eher laut oder leise? Schnell oder langsam? Steht Ihr Gast eher locker vor Ihnen oder kerzengerade? Ist seine Gestik eher zurückhaltend oder „italienisch"? Auch wenn wir in Gastronomie und Hotellerie Erlebniswelten für unsere Gäste bieten, bedeutet guter Kontakt, den Gästen in **deren** Welt zu begegnen, sie dort abzuholen um sie dann in **unsere** Welten zu führen! Wenn Sie als Mitarbeiter in einem Restaurant (durchgehend) lauter sprechen als Ihre Gäste, werden diese schnell von Ihrer Präsenz irritiert sein und sich unwohl fühlen. Aber auch wenn Sie einen extrovertierten Gast im Hotel sehr förmlich und steif begrüßen, wird das auf diesen nicht einladend wirken.

Inwieweit Sie sich in ihrem Verhalten angleichen, mag natürlich von Betrieb zu Betrieb unterschiedlich sein. Meines Erachtens ist es aber kontraproduktiv und auch nicht mehr zeitgemäß, die verbale und nonverbale Kommunikation betrieblich zu standardisieren: „In diesem Hause wird nur in dieser oder jener Lautstärke mit Gästen gesprochen" oder „Unsere Mitarbeiter haben in dieser oder jener Form vor den Gästen zu stehen". Solche Aussagen dokumentieren meist nur die individuellen Vorlieben und Prägungen von Vorgesetzen und Inhabern und nicht die der Gäste.

Sollten sich die letzten Zeilen für Sie abstrakt anhören, mache ich Sie gerne darauf aufmerksam, dass Ihnen das Konzept des Angleichens nonverbaler Kommunikation (Spiegeln der Körpersprache) nicht neu ist. Dem einen oder anderen mag der Gedanke, Gestik und Mimik eines Gastes zu kopieren sogar ein wenig „affig“ vorkommen. Dem kann ich aus evolutionsgeschichtlicher Sicht nur zustimmen! Denken Sie einmal an eine Situation im Leben, in der Sie frisch verliebt waren und mit Ihrer neuen Liebe erstmals ausgegangen sind. In diesem Augenblick haben Sie es wahrscheinlich eher unbewusst gemacht: Sie sitzen sich in gleicher Körperhaltung gegenüber, greifen zur gleichen Zeit nach Ihrem Glas, lachen zur gleichen Zeit usw. Diese Dynamik ist sehr „affig“, in Form von evolutionär nämlich „ur-alt“, und damit höchst wirkungsvoll. Der Unterschied in der Arbeit mit Ihren Gästen liegt nun darin, dass Sie diese Wirkungsweise jetzt bewusst einsetzen können und damit instrumentalisieren!

Praxistipp Nr. 14

Begegnen Sie Ihren Gästen in deren Welt! Gleichen Sie Ihre Kommunikation in Lautstärke, Tonalität, Körperhaltung und Gestik, aber auch was Sprechweise und Wortwahl betrifft, der Ihrer Gäste an.

Zu den nonverbalen Kanälen zählen beispielsweise Mimik, Gestik, Haltung, Distanz und Nähe, Tonalität, Sprechgeschwindigkeit, Atmung usw. Ein Annähern bzw. Abstimmen der eigenen nonverbalen Signale mit denen des Gastes (Fachbegriff: Pacing oder Spiegeln) mag sicherlich für einen Stationskellner in einem Restaurant eine andere Herausforderung sein, als für einen Bankett- oder Veranstaltungsleiter.

Grundsätzlich ist es aber auch einer Servicekraft am Tisch möglich, mit einigen nonverbalen Signalen für guten Kontakt zu den Gästen zu sorgen. Der Gast spricht zum Beispiel besonders schnell oder sehr langsam? Er deutet beim Bestellen mit dem Finger auf die Speisekarte? Er spricht besonders laut oder sehr leise? Er wirkt sehr fröhlich oder bedrückt? Der Trick ist, genau diese Signale zu übernehmen und in ähnlicher Lautstärke oder Geschwindigkeit zu sprechen, selbst auf die Speisekarte zu deuten, die Stimmung des Gastes aufzunehmen usw., um dadurch den guten Kontakt auf mehreren Ebenen zu verstärken. Die Voraussetzung für die Anwendung all dieser „Guter-Kontakt-Tricks“ ist allerdings die Fähigkeit, die verbalen und nonverbalen Signale überhaupt zu erkennen.

Ich glaube, dass der wahre Gastgeber heute einfach ein sehr guter Beobachter ist, der seine Gäste und Kunden ganzheitlich wahrnimmt, um sein eigenes Verhalten dann individuell auf die unterschiedlichen Gäste gezielt abzustimmen.

Der Mythos vom König Kunde

Als Mitarbeiter oder Führungskraft in Gastronomie und Hotellerie müssten Sie sich nach den letzten zwei Abschnitten eigentlich königlich fühlen, oder? Immerhin ging es darum, dass guter Gastkontakt bedeutet, sich den Gästen und Kunden anzupassen und Ihnen auf gleicher Ebene zu begegnen. Aber bekanntermaßen ist der Kunde ja immer noch König! Wenn Sie jetzt denken, dass dieser Rückschluss eher verwirrend ist, haben Sie Recht. Die „König-Kunde-Idee" bedeutet nicht, sich seinen Gästen und Kunden anzugleichen, sondern als Dienstleister einen gewissen Respektsabstand zu schaffen: „Ich diene dir! Wir stehen nicht auf einer Stufe!". Wenn ich mir nun den Gast als König vorstelle, sehe ich mich daneben nicht auch als König, sondern als Diener. Nach allem, was Sie bereits über guten Kontakt im psychologischen Sinne wissen, ist die „König-Kunde-Idee" schon allein deshalb nicht mehr zu rechtfertigen. Hinter der Idee steht der Gedanke, sich verbal und nonverbal zu distanzieren mit dem Zweck, den Gästen ein Signal der „ganz besonderen Wertschätzung" zu senden. Das mag zwar eine ehrbare Absicht sein, führt allerdings häufig dazu, dass kein guter Kontakt zum Gast/Kunden gehalten werden kann. Sich also zu distanzieren hat meines Erachtens mit modernem Gastkontakt nichts mehr zu tun!

Dieses Verhalten hatte vielleicht im Mittelalter seine Berechtigung. Ganz früher galt man als „Diener" umso erfolgreicher, je näher man an Königen und am Adel gearbeitet hat. Auch das hat sich wohl drastisch verändert. Bei Aussagen wie „Der Kunde ist doch König!" verdrehen viele Mitarbeiter heute eher die Augen. Da regen sich also Widerstände und das sicherlich nicht ohne Grund. Im Sinne einer Philosophie des „Dienens" werden wir in einer Zeit, in der individuelle „Freiheit" als Wert von immenser Bedeutung ist, sicher auch immer weniger Menschen als Mitarbeiter für die Branche gewinnen können. Ein Gastronom sagte mir einmal, dass im Wort Dienst-leistung eben das Wort „dienen" stecken würde. Darauf kann ich nur erwidern, dass auch das Wort „Leistung" darin steckt. Es gibt meiner Meinung nach keinen Grund, warum wir uns als Dienstleister kleiner machen sollten als unsere Gäste! In meiner Vorstellung sind Kunden und Gästen keine Könige, sondern Menschen, denen ich auf Augenhöhe begegne, Menschen, von denen ich Wertschätzung und Anerkennung als Dank für meine „Leistung" bekomme. Mit dieser Einstellung als Grundgedanken kann ich mir vorstellen, dass wir für Gastronomie und Hotellerie auch zukünftig noch ausreichend Mitarbeiter gewinnen können, die Ihre Arbeit mit Freude und Begeisterung tun.

Trotz der Tatsache, dass der „König Kunde" eigentlich ins Reich der Märchen und Sagen verbannt gehört, hält sich dieses Verständnis vom

Kundenkontakt ziemlich hartnäckig in der Branche. Gerade in sehr traditionellen Betrieben habe ich manchmal das Gefühl, dass das Infragestellen der „gelebten HÖF-lichkeiten" wohl „Ketzerei" gleichkommt. Der König ist tot, es lebe der König? Bitte nicht! Das ist wohl der einzige Kontext, in dem ich ganz froh über ein Artensterben bin.

Bis jetzt reden wir beim „König Kunden" nur über eine geflügelte Formulierung. Ist es denn notwendig, sich endgültig von diesem Modell zu verabschieden? Ich glaube schon, denn es führt in der Praxis leider auch heute noch zu einer unguten Rollenverteilung und fördert darüber hinaus sogar eine eigene Sprache, die psychologisch guten Kontakt eher verhindert und nicht fördert. Zunächst ein Beispiel für die spezielle Sprache von Gastronomen:

Sie betreten gemeinsam mit Ihrer Begleitung ein Restaurant. Am Eingang werden Sie vom Restaurantleiter empfangen. Sie sagen: „Guten Abend, mein Name ist XY, ich habe einen Tisch reserviert.". Der Restaurantleiter antwortet: „Guten Abend die Herrschaften, darf ich Sie zu Ihrem Tisch begleiten?". Am Tisch angelangt, kommt der Kellner zu Ihnen, reicht Ihnen die Speisekarte und sagt: „Guten Abend die Dame, der Herr, darf es für Sie vielleicht ein kleiner Aperitif sein?". Später kommt Ihr Kellner wieder an den Tisch und sagt: „Wenn ich Ihnen etwas empfehlen dürfte, wir servieren heute als Hauptgang Rinderfilet mit schmackhafter Beilage ...". Nach dem Essen räumt der Kellner ab und fragt Sie: „War es denn recht so?"

Fällt Ihnen bei diesem Beispiel etwas auf? Diese Kommunikation ist durchaus höflich. Aber außerhalb von Gastronomie und Hotellerie würde wohl niemand mehr auf die Idee kommen, in dieser Art mit anderen Menschen zu sprechen. Die Sprachform unter Verwendung des Konjunktiv wie „könnte, dürfte, sollte" usw. und die besondere „Diener-Semantik" wie „darf ich ...", „vielleicht ...", „der Herr, die Dame ..." verleihen der Sprache einen leicht devoten (unterwürfigen) Unterton. Das gilt zumindest dann, wenn Sie **etwas anbieten**. Zusätzlich sorgen solche Formulierungen für sprachliche Distanz. Schließlich sagen Ihre Gäste zu Ihnen ja auch nicht: „Darf ich Ihnen denn vielleicht mein Geld anbieten?". Anders mag es sich verhalten, wenn Ihre Gäste von Ihnen etwas haben möchten und z. B. fragen: „Dürfte ich bitte noch ein wenig Sauce haben?". Die Konjunktiv- oder Höflichkeitsform der deutschen Sprache ist geeignet und auch angemessen, wenn Sie oder Ihre Gäste von einem anderen **etwas bekommen** wollen: „Dürfte ich da bitte kurz vorbei ...?", „Würden Sie mir das bitte kurz rüberreichen ...?". Für den Fall, dass die Unterscheidung noch nicht ganz klar geworden ist, ein weiteres Beispiel. Hatten Sie schon einmal Gäste privat bei sich? Privat rede zumindest ich mit meinen Gästen ganz normal! Ich möchte auch nicht wissen, was meine Freunde und Bekannten über mich denken würden, wenn ich folgende Formulierungen bei mir zuhause verwenden würde: „War es denn recht so?“ oder: „Darf es denn vielleicht noch eine Flasche Wein sein?“.

Praxistipp Nr. 15

Machen Sie sich als Dienstleister nicht kleiner, sondern begegnen Sie Ihren Gästen verbal und nonverbal auf Augenhöhe. Vermeiden Sie distanzierende Gastro-Floskeln!

Zuhause frage ich meine Gäste nicht, „ob es noch etwas sein dürfte“. Ich frage eher: „Möchtet Ihr noch ein Glas Wein haben?“ und: „Braucht Ihr noch ein Glas Wasser dazu?“. Auch in Gastronomie und Hotellerie würde ich statt der klassischen Gastro-Floskel „Darf es vielleicht ... für Sie sein?“ eher folgende Formulierungen bevorzugen: „Möchten Sie schon ...?“, „Brauchen sie denn noch ...?“, „Nehmen Sie dazu noch ..., weil ...?“ usw. Indem ich derartige Formulierungen benutze, verhalte ich mich meinen Gästen gegenüber nicht mehr distanziert, sondern authentisch und persönlich. Spätestens im Kapitel über Zusatzverkauf wird Ihnen dieser Punkt noch einmal begegnen, denn auch aktiver Verkauf funktioniert am besten, wenn Sie sprachlich auf persönlicher Ebene kommunizieren. Hinter der hier genannten Haltung in Bezug auf Gastro-Floskeln steckt natürlich eine Vorannahme. Ich bin der festen Überzeugung, dass die meisten Gäste heute lieber **persönlich** und nicht **distanziert** behandelt werden möchten. Ausnahmen gibt es selbstverständlich. Grundsätzlich sollten Sie Ihre Kommunikation an die Ihrer Gäste anpassen. Ich bin sicher, dann werden Sie auch mit diesen „Ausnahmen“ sehr gut zurechtkommen.

Praxisübung:

Reden Sie „normal“ mit Ihren Gästen! Finden Sie für nachfolgend genannte „Gastro-Floskeln“ persönlichere Formulierungen:

„Darf es vielleicht schon etwas zu trinken sein?“

....

„Darf ich Ihnen schon Ihren Tisch zeigen?“

....

„Darf ich Ihnen heute vielleicht unser Tagesgericht empfehlen?“

....

„Sind Sie denn gut angereist?“

....

„Darf ich denn dabei behilflich sein?“

....

„Sehr wohl der Herr, gute Wahl!“

....

„War es denn recht so?“

....

„Wünsche wohl geruht zu haben!“

....

„Dürfte ich Ihnen vielleicht den Weg zeigen?“

....

Ich bin o.k. – Gast ist o.k.

Im letzten Abschnitt habe ich erläutert, dass die Einstellung „Der Kunde ist König" sowohl der Auslöser für eine kontakthemmende Gastro-Sprache als auch für eine ungute Rollenverteilung sein kann. Die Rollenverteilung zwischen Gästen und Mitarbeitern ist grundsätzlich ja schon vorgegeben. Der Gast kommt zu uns und kauft uns eine bestimmte Leistung ab und nicht ungekehrt. Es ist also relativ eindeutig, wer in dieser Beziehung in der bestimmenden Rolle ist. Sind Sie eigentlich schon einmal von einem Gast oder Kunden „von oben herab" behandelt worden? Für den Fall, dass Sie schon länger als eine Woche in Gastronomie oder Hotellerie arbeiten, ist diese Frage eher rhetorisch zu betrachten. In meinen Mitarbeiterseminaren ist das die Hauptbeschwerde, die Teilnehmer über Gäste vorbringen: „Ich finde es unerträglich, wenn mich arrogante Gäste links liegen lassen!". So einer Aussage stimme ich gerne zu. Wenn das jemanden „kalt" lässt, frage ich mich, welche emotionale Bindung er zu seiner Arbeit hat. Haben Sie aber schon einmal daran gedacht, dass Sie dieses „Von-oben-herab-Spiel" mit Ihrem Verhalten vielleicht sogar selbst auslösen? Zumindest könnte es sein, dass Sie mit Ihrem Verhalten die vorgegebene Rollenverteilung verstärken. An dieser Stelle lohnt ein Blick darauf, aus welchen „Rollen" heraus die Kommunikation zwischen Mitarbeiter und Gast gerade stattfindet. Ein schönes Modell, Kommunikation diesbezüglich etwas detaillierter zu betrachten, bietet die Transaktionsanalyse. Um dieses Modell anwenden zu können, müssen Sie zunächst zwei Dinge darüber wissen:

1. In der Transaktionsanalyse geht man davon aus, dass Kommunikation immer aus verschiedenen Rollen heraus stattfindet. Eric Berne, der Begründer dieses Modells, hat dabei 3 verschiedene Ich-Zustände als Rollen definiert: 1.Die kindliche Rolle (Kind-Ich), 2. Die erwachsene Rolle (Erwachsenen-Ich) und 3. Die übernommene Rolle (Eltern-Ich). Er behauptet, jede Kommunikation findet aus einer dieser drei Rollen heraus statt.
2. Für die Analyse wird die Kommunikation in einzelne Transaktionen unterteilt. Jeweils eine Aktion und die dazugehörige Reaktion gelten als eine abgeschlossene Transaktion.

Als gelungene Kommunikation gilt in der Transaktionsanalyse, wenn Aktion und Reaktion komplementär sind, sich also gegenseitig ergänzen. Hört sich das kompliziert an? Ist es nicht. Ich möchte Ihnen das anhand eines einfachen Beispieles zeigen. Ein Gast kommt in ein Restaurant und sagt: „Ich habe einen Tisch reserviert.". Der Restaurantleiter antwortet: „Ich habe Ihre Reservierung gefunden, ich bringe Sie an Ihren Tisch.". Die Aussage (Aktion) des Gastes: „Ich habe einen Tisch reserviert." ist sachlich, neutral und damit der erwachsenen Rolle des

Gastes zuzuordnen. Die Antwort (Reaktion) des Mitarbeiters: „Das habe ich gesehen, ich bringe Sie an Ihren Tisch.“ ist ebenfalls sachlich und neutral und somit der erwachsenen Rolle des Mitarbeiters zuzuordnen. Die Transaktion ergänzt sich gegenseitig und ist damit komplementär. Ergo: Kommunikation gut!

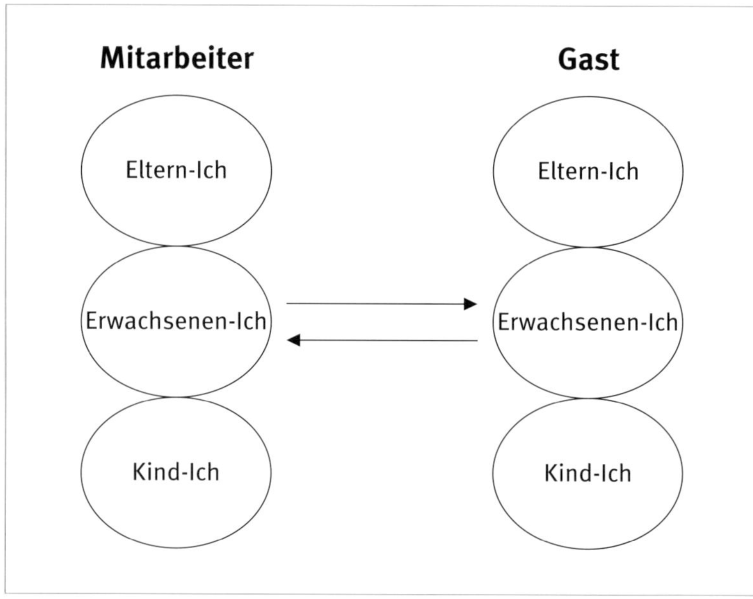

Abb. 1.1: Komplementäre Kommunikation auf Augenhöhe

Nehmen wir ein anderes Beispiel: Ein Kellner kommt an den Tisch und sagt: „Darf ich Ihnen vielleicht heute eine unserer Empfehlungen aussprechen?“. Der Gast antwortet mit leicht arrogantem Unterton: „Danke, ich möchte selbst in die Karte sehen!“.
In diesem Beispiel kommt die Aussage des Kellners nicht aus einer sachlichen, neutralen Erwachsenen-Rolle heraus. Aufgrund der leicht unterwürfigen Einfärbung lässt sich die Aussage eher der kindlichen Rolle zuordnen (angepasst). Sie richtet sich somit auch nicht an die Erwachsenen-Rolle des Gastes, sondern an die bestimmende elterliche! Aus diesem bestimmenden Eltern-Ich heraus,resultiert wiederum die leicht „überlegene“, überhebliche Antwort: „Danke, ich möchte selbst in die Karte sehen!“. Das Erschreckende bzw. Interessante daran ist, dass auch diese Kommunikation damit komplementär ist (siehe Abb. 1.2)! Nun stellt sich die Frage: Wer war zuerst da, das Huhn oder das Ei? Hat der Kellner in diesem Beispiel womöglich die „überlegene“ Antwort selbst ausgelöst? Behandeln Sie Gäste königlich, dann brauchen Sie sich nicht zu wundern, wenn diese Sie wie Diener behandeln. Das ist dann auch noch stimmig kommuniziert!

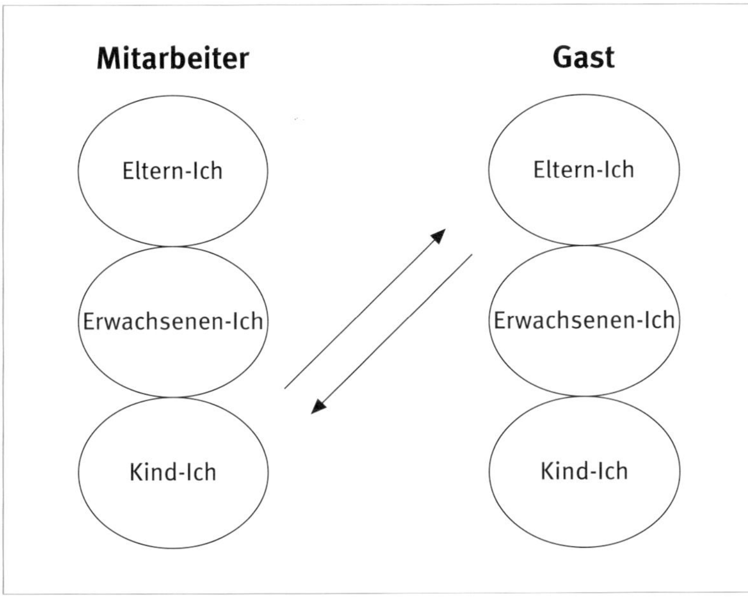

Abb. 1.2: Ungewünscht aber dennoch komplementär

Die Abbildung 1.2 ist daher gleichzeitig auch eine schöne Visualisierung der Aussage „von oben herab“. Ich habe an anderer Stelle schon betont, dass ich in der Transaktion zwischen Mitarbeitern und Gästen die Kommunikation auf Augenhöhe empfehle.

Erwachsene Mitarbeiter in Gastronomie und Hotellerie werden auch von den Gästen wie Erwachsene behandelt. Laut Transaktionsanalyse kommt unstimmige Kommunikation erst dann zustande, wenn Mitarbeiter und Gast „überkreuz“ kommunizieren. Das ist der Fall, wenn ein Mitarbeiter aus einer anderen Persönlichkeitsrolle heraus antwortet, als die vom Gast erwartete.

Nehmen wir einmal an, ein Gast kommt am Morgen an die Rezeption eines Hotels und sagt freundlich: „Ich habe starke Kopfschmerzen. Hätten Sie vielleicht ein Aspirin für mich?“. Die Mitarbeiterin antwortet: „Wir dürfen hier keine Medikamente an Gäste ausgeben.“ In diesem Fall kommt die Frage des Gastes aus der kindlichen Rolle, weil sie Bedürftigkeit und den Wunsch nach Zuwendung ausdrückt. Dieser kindliche Anteil richtet sich damit an den fürsorglichen Anteil, an das Eltern-Ich der Mitarbeiterin. Die Antwort der Mitarbeiterin hingegen kommt sachlich und neutral aus der Erwachsenen-Rolle. In diesem Fall ist die Kommunikation nicht mehr komplementär, sondern überkreuz. Die Antwort der Mitarbeiterin wird beim Gast eher Unverständnis oder Irritation auslösen. Ergo: Kontaktabbruch!

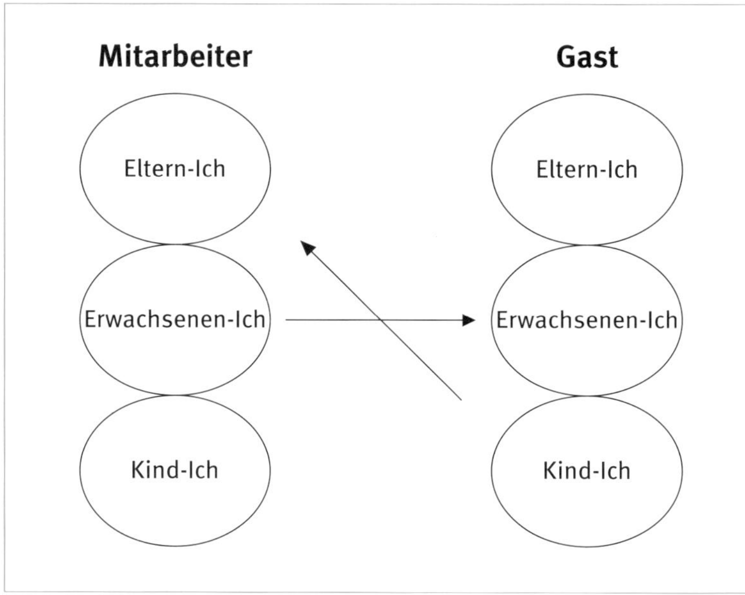

Abb. 1.3: Kommunikation überkreuz führt zum Kontaktabbruch

Was wäre in diesem Fall die bessere Antwort gewesen? Die Kommunikation wäre wohl gelungen, wenn die Mitarbeiterin aus der fürsorglichen, liebevollen Eltern-Rolle heraus geantwortet hätte: „Oh, das tut mir leid, das muss sehr unangenehm sein. Leider haben wir kein Aspirin hier, ich frage aber gerne meine Kollegen“. Komplementär bedeutet in diesem Fall ja nicht, dass die Mitarbeiterin ein Aspirin findet, sondern, dass die Antwort liebevoll und fürsorglich ist und sich der Gast verstanden fühlt (siehe Abb. 1.4)!

Das vorangehende Beispiel zeigt auch, dass es statt der Kommunikation auf erwachsener Ebene (vom Erwachsenen-Ich zum Erwachsenen-Ich) auch noch weitere Rollen gibt, die für guten Kontakt sorgen. Eingangs habe ich bereits angesprochen, dass die Rollenverteilung zwischen Gast und Mitarbeiter grundsätzlich klar ist. Der Gast bezahlt, also darf er auch wählen und unsere Leistung bewerten. Wir hingegen sind in einer leistungsgebenden Rolle. Wir sorgen für unsere Gäste. Das hat schon etwas von „fürsorglich“. Diese liebevolle, fürsorgliche Rolle, also das Eltern-Ich ganz bewusst zu spielen, hat natürlich eine besondere Wirkung. Als Gastgeber wollen wir bei unseren Gästen schließlich die „großen Gefühle“ wie Freude, Spaß und Begeisterung auslösen. Diese haben ihren Sitz im Kind-Ich. Die in Abb. 1.4 gezeigte Transaktion ist deshalb in der Kommunikation mit Gästen sicherlich eine sehr geschickte Form.

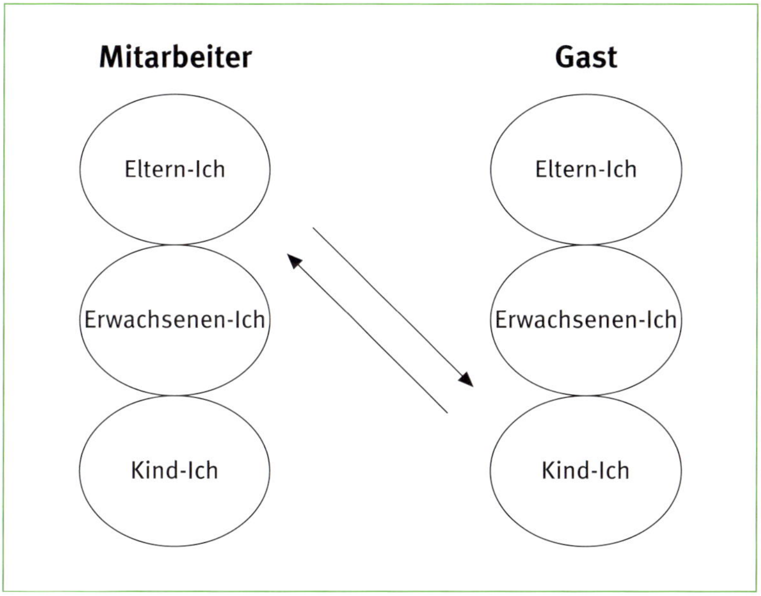

Abb. 1.4: Liebevolle, fürsorgliche Kommunikation mit Gästen

Liebevoll und fürsorglich sind z. B. folgende Aussagen: „Haben Sie heute schon einen ersten Kaffee bekommen?“, „Ich kümmere mich jetzt erst einmal darum, dass Sie sich entspannen können.“, „Das Menü haben Sie sich aber geschickt zusammengestellt.“, „Ich kümmere mich darum, dass Sie ein ruhiges Zimmer bekommen.“, „Ich habe Ihnen einen sehr schönen Platz im Restaurant reserviert.“, „Ich sorge dafür, dass Ihre Veranstaltung unvergesslich wird.“ usw. Sie können davon ausgehen, dass Sie mit solchen Aussagen in vielen Fällen den guten Kontakt mit Ihren Gästen praktisch zementieren. Und dieses Fundament hält erst einmal ...

Praxistipp Nr. 16
Übernehmen Sie Ihre Gastgeberrolle geschickt! Sorgen Sie mit liebevollen und fürsorglichen Aussagen dafür, dass sich Ihre Gäste bei Ihnen „heimisch“ fühlen.

Im Eltern-Ich sitzt aber nicht nur ein liebevoller, fürsorglicher Anteil. Wenn Sie an Ihre eigene Erziehung denken wissen Sie, dass Ihre Eltern auch zurechtweisende bzw. tadelnde Anteile hatten. Sie sollten wissen, dass diese Anteile in der Transaktion mit Gästen sofort zu einem Kontaktabbruch führen. Wenn Sie zu einem Gast sagen „Daran hätten Sie aber früher denken sollen!“ entspricht das zwar immer noch der Kommunikation, wie sie in Abbildung 1.4 gezeigt wird, jedoch mit einem tadelnden Unterton. Auch in diesem Fall können Sie davon ausgehen, dass Ihre Gäste mit Ihrem Kind-Ich reagieren: trotzig und aufmüpfig! Das ist zwar unerwünscht, aber dennoch komplementär ...

Gibt es eine weitere Transaktionsvariante, die den guten Kontakt mit den Gästen fördert? Ja, die gibt es: Spielen! Ich muss dabei immer ein wenig an die Aussage in der Werbung einer Automarke denken: „Tu nicht so erwachsen!“. Spielen Sie auch manchmal mit Ihren Gästen? Schade, wenn nicht! Ich empfinde die Arbeit in Gastronomie und Hotellerie geistig und körperlich anstrengend und fordernd. Eine der wichtigsten Ressourcen (Energiequelle) im Alltag ist meiner Meinung nach Humor. Nehmen wir einmal an, ein Gast steht an der Rezeption und der Mitarbeiter sagt: „So, schauen wir doch mal nach, ob wir Ihre Reservierung auch nicht vergessen haben.“ Der Gast antwortet darauf: „Kein Problem, im Zweifelsfall schlafe ich eben hier in der Lobby auf dem Sofa.“. Hier wird hoffentlich schnell klar, dass diese Transaktion ganz sicher nicht zwei Erwachsene führen, sondern zwei „Kinder“!

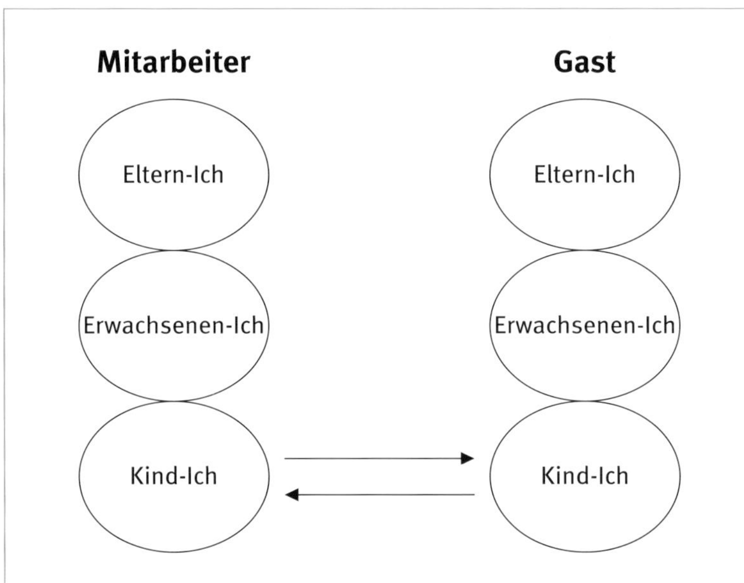

Abb. 1.5: Mit Gästen spielen

Die kontaktverstärkende Wirkung eines Lachens (Primärgefühl!) muss ich hier wohl nicht noch umfassend ausführen. Wenn Sie erst einmal gemeinsam mit Ihrem Gast herzhaft gelacht haben, kann fast nichts mehr dazwischen kommen! Ähnlich dem Jagdtrieb zählt auch der Spieltrieb zu den ursprünglichsten Eigenschaften des Menschen. Biologen sind sich darüber einig, dass in der Natur der Spieltrieb ein Zeichen für die Intelligenz von Arten ist. Wie intelligent ist es daher, wenn

Menschen das Spielen aus Ihrem Alltag größtenteils verbannen? Die Aufforderung zum Spiel (wie in oben genanntem Beispiel) vom Mitarbeiter an der Rezeption birgt allerdings auch ein gewisses Risiko. Was mache ich, wenn Gäste auf meine „Spieleinladung“ nicht eingehen? Eine Antwort auf diese Frage findet sich im 4. Kapitel „Souverän in allen Situationen“.

Worüber soll ich mit den Gästen reden?

Zusammenfassend lässt sich feststellen, dass guter Kontakt mit Gästen auf nonverbaler Ebene hergestellt und auf verbaler Ebene verstärkt werden kann. Gastgeber zu sein bedeutet **mehr** als nur eine definierte Leistung anzubieten. Vielleicht ist es noch von Bedeutung, ob Sie einen Bahnhofskiosk betreiben oder ein Firstclass-Hotel. Ein **mehr** als das reine Produkt muss es aber in jedem Fall sein, sonst werden Sie auch einen Bahnhofskiosk auf kurz oder lang wieder schließen müssen. Wenn Sie sich Gäste nach Hause einladen, stellen Sie diesen ja auch nicht einen Teller mit Essen hin und setzen sich dann aufs Sofa, um den Fernseher einzuschalten. Es ist eindeutig, dass Ihre Kommunikation einen wesentlichen Anteil im Gastkontakt darstellt. Nicht Produkte, sondern Menschen schaffen Bindungen! Produkte sind austauschbar, Persönlichkeit hingegen einzigartig. Was sich allerdings hier sehr logisch anhört, ist anscheinend in der Realität nicht allen Mitarbeitern der Branche bewusst. Sind Sie denn ab und an selbst einmal Gast bei einem Ihrer Kollegen? In vielen Betrieben erlebe ich, dass mit Gästen nur ein Mindestmaß kommuniziert wird. Vielleicht hat der elterliche Ratschlag „Reden ist Silber, Schweigen ist Gold!“ hier ganze Arbeit geleistet. Diese „Weisheit“ kann man für unsere Branche getrost unter „Blödsinn“ abheften! Vielleicht liegt der Mangel an Kommunikation in der Praxis aber auch ein wenig an der Unsicherheit der Mitarbeiter. Von vielen Teilnehmern in Mitarbeiterseminaren habe ich schon die Fragen gehört: „Wollen meine Gäste wirklich, dass ich mit ihnen rede?“. Oder: „Was soll ich schon mit meinen Gäste reden?“. Da die erste Frage mit den bisherigen Ausführungen bereits ausreichend beantwortet wurde, möchte ich mich an dieser Stelle eingehender mit der zweiten Frage befassen. Was sagen Sie selbst eigentlich so alles zu Ihren Gästen? Mir ist natürlich bewusst, dass das sehr situationsabhängig ist. Vielleicht finden Sie sich aber trotzdem in dieser Auflistung wieder:

1 Zunächst begrüßen Sie Ihre Gäste, werden darüber hinaus wahrscheinlich auch Dinge sagen wie: „Bitte und danke, guten Tag, guten Appetit“. Sie werden Fragen darüber stellen, was Ihre Gäste essen oder trinken möchten, ob sie reserviert haben usw ...
2 Weiterhin werden Sie sicher über Ihre Produkte reden. Sie werden Dinge sagen wie: „Wir haben diesen oder jenen Wein.“, „Besonders

dieses Hauptgericht kann ich heute empfehlen!“ oder Sie werden erläutern, dass Sie Hotelzimmer in verschiedenen Kategorien haben usw ...

3 Darüber hinaus werden Sie auch über ganz alltägliche Dinge sprechen wie über das Wetter, über aktuelle Sportereignisse, die Nachrichten, den letzten Einkauf, den Urlaub usw ...

Keine Sorge! Ich möchte Ihnen hier keine Formulierungsliste mit Vorschlägen an die Hand geben, die Ihnen vorgibt, was Sie morgen zu Ihren Gästen sagen sollen. Ich möchte nur **unterteilen**, damit Sie die Möglichkeit haben, die Anteile in Ihrer eigenen Gastkommunikation zu überprüfen. Diese besteht grundsätzlich aus:

1 **Umgangsformen/Gastro-Floskeln**
2 **Beratung/Verkauf**
3 **Persönlichkeit/Smalltalk**

Je nachdem, ob Sie Veranstaltungsleiter, Kioskbesitzer oder Servicekraft im Restaurant sind, wird sich die Kommunikation in ihren **Anteilen** unterscheiden. In diesem Kapitel über Kontaktstrategien ist am interessantesten, welche dieser drei Kommunikationsanteile sich am besten dazu eignet, den guten Kontakt mit Gästen zu verstärken. Auffallend ist natürlich sofort der dritte Punkt: Persönlichkeit und Smalltalk! Sie können davon ausgehen, dass sich nahezu jegliche Kommunikation, die über das Produkt und den Austausch von Umgangsformen hinausgeht, positiv auf das Beziehungskonto auswirkt. Das ist auch nicht verwunderlich. Hinter ein wenig Smalltalk steckt eine Botschaft, die weit über die meist belanglosen Inhalte hinausgeht. Schon der Begriff „Smalltalk“ sagt aus, dass es sich inhaltlich nicht um die „großen“ Themen dreht. Wenn ich mit einem Gast z. B. darüber rede, wie das Wetter heute im Vergleich zu gestern ist und was diesbezüglich auch noch morgen zu erwarten ist, bekomme ich wahrscheinlich keine Information, die meinen Tag außergewöhnlich bereichert. Die mitschwingende Botschaft aber zählt viel mehr: „Du interessierst mich nicht nur als zahlender Gast, sondern auch als Mensch!“.

Wie sich die Verteilung der Kommunikationsanteile auf das Verhalten der Gäste und Kunden auswirkt, können Sie an der Fleischtheke im Supermarkt erleben. Erst bei einem Satz von der Verkäuferin wie „Mmh, da gibt es bei Ihnen wohl einen leckeren Sonntagsbraten!“ nehmen Sie die Mitarbeiterin hinter der Theke bewusst wahr und bedanken sich mit einem Lächeln.

Natürlich wirkt sich auch die Beratung im Verkaufsgespräch positiv auf das Beziehungskonto aus und verstärkt den Kontakt. Bleiben wir an der Fleischtheke. Wenn die Mitarbeiterin hier z. B. sagt „Sie nehmen doch immer Pragerschinken, kennen Sie eigentlich auch unseren Farmerschinken mit Honig? Hier, probieren Sie mal ...“, dann könnte ich mir gut vorstellen, dass Sie sich auch dafür mit einem Lächeln bedanken. Mehr zu dieser Wirkungsweise aber im dritten Kapitel über „Umsätze steigern“.

Bloße Umgangsformen und Floskeln lösen zumindest bei mir nicht unbedingt positive Reaktionen aus. Wenn die Bedienung an der Fleischtheke zu mir sagt „Der Nächste!“, „Bitte für Sie?“ oder „Außerdem ...?“, dann antworte ich auf diese Floskeln einfach nur pflichtgemäß. Genau genommen höre ich gar nicht wirklich hin. Ich nehme diese Floskeln nicht bewusst wahr. Erinnert Sie das jetzt ein wenig an den bereits erwähnten „Autopiloten“ von Seite 44?

Praxistipp Nr. 17
Umgangsformen sind die Pflicht, Persönlichkeit aber ist die Kür! Achten Sie darauf, dass in Ihrer Gastkommunikation auch ein Anteil „Small talk“ enthalten ist.

Wenn ich sage, dass Mitarbeiter häufig die Kommunikation mit Gästen und Kunden auf ein „Mindestmaß“ beschränken, dann meine ich damit das Reduzieren auf Umgangsformen und Floskeln. Ich verlasse oftmals ein Hotel nach mehreren Tagen oder ein Restaurant nach einem ganzen Abend, ohne auch nur einen einzigen persönlichen Satz mit einem Mitarbeiter gesprochen zu haben. Das bedeutet nicht, dass die Mitarbeiter dort unfreundlich oder unhöflich waren, aber eben auch nicht persönlich. Die Problematik liegt meines Erachtens darin, dass dieser Punkt in der täglichen Routine manchmal untergeht. Im täglichen Ablauf dürfen die immer wiederkehrenden Prozesse ja gerne ins Unterbewusstsein verschwinden (Routine). Achten Sie aber darauf, dass nicht auch die Gäste und Kunden dorthin folgen ... Routine sollte Sie dabei unterstützen, Ihr Bewusstsein für das Wichtigste „freizuschaufeln“: den Gast! Um den Gast zu binden, muss die Kommunikation unbedingt persönliche Anteile aufweisen. Für den Kellner mit voller Station, den Mitarbeiter am Front Office, der eine Reisegruppe eincheckt oder den Kassierer zur Mittagszeit in einem Selfservice- Restaurant mag das sicherlich eine Herausforderung sein. Aber auch in diesem Fall reicht oft schon ein persönlicher Satz, um den Gast das Gefühl zu geben „gesehen“ zu werden!

Fehlende Umgangsformen gelten als unhöflich und sorgen damit sehr schnell für einen unmittelbaren Kontaktabbruch mit Gästen und Kunden. Nehmen wie einmal an, ein Gast kommt zu Ihnen ins Restaurant oder Hotel und Sie begrüßen ihn nur mit einem Kopfnicken. Das mag zwar genau genommen auch Kommunikation sein, führt aber dazu, dass sich der Gast vielleicht wieder umdreht und geht. Bei den klassischen verbalen und nonverbalen Umgangsformen handelt es sich um soziokulturelle Rituale, Regeln und Normen. Diese werden meist nicht in der Gastronomie erlernt, sondern im Elternhaus. Die Problematik dabei ist, dass nur **fehlende** Umgangsformen sofort auffallen. Mit anderen Worten: Ihre Gäste hören das „Guten Appetit", das „Bitte" und „Danke", das „Guten Tag oder Abend" usw. eigentlich nur, wenn Sie es **nicht** sagen. Erst dann schaltet der „Auto-Pilot" ab und die Gäste stempeln Sie als unfreundlich ab.

Beim „Smalltalk" ist es eigentlich sogar relativ egal, worüber Sie mit Ihren Gästen reden. Zwecklos kann in diesem Fall durchaus sinnvoll sein! Dem Inhalt in der „Alltagskommunikation" wird oft eine zu große Bedeutung beigemessen. Wenn Sie zu einem Bekannten sagen „Wie geht's?" und der antwortet pflichtgemäß mit „Gut, und dir?" dann geht es bei keiner der beiden Aussagen um einen Austausch von Inhalten, sondern von Nettigkeiten. Ich stimme nicht dem einen oder anderen Zeitgenossen zu, der solche Kommunikation als Indiz für gesellschaftliche Oberflächlichkeit beklagt. Die Frage ist doch vielmehr, wofür solch belangloser Austausch überhaupt gut ist. Wenn Ihnen das wieder „affig" erscheint, habe ich noch eine weitere, gute Erklärung für Sie. Wissen Sie, wie Affen guten, sozialen Kontakt in der Gruppe herstellen? Affen „groomen", das bedeutet, dass sie sich gegenseitig das Fell entlausen. Dabei wird gleichzeitig die soziale Bindung gepflegt. Interessanterweise habe ich einmal von einer Affenart in Äthiopien gehört, die sich im Hochland von energiearmem Gras ernährt. Größtenteils mit Pflücken beschäftigt, bleibt Ihnen wenig Zeit für „grooming". Diese Affen haben während des Pflückens eine sonderliche Eigenart entwickelt: Sie quatschen! Das hat zwar keine Inhalte, sorgt aber untereinander für Kontakt. Vielleicht ist das eine schöne Metapher dafür, dass Smalltalk nichts anderes ist als gegenseitige Fellpflege.

Von Wort und Wahl

Ein Zweck von Sprache ist es, in (guten) Kontakt mit anderen Menschen zu kommen. Besonders die verbale Kommunikation hat aber noch weitere Aufgaben. Wir benutzen Sprache schließlich auch als Mittel, um Informationen weiterzugeben und um anderen Menschen unser Weltbild, sprich unsere Meinung(en) zu erklären. Etwas ungewöhnlich, weil meist nicht bewusst, benutzen wir Sprache aber auch, um uns selbst die Welt zu erklären. Das andere Wort dafür heißt: Denken. Wir können nur Dinge denken, für die wir Sprache, also Worte haben. Alles Weitere ist für uns im wahrsten Sinne „undenkbar"! Das ist für Sie jetzt schwer zu überprüfen? Denken Sie deshalb doch einfach mal an etwas, für das Sie keine Worte haben ...

Das ist natürlich scherzhaft gemeint, weil wahrscheinlich unmöglich. Der umgekehrte Fall ist jedoch eher vorstellbar. Sie kennen womöglich bestimmte Wörter, aber deren Bedeutung noch nicht. Auch so herum wird Denken schwer. Ich erinnere mich noch gut, als ich in der ersten Woche meiner Kochausbildung ein „Rechaud“ aus dem Restaurant holen sollte. So eine Kommunikation kann nur dann gelingen, wenn ich das Wort „Rechaud“ schon mit einer Bedeutung, nämlich „Tischgerät zum Warmhalten“ verknüpft habe. Diesen Punkt finde ich in der Gastkommunikation sehr wichtig. Manche Gastgeber in der Branche neigen dazu im Gespräch mit Gästen „Fachjargon“ einzustreuen, um der Sprache einen leicht exquisiten und professionellen Touch zu verleihen. Diese Sprache hat aber nur dann seine Berechtigung, wenn Gäste mit diesen Wörtern und Begrifflichkeiten auch etwas anfangen können. Unverständnis lässt den guten Kontakt „wackeln“! Immerhin lassen Sie einen Gast damit neben sich buchstäblich „dumm aussehen“. Mit Fachjargon sind hier auch nicht nur die französichen Fachbegriffe wie z.B. „Mise en place“, „Rechaud“, „Brunoise“, „Jus“, „Supplement“, „Amuse bouche“ usw. gemeint. Selbst Fachkompetenz kann, falsch eingesetzt, den guten Kontakt mit Gästen ins Wanken bringen. Ich habe einmal in einem Restaurant erlebt, wie ein junges Pärchen am Nebentisch die Bedienung gefragt hat, ob denn der Chianti eine gute Weißweinempfehlung sei (!). Die Bedienung klärte es auf, dass dies ein Rotwein sei, weil der aus Sangiovese gemacht werde! Ich kann mir nicht vorstellen, dass in diesem Fall Fachkompetenz zur Gästebindung beigetragen hat. Es gibt nun einmal einen Unterschied zwischen Beratung und Belehrung! Auch hier gilt weiterhin die Regel: Gleichen Sie Ihre Kommunikation der Ihrer Gäste an.

Insofern Sie aber mit Wörtern bereits eine Bedeutung verknüpft haben, können Sie anderen und sich selbst die Welt erklären, also sprechen und denken. Haben Sie schon einmal über Folgendes nachgedacht: Da Sie Sprache zum Denken verwenden, lässt Ihr verwendeter Wortschatz auch einen kleinen Rückschluss darauf zu, wie Sie denken bzw. Dinge sehen oder empfinden. Nehmen wir einmal an, ein Kollege erzählt Ihnen, dass er sich gestern im Service **ganz gut geschlagen** habe. Was sagt diese Aussage über die Denkhaltung Ihres Kollegen aus? Wahrscheinlich war der letzte Abend tatsächlich ein Kräfte raubender Kampf! Sagt Ihr Kollege hingegen, dass er sich gestern ganz gut **behauptet** habe, können Sie davon ausgehen, dass er gestern tatsächlich ein wenig über den Dingen gestanden ist. So gesehen ist es auch kein Wunder, dass **„Schwimmen“** im Service auch gerne einmal dazu führt, dass man **„absäuft“**.

Unsere Sprache und die Verwendung von Wörtern spiegelt also die eigene Denkhaltung wieder. Selbst wenn diese Prozesse meist unbewusst ablaufen, lohnt es sich, die eigene Kommunikation zu überprüfen. Manche Formulierungen sagen womöglich etwas ganz anderes aus, als beabsichtigt. Welche Aussagekraft hat z. B. eine Formulierung wie „Darf ich hier bitte **abkassieren**?“? Also, ich würde Ihnen wünschen, dass Gäste und Kunden bei Ihnen im Betrieb nicht „abkassiert“ werden. Die Formulierung „Darf ich hier schon **abservieren**?“ ist nicht viel besser. Möchten Sie Ihre Gäste tatsächlich „abservieren“? Meines Erachtens treffen Formulierungen wie „die Rechnung bringen“ oder „Platz machen“ viel konkreter den tatsächlichen Sachverhalt.

Praxistipp Nr. 18

Überprüfen Sie, ob Ihre Wortwahl auch Ihre innere Haltung gegenüber den Gästen und Kunden widerspiegelt. Benutzen Sie Worte, die Sie als Gastgeber erkenntlich machen.

Die Championsleague in der Wortwahl ist, dass Sie diesen Effekt nicht nur kennen, sondern auch instrumentalisieren und nutzen. Wenn Worte Denkhaltungen widerspiegeln, dann können Sie mit Ihrer Wortwahl natürlich auch das Denken beeinflussen. Die Autorin Vera F. Birkenbihl nennt in einem Ihrer Bücher das Beispiel eines Transportunternehmens, welches angefangen hat, die eigenen Mitarbeiter als „Speditionsexperten“ zu bezeichnen. Obwohl die Mitarbeiter das anfangs merkwürdig fanden, ging die Fehlerquote in diesem Unternehmen innerhalb eines Monats um 50 % zurück. Eigentlich verständlich: **Experten** arbeiten einfach genauer und gewissenhafter als **Personal**. Das ist ein schönes Beispiel dafür, dass Worte unsere Welt definieren.

Das legt natürlich sofort die Überlegung nahe, wie Mitarbeiter in Gastronomie und Hotellerie eigentlich bezeichnet werden. In vielen Betrieben erlebe ich erschreckenderweise, dass sie als „Personal“ oder „Servicepersonal“ bezeichnet werden. Diesen ent-menschlich-enden“ Begriff empfinde ich in einer Branche, in der es hauptsächlich um den Umgang mit Menschen geht, als völlig deplatziert. Der Begriff „Service-Kraft“ ist schon etwas geschickter gewählt. Er enthält allerdings das Wort „Kraft“. Damit schwingt ein wenig mit, wie in diesem Betrieb der Umgang mit Gästen und Kunden empfunden wird. Diese Bezeichnung um ein „Fach“ erweitert, bekommt wieder eine völlig neue Bedeutung: **Servicefachkraft.** Meiner Meinung nach ist die schönste Bezeichnung für Mitarbeiter in Gastronomie und Hotellerie folgende: **Gastgeber!** Ich glaube dieser Begriff drückt am eindeutigsten aus, um was es in unserer Branche geht und welche Aufgabe uns dabei zukommt. Stellen Sie sich einmal folgendes Beispiel vor: Ein Restaurantleiter bringt einen Gast an den Tisch und sagt: „Einer unserer **Gastgeber** ist sofort bei Ihnen!“. Welche Denkhaltung und Botschaft senden Sie damit wohl an Ihre Gäste?

Einem anderen Wort, dem ich anstelle von „Personal" schon begegnet bin, ist der Begriff: **Servicemanager**. Der Begriff „Manager" (abgeleitet von manus = Hand) beschreibt damit jemanden, der Gäste gut „handhaben" kann. Ein anderer Gastronom aus Nürnberg bezeichnet sein „Personal" als „Mitunternehmer". Dieser Begriff ist wohl selbsterklärend und sendet, wenn auch nicht vordergründig an die Gäste, sondern an die Mitarbeiter selbst, ein klares Zeichen. Welche Denkhaltungen möchten Sie nach außen vermitteln? Sie haben buchstäblich die (Wort)Wahl ...

Finden Sie langsam ein wenig Gefallen an dieser „Wortklauberei"? Dann noch ein bisschen Gedankenfutter: Haben Sie schon einmal über die Formulierung **„Gäste- und Kundenbindung"** nachgedacht? Der Begriff „Bindung" impliziert nicht nur eine enge Beziehung, sondern auch, dass Sie jemanden einschränken! Eingeschränkt zu sein bedeutet, nicht mehr alle Wahlmöglichkeiten zur Verfügung zu haben. Daher ist es fraglich, ob dieser Begriff sich für Gastronomie und Hotellerie überhaupt eignet. Hier geht es schließlich darum, Gäste mit Auswahl zu überzeugen. Die Formulierung „Wir möchten unsere Gäste mit unserer Leistung begeistern" sorgt auf jeden Fall viel eindeutiger für Klarheit.

Bedenkens-Wert finde ich auch die Überlegung der Trainerkollegin Anne M. Schüller zum Begriff „Kundenorientierung". Die Formulierung „Orientierung", also „gen Orient", oder in „Richtung der aufgehenden Sonne" , würde am Thema vorbeiführen. Das wäre viel zu vage und ungenau. Sie schlägt daraufhin den Begriff **„Kundenfokussierung"** vor. Fokussieren bedeutet, etwas in den Mittelpunkt zu stellen, genau zu betrachten, exakt wahrzunehmen. Dieser Begriff trifft damit auch die meisten in diesem Buch genannten Aspekte sehr genau.

Ausgestattet mit Wort und Wahl haben Sie nunmehr einen Einfluss auf die eigene Sichtweise und auf das Denken anderer Menschen. Alles also eine Sache der Formulierung? Was für ein mächtiges Instrument! In einem Selfservice-Restaurant habe ich einmal Schilder auf den Tischen entdeckt, auf denen zu lesen stand: „Selbstservice! Hier werden Sie nicht bedient". Diesem Gastronom hätte ich ein wenig mehr Wissen über die Macht von Worten gewünscht. Bei einer derartigen Formulierung bin ich zumindest „schon bedient". Auch im Wort „Selfservice" steckt das Wort „Service"! Andere Gastronomen haben das besser verstanden. Ich habe in ähnlichen Restaurants Schilder gesehen, auf denen geschrieben stand: „Wir bedienen Sie gerne an der Theke!" oder „Wählen Sie aus unserem reichhaltigen Angebot direkt an der Ausgabe!". Bei dieser Formulierung steht nämlich nicht ein Einschnitt der Dienstleistung im Vordergrund. Was möchten Sie Ihren Gästen sagen?

Am Eingang eines Münchner Biergartens habe ich folgendes Schild entdeckt: „Vernünftige Menschen fahren ab hier nicht mehr Fahrrad. Allen anderen ist es verboten!“ ...

Wenn Sie ab sofort ein wenig besser auf Ihre Formulierungen in der Gastkommunikation achten, können Sie gleichzeitig auch noch für ein ganzes Stück mehr Verständnis sorgen. Ich hatte ja schon im Abschnitt „Sehen Gäste richtig?“ angekündigt, an dieser Stelle auf den Punkt der sinnesspezifischen Wahrnehmung zurückzukommen. Es ging darum, dass Gäste ein Sinnesorgan als Wahrnehmungskanal bevorzugen. Dieser Aspekt drückt sich in der Sprache aus: Wie **sieht** das bei Ihnen aus? **Hört** sich das schon gut an, oder löse ich mit dieser Information eher Unsicherheit, also ein schlechtes **Gefühl** aus ...?

Wenn Ihre Gäste Informationen am liebsten über ein spezielles Wahrnehmungsorgan aufnehmen, können Sie Ihre Wortwahl auch ein wenig danach ausrichten: Was sich jetzt vielleicht kompliziert anhört, ist in der Praxis gar nicht so schwer.

Letztendlich klingt die Kommunikation auch nicht wirklich harmonisch, wenn eine Servicekraft am Tisch zum Gast sagt „Soll ich Ihnen die Tageskarte **zeigen**?“(*visuell*) und der Gast antwortet „Gerne, lassen Sie mal **hören** (*auditiv*). Im Folgenden einige Beispiele dafür, wie Sie es besser machen können:

Der Gast sagt beim Studieren der Karte „Das **sieht** ja alles toll aus“ (*visuell*) und die Servicekraft antwortet „Ich möchte Ihnen gerne noch das besondere Schmankerl **zeigen**.“ (auch *visuell*) anstelle von „Ja, es hört sich wirklich alles toll an!“ (*auditiv*).

Der Gast sagt „Ich habe richtig **Hunger**!“ (*kinästhetisch*) und die Servicekraft antwortet „Das Gericht xy schmeckt nicht nur fantastisch, sondern macht auch noch richtig **satt!**“ (auch *kinästhetisch*) anstelle von „Das Gericht xy ist eine große Portion.“ (*visuell*).

Der Gast sagt „Haben Sie noch einen **gemütlichen** Tisch für uns?“ (*kinästhetisch*) und die Servicekraft antwortet „Was halten Sie von diesem? Dort werden Sie sich sicherlich **wohlfühlen**.“ (auch *kinästhetisch*) anstelle von „Sieht dieser für Sie gut aus?“ (*visuell*).

Der Gast sagt „Mmh, der Wein **riecht** toll“ (*olfaktorisch*) und die Servicekraft antwortet „Ja, der hat eine **tolle** Barrique-**Note.**“ (auch *olfaktorisch*) anstelle von „Ja, die Traube xy schmeckt mir selbst auch gut.“ (*gustatorisch*).

Die sprachliche Übereinstimmung (Kongruenz) auf Wahrnehmungsebene ist das „Sahnehäubchen“, weil die damit verbundenen psychologischen Botschaften sehr unauffällig, also subtil und damit für das Gegenüber völlig unbewusst, vermittelt und als sehr angenehm empfunden werden. Dennoch bedarf das Spiegeln dieses verbalen Aspektes von Mitarbeitern in Punkto Zuhören und Reagieren ein ganz schönes Stück Anstrengung. Übung macht den Meister!

Bei der Orderannahme im Restaurant gibt es aber auch noch eine ganz einfache Methode, bewusst Gemeinsamkeiten in der Gastkommunikation herzustellen. Tatsächlich habe ich schon einmal von einer Statistik gehört die besagt, dass Mitarbeiter im Service, die eine Bestellung eines Gastes einfach noch einmal wiederholen (Fachbegriff: paraphrasieren) im Schnitt etwas mehr Trinkgeld erhalten. In der Realität würde sich das wahrscheinlich so anhören: Der Gast sagt „Ich nehme den Braten, einen Krautsalat und ein Weißbier.“ und die Servicefachkraft antwortet darauf mit „Gerne, also dann unseren knusprig leckeren Braten mit einem Krautsalat und einem Weißbier!“. Müssen wir jetzt den Begriff „Intelligenz“ neu überdenken? Kann es sein, dass Wiederholungen wie von einem Papagei auch noch für besseren Kontakt sorgen? Ja, das kann sein! Die einfache Wiederholung ist eine sprachliche Übereinstimmung (Kongruenz) in reinster Form. Die Botschaft an das Unterbewusstsein ist eindeutig: „Der versteht mich wirklich ...“.

So ein „Geheimtipp“ ist vielleicht auch für alle Fachkräfte im Service interessant, die den Kellnerblock mittlerweile gegen ein modernes „Handheld“ getauscht haben. Das Gerät ist meines Erachtens in vielen Gastronomiearten sehr sinnvoll, weil es Arbeitsabläufe vereinfacht und damit eigentlich mehr Zeit für Gäste ermöglicht. Der Effekt geht aber in die falsche Richtung, wenn Mitarbeiter im Service so gebannt auf das Gerät schauen, als wäre es das eigene Mobiltelefon und damit nicht nur Blickkontakt, sondern auch jegliche weitere Kommunikation mit den Gästen auf ein Minimum beschränken.

Praxisübung:

Worte erzeugen Bedeutung und spiegeln Denkweisen wieder. Manche Formulierungen lassen sich mit anderer Wortwahl einfach geschickter ausdrücken. Finden Sie bessere Formulierungen für die folgenden Beispiele:

„Da muss ich aber in der Küche fragen ...“

„Das weiß ich leider nicht.“

„Kann ich Ihnen helfen?“

„Hier müssen Sie sich selbst bedienen.“

„Den Wein habe ich noch nicht selbst probiert.“

„Diese Leistung kostet aber mehr Geld.“

Kann ich mein Trinkgeld beeinflussen?

Ich finde es interessant, dass es sogar Studien über das Trinkgeldverhalten der Gäste gibt. Im Absatz über „Distanz und Nähe" war bereits über Medienberichte diesbezüglich die Rede. Möchten Sie mit einer „Gebrauchsanleitung Gast" gerne das Trinkgeld steigern? Warum nicht! Aber Vorsicht: Mit dem Fokus auf das Trinkgeld können Sie auch den Kontakt zu Ihren Gästen ins „Wanken" bringen und damit unter Umständen den genau gegenteiligen Effekt hervorrufen. Sie erinnern sich: Im guten Kontakt, was heißt, dass Sie und Ihr Gast sich gerade wirklich gut **fühlen**, kann eine kurze Berührung ein sehr persönliches Signal und damit sogar ein Kontaktverstärker sein. Die gleiche Berührung hingegen, berechnend und mit dem Fokus auf mögliches Trinkgeld, kann dazu führen, dass Gäste nicht wiederkommen.

Besonders die Mitarbeiter in unserer Branche, die direkt am Trinkgeld der Gäste beteiligt sind, sind einer gewissen Gefahr ausgesetzt. Wir möchten natürlich alle Geld verdienen. Die Aussicht auf (mehr) Geld führt häufig allerdings dazu, dass die anderen Beweggründe für die Ausübung des Berufs in den Hintergrund treten. In Gastronomie und Hotellerie geht es **auch** um glückliche Gäste, die sich lächelnd bedanken, es geht um Wertschätzung, Anerkennung und Respekt. Ich habe einmal eine Mitarbeiterin erlebt, die mir nach dem Essen den Bewirtungsbeleg auf den Tisch geklatscht hat und dann wortlos gegangen ist. Der Grund war wahrscheinlich, dass ich den Rechnungsbetrag nicht automatisch aufgerundet hatte. Ich gehöre zu den Gästen, die Trinkgeld gerne einmal am Tisch liegen lassen. Bei so einem Verhalten bleibt dann aber nicht nur mein Trinkgeld weg, sondern auch ich. Die Gäste „abzuwatschen", die anscheinend kein Trinkgeld geben, macht mittelfristig wahrscheinlich einsam ...

„Um Geld zu bekommen, muss man Geld loslassen!". Diesem philosophischen Satz kann ich nicht nur in Gastronomie und Hotellerie voll zustimmen. Wie oben genanntes Beispiel zeigt, hindert Geld die meisten Menschen eher daran, genau das zu tun, was sie tatsächlich tun möchten oder tun sollten. Meiner Erfahrung nach haben Servicemitarbeiter, die ihren Fokus auf Wertschätzung, Anerkennung und glückliche Gäste legen, meist die vollen Stationen und eben auch mehr Trinkgeld als die anderen.

Sie sollten wissen, dass Sie im „Normalfall" kein Anrecht und keinen Anspruch auf Trinkgeld haben! Und das meine ich nicht nur, weil im Gegensatz zu anderen Ländern in Deutschland das Bedienungsgeld im Rechnungsbetrag enthalten ist. Nehmen wir einmal an, ein Gast kommt in ein Restaurant und bestellt sich ein Mittagessen. Ein Servicemitarbeiter serviert Essen und Getränke. Nach dem Essen bringt der Servicemitarbeiter die Rechnung und nimmt das Geld für diese Dienstleistung entgegen. Es fällt mir schwer zu verstehen, für welche dieser Tätigkeiten ein Gast nun Trinkgeld geben sollte. Wer das nämlich glaubt, hat seine Aufgaben nicht richtig verstanden. Für alle diese Leistungen bezahlen Gäste mit dem Betrag, der in der Karte steht.

Praxistipp Nr. 19

Wenn Sie von Ihren Gästen gerne Trinkgeld bekommen möchten, müssen Sie dafür mit Ihrer Leistung oder mit Ihrem Verhalten auch einen klaren Mehrwert bieten!

Aus meiner Sicht hat Trinkgeld nichts mit „Almosen“ zu tun, Gäste sollen nicht aus „Mitleid“ für Ihren schweren Job noch etwas mehr Geld bei Ihnen lassen. Trinkgeld ist eine Form der Anerkennung für tatsächlich erbrachte Leistung. Da der eine oder andere Gast vielleicht eine Art „Automatismus“ daraus gemacht hat, mag diese Unterscheidung vielen Mitarbeitern nicht ganz klar sein. Was könnte der Gast denn überhaupt als „Mehrwert“ (an)erkennen? Für mich als Gast ist ein klarer emotionaler Mehrwert, wenn ich z. B. in einem Restaurant nicht nur mein Essen oder Trinken bekomme, sondern darüber hinaus auch noch Spaß und Freude empfinde. Wenn ich in einem Hotel nicht nur schlafen kann, sondern Mitarbeiter sich um mein ganz persönliches Wohlbefinden kümmern. Wenn ich in einem Coffeeshop nicht nur mein Sandwich an der Kasse bezahle, sondern der Mitarbeiter mich dort auch noch zum Lächeln bringt. So gesehen sind praktisch **alle** Ansätze aus diesem Kapitel auch dazu geeignet, das Trinkgeld zu steigern! Die genannten Kontaktstrategien sind im Kern dazu gedacht, beim Gast auf allen Ebenen für ein gutes Gefühl zu sorgen.

Genau genommen stecken hinter dem Trinkgeld aus psychologischer Sicht zwei Dynamiken. Zunächst geben Gäste Trinkgeld aus soziokulturellen Gründen. Das bedeutet, dass wir und unsere Gäste im Laufe der Zeit gelernt haben, dass ein Trinkgeld für Dienstleister einfach „zum guten Ton“ gehört. Darüber hinaus gibt es aber noch einen systemischen Ansatz. Der Begriff „Systemik“ beschreibt, dass in einem geschlossenen System alle Einflüsse Auswirkung auf das Gesamtsystem haben. Dieser Gedanke ist u. a. wiederzufinden bei Beschreibungen über Ökosysteme oder Familiensysteme. Sie kennen das aus den Nachrichten: Wenn jemand Öl ins Meer kippt, dann hat das Auswirkungen auf das gesamte Ökosystem. Das gilt übrigens auch, wenn jemand Grillreiniger unverdünnt in der Küche verwendet usw ...

Speziell in sozialen Systemen gibt es darüber hinaus die Regel des „Ausgleichs von Geben und Nehmen“. Diese psychologische Wirkungsweise ist beispielsweise gut an Weihnachen zu erkennen. Wenn

Sie ein Geschenk bekommen, löst das auf unbewusster Ebene leichten „Druck" aus. Dieser Druck lässt erst nach, wenn Sie mit einem Gegengeschenk wieder für Ausgleich gesorgt haben. Der Fachbegriff für diese Dynamik heißt: Reziprozität. Diese soziale Prägung ist ursprünglich wieder einmal überlebenswichtig. Wir Menschen können als Einzelgänger nicht überleben. Wir sind unseren sozialen Systemen praktisch auf Gedeih und Verderb ausgeliefert. Diese Abhängigkeit erfahren wir aber normalerweise nur in einem Alter, in dem uns das noch nicht bewusst ist. Als erwachsener Mensch empfinden wir dies dann genauso selbstverständlich wie die Tatsache, dass auf eine Nacht ein Tag folgt. Erst dieser „Druck" etwas zurückgeben zu müssen, wenn ich von meinem System (Familie, Gesellschaft, soziale Kontakte, Gruppen usw.) etwas erhalten habe, ist ein Indiz für diese alten Prägungen.

Stelle ich folglich meinen Gästen etwas mehr Leistung zur Verfügung als das, wofür sie eigentlich bezahlen, erzeuge ich damit praktisch einen gewissen Druck des „Mehrgebens". Mit dem Trinkgeld stellen die Gäste somit einen Ausgleich zwischen Geben und Nehmen her. Damit „dürfen" Gäste und Kunden diese Mehrleistung psychologisch nicht nur annehmen, sondern sich dabei auch noch gut fühlen.

Viel besser werden diese Dynamiken wahrscheinlich in anderen Ländern wie z. B. Italien, Griechenland und China verstanden. In Lokalen dieser Nationalitäten ist es oftmals Gang und Gäbe, mit der Rechnung auch noch den Grappa, den Ouzo oder den Pflaumenwein „aufs Haus" zu servieren. Abgesehen davon, dass diese Geste den „Schmerz" der Rechnung ein wenig versüßt, ist dieses Geschenk natürlich sehr geschickt. Wie kann ich als Gast dieses Geschenk denn wieder „gut machen"? Am besten, ich gebe einfach ein wenig (mehr) Trinkgeld! Inwieweit Sie nun auf solche Dynamiken zurückgreifen und womöglich zukünftig Schnäpse oder Pralinen gemeinsam mit der Rechnung verschenken möchten, bleibt natürlich Ihnen überlassen.

Wenn Sie die Wirkungsweise der Reziprozität aber schon einsetzen, warum nutzen Sie dann nicht den kompletten Effekt aus? Nehmen wir einmal an, Sie überreichen Ihren Gästen ein kleines Geschenk erst **nach** dem Bezahlen. Das kann ihr Gast auf keinen Fall als „Trinkgeld-Bettlerei" interpretieren. Ganz im Gegenteil! Sie senden damit die klare Botschaft: „Diese Geste ist nur für dich!".

Das Beste an dieser Variante ist, dass Sie Ihrem Gast in diesem Fall die Möglichkeit nehmen, den entstehenden „Druck" einfach mit Geld auszugleichen. Wenn er also dem sozialen Ausgleich von Geben und Nehmen nachkommen möchte, muss er wiederkommen! Das bringt erfahrungsgemäß mehr als das Trinkgeld ...

Was guten Kontakt (nicht) verhindert

Dieses Kapitel hat eine Vielfalt von Möglichkeiten aufgezeigt, in guten Kontakt mit Gästen und Kunden zu kommen bzw. guten Kontakt zu verstärken. Ähnlich dem ersten Kapitel können diese Ausführungen aber speziell auf Neueinsteiger in der Branche etwas beängstigend wirken: „Was? Das soll ich alles machen, während ich auch noch meinen Aufgaben nachkommen muss?“. Ein wenig Beachtung sollten solche Aussagen dennoch finden! Kennen Sie den Leitsatz vieler Gastronomen: „Bei uns steht der Gast im Mittelpunkt?“. Wie ernsthaft diese Philosophie im Arbeitsalltag gelebt wird, lässt sich sehr gut bei der Einarbeitung neuer Mitarbeiter in Gastronomie und Hotellerie überprüfen. In vielen Betrieben wird auf folgendes Prozedere zurückgegriffen: Ab dem ersten Arbeitstag sollen neue Mitarbeiter innerhalb einer vorab definierten Zeit die betriebsspezifischen Abläufe kennenlernen. Die Einarbeitungszeit wird demnach dafür verwendet, die internen Organisations- und Arbeitsprozesse zu erlernen. Endet diese Zeit nach einer oder mehreren Wochen, haben die „eingearbeiteten“ Mitarbeiter die Gelegenheit, sich in die Betriebskultur zu integrieren und zu üben, welches Verhalten gegenüber den Gästen erwartet wird. Das Tragische daran ist, dass in vielen Betrieben Mitarbeiter arbeiten, die auch nach einem Jahrzehnt anscheinend noch nicht wissen, wie Gäste betriebsgerecht behandelt werden sollten. Ich finde es sehr interessant, was in vielen Betrieben entgegen plakativer Leitsätze tatsächlich im Mittelpunkt steht!

Um hier die Prioritäten neu zu setzen, haben wir gemeinsam mit einem Gastronom einen Testlauf durchgeführt. Neue Mitarbeiter haben dafür am ersten Arbeitstag folgende Anweisung von diesem Gastronom erhalten: „Sie müssen sich um nichts kümmern! Nutzen Sie die erste Woche Ihrer Mitarbeit einfach nur dafür, genau zu beobachten und zu verinnerlichen, welches Verhalten wir von Ihnen gegenüber unseren Gästen erwarten. Nach dieser ersten Woche bringen wir Ihnen die Arbeitsabläufe an Kasse, Theke usw. bei.“. Was glauben Sie, was während dieses Testlaufs tatsächlich in der ersten Arbeitswoche passiert ist? Die neuen Mitarbeiter haben ohne konkrete Einweisungen bereits in der ersten Woche nahezu alle Abläufe erlernt und verstanden. Der einzige Unterschied war, dass zudem Gäste und Kunden bei diesen Mitarbeitern eine **andere Priorität** hatten! Dieses Einstellungsprozedere ist natürlich nach diesem Test dauerhaft übernommen worden!

Obwohl dieses Kapitel bezüglich der Kontaktstrategien sehr umfassend ist, bedeutet das im Umkehrschluss nicht, dass es besonders schwer ist, mit Gästen in guten Kontakt zu kommen. Bei privaten Gästen gelingt dies den meisten Gastgebern, auch ohne dieses Buch gelesen zu haben, sicherlich ganz gut. Das Wissen über die Dynamiken im Kontakt zwischen Gast und Gastgeber mag für Sie als Profis aber den

Unterschied machen. So können Sie nun die Erfolgskonzepte, die Sie bisher eher unbewusst eingesetzt haben, bewusst nutzen (Instrumentalisieren) und ganz gezielt einsetzen! Mit den zahlreichen Vergleichen konnte ich hoffentlich verdeutlichen, dass Sie die meisten Wirkungsweisen bereits in anderen Lebensbereichen einsetzen.

Nutzen Sie dieses Kapitel auch dazu, Kontaktkiller zu identifizieren und zu vermeiden. Viele Mitarbeiter haben sich statt einer schlüssigen Kontaktstrategie eine sehr effektive Kontakt-Vermeidungs-Strategie angewöhnt, die sich mit den bisher dargelegten Ausführungen sehr gut erklären läßt. Hier einige Beispiele:

Löcher in die Luft starren ...
- Lächeln und gleichzeitig gelangweilt oder genervt schauen (bewusste Inkongruenz)...
- Dem Gast auf nonverbaler Ebene signalisieren: „Ich habe auch noch andere Dinge zu tun." oder: „Mir geht es gerade nicht gut."...
- Andere, unwichtige Aufgaben betont langsam zu Ende führen, bevor man in Kontakt mit einem Gast tritt ...
- Privat telefonieren, während Gäste warten ...
- Wegschauen, wenn Gäste das Restaurant oder Hotel betreten ...
- Stühle zurechtrücken, während Gäste an der Ausgabe warten ...
- Smalltalk mit Kollegen, was zu Unachtsamkeit führt ...

Erkennen Sie, welche verbalen und nonverbalen Wirkungsweisen dahinter stecken? Es mag gute Gründe dafür geben, dass Mitarbeiter im fordernden Alltag nicht immer bester Laune sind. Eine Kontakt-Vermeidungs-Strategie wie in den genannten Beispielen ist jedoch meines Erachtens keine angemessene Reaktion. Solch ein Verhalten führt eher dazu, das Problem der „nervenden" Gäste über kurz oder lang gar nicht mehr zu haben, da diese ausbleiben. Viel geschickter und auch äußerst gefragt ist hier ein funktionierendes Eigenmanagement (im englischen Sprachraum auch „State control" genannt). Dazu erfahren Sie mehr im Kapitel 4.

Was ist dann aber im Gegenzug eine Strategie, die Gäste und Kunden tatsächlich in den Mittelpunkt (der Aufmerksamkeit) stellt? Stellen Sie sich vor, Sie haben Gäste zu sich nach Hause eingeladen. Sie stehen mit Ihrem Lebenspartner noch in der Küche bei den letzten Vorbereitungen und es klingelt an der Tür. Würden Sie jetzt mit Ihrem Lebenspartner eine Diskussion starten, ob überhaupt oder wer nun den Gästen die Türe öffnet? Würden Sie darüber nachdenken erst noch einige Gläser fertig zu polieren, bevor Sie Ihre Gäste begrüßen? Sollten Sie eine dieser Fragen mit einem Ja beantworten, könnte das ein Warnsignal für künftige drohende Vereinsamung sein. Ich gehe davon aus, dass die Prioritäten im Umgang mit Gästen und Kunden in beruflichem wie privatem Kontext eigentlich klar sind. Hilfreich ist an dieser Stelle meiner Meinung nach eine Strategie, die die unterschiedlichen Aufgaben im Alltag mit einer Entscheidungshierarchie versieht. Folgendes einfaches Entscheidungsmodell hat sich hierbei bewährt:

1: **G** ast
2: **A** blauf
3: **S** auberkeit
4: **T** eam

1 Der **Gast** steht an erster Stelle, einem wartenden oder neuen Gast ist unmittelbar und sofort Aufmerksamkeit zu signalisieren. Das heißt nicht, dass angefangene Tätigkeiten nicht mehr weiter ausgeführt werden sollen oder dürfen. Ein Signal kann unter Umständen auch ein Lächeln, ein Kopfnicken oder die kurze Aussage „Ich bin sofort bei Ihnen." sein. Wichtig sind dabei die „mitschwingenden", unausgesprochenen Botschaften: „Ich habe dich gesehen.", „Du bist mir wichtig!", „Ich bin für dich da!".

2 Die Betreuung des Gastes steht in jedem Fall vor allen Tätigkeiten im organisatorischen **Ablauf**, wie Vorbereitungen, Auf- und Nachfüllen oder Bestücken, die nicht unmittelbar mit einem anderen Gastkontakt verbunden sind.

3 Der Gast ist auch wichtiger als die **Sauberkeit**. Das heißt alle Reinigungstätigkeiten sowie Tätigkeiten im Gastraum und am Tisch werden nach dem Gastkontakt erledigt.

4 Alle Absprachen im **Team** werden vorab oder nach der Betreuung des Gastes getroffen bzw. für neue oder wartende Gästen unterbrochen.

Praxistipp Nr. 20

Stellen Sie Ihre Gäste in den Mittelpunkt Ihrer Aufmerksamkeit! Entscheiden Sie über die Reihenfolge Ihrer Aufgaben nach folgender Prioritätenhierarchie: 1. Gast, 2. Ablauf, 3. Sauberkeit, 4. Team.

Das einfache Modell G. A. S. T. eignet sich als Entscheidungshilfe für die Prioritätensetzung im Alltag nicht nur deshalb so gut, weil der Gast dabei über allem anderen steht, sondern weil sich die Hierarchie in den meisten Fällen auch zwischen den Punkten 2 und 3 oder 3 und 4 fortsetzt. Nehmen wir beispielsweise an, in einem Restaurant sind noch Tische abzuräumen und gleichzeitig müssen innerhalb des Teams Aufgaben neu verteilt werden. Was kommt demnach zuerst? Stellen wir uns ein Buffet vor, an dem die Beilagen nachgefüllt werden müssen und gleichzeitig gerade Tische freiwerden und neu aufgedeckt werden müssen. Was kommt nun zuerst?

Überprüfungsfragen zum Kapitel

Über welchen nonverbalen Kanal können Sie bereits innerhalb von Sekunden in Kontakt mit Ihren Gästen treten?

Was ist der Unterschied zwischen Lachen und Lächeln? Warum ist es eher problematisch, wenn Sie Ihre Gäste beim Erstkontakt nicht anlächeln?

Mit welchem psychologischen Trick entscheidet Ihr Unterbewusstsein, wer Ihnen in den ersten Sekunden sympathisch erscheint?

Welche Gefahr besteht, wenn Sie Ihre Gäste übertrieben höflich behandeln?

Was passiert in der Transaktion mit Gästen, wenn Sie auf eine emotionale Frage sehr sachlich antworten?

Welche Anteile in der verbalen Kommunikation sind besonders geeignet, den guten Kontakt mit Gästen zu verstärken?

Was bedeutet aus psychologischer Sicht eigentlich „Smalltalk“?

Welche Aussage treffen Sie mit dem Begriff „Servicepersonal“?

Was passiert, wenn Sie Ihren Gästen ein Geschenk machen?

Mit welchen verbalen und nonverbalen Signalen können Sie guten Kontakt mit Gästen von Anfang an herstellen?

Was bedeutet der G. A. S. T. bezüglich Ihrer Prioritäten im täglichen Ablauf?

Dritter Teil – Aktiver Verkauf

Umsätze wirklich steigern!

Letztens im Restaurant, der Ober tritt an den Tisch eines Gastes und fragt: „Ihr Glas ist leer, mein Herr, soll ich Ihnen noch eins bringen?“. Darauf blickt der Gast verwundert auf und fragt: „Was soll ich denn mit zwei leeren Gläsern?“

Finden Sie solche Witze tatsächlich komisch? Dann arbeiten Sie wahrscheinlich nicht im Restaurantservice. Manchmal mag man sich als Mitarbeiter in Gastronomie und Hotellerie fragen, ob Gäste und Kunden tatsächlich dieselbe Sprache sprechen wie man selbst: „Rede ich Chinesisch?“. Zumindest sprichwörtlich wird das immer wieder zutreffen. Wenn Ihre Gäste Sie nicht verstehen, ist das häufig ein gutes Indiz dafür, dass Sie nicht die richtige Sprache getroffen haben. Das Thema „Aktiver Verkauf“ scheint für Missverständnisse besonders anfällig zu sein. Servicemitarbeiter versuchen beispielsweise Ihre Gäste gut zu beraten und diese befürchten einen „Zusatzverkauf“. Bankettverkäufer erstellen tolle Veranstaltungsangebote und die Kunden sind über den Preis entrüstet. Im Hotelrestaurant finden attraktive Aktionen statt und die Gäste gehen trotzdem ins Restaurant um die Ecke zum Abendessen. Dieses Kapitel widmet sich besonders diesen Fällen. Ich möchte Ihnen zeigen, wie Sie im aktiven Verkauf die Sprache wählen, die Ihre Gäste tatsächlich **an-spricht**.

Vorab möchte ich aber noch einer anderen Frage nachgehen. In Gastronomie und Hotellerie wird, im Vergleich zu anderen Branchen, leider schon immer wenig in die Weiterbildung von Mitarbeitern investiert. Wenn aber Schulungsmaßnahmen stattfinden, drehen sich diese zum größten Teil um das Thema „Verkaufen“. Liegt das an der Tatsache, dass aktiver Verkauf in unserer Branche besonders schwierig ist oder daran, dass Gastronomen und Hoteliers sich daraus den meisten und schnellsten Erfolg in Form von Umsatz und Ertrag versprechen? Auf den zweiten Punkt möchte ich genauer eingehen: An welchem Gast verdiene ich als Gastronom am meisten? An dem, mit dem ich den höchsten Umsatz generiere oder an dem, der wiederkommt? Das ist grundsätzlich leicht zu überprüfen. Allein rechnerisch wäre mir der Gast lieber, der 10x im Jahr Fleischkäse mit Kartoffelsalat zu 8,00 € bei mir verzehrt, als ein anderer, der 1x im Jahr Hummer für 50,00 € bestellt. Umsatz muss man meines Erachtens langfristig betrachten, ebenso wie tatsächlichen Erfolg. Natürlich gibt es auch andere, zweifelhafte „Erfolgswege“. Wenn ich z. B. als „Drückerverkäufer“ an der Haustüre überteuerte Mobilfunkverträge mit zweijähriger Knebellaufzeit vertreibe, muss ich als Verkäufer anders planen. Hier geht es eher darum, dass ich eine möglichst große Masse von Einmalkäufern anspreche und mir womöglich noch wünsche, meine „Opfer“ nie mehr zu treffen. Ein wenig provokant könnte man sogar behaupten, dass Gastronomen und Servicekräfte, die den Fokus nur auf kurzfristigen Umsatz legen, überhaupt nicht bezwecken, dass ihre Gäste und Kunden wiederkommen bzw. gar nicht davon ausgehen. Bewusst habe ich die Formulierung „Mehr verkaufen“ im Buchtitel vermieden. Die Formulierung „Geschickt verkaufen“ beschreibt viel besser meine Einstellung zu diesem Thema. Mit Verkaufsgeschick setze ich nicht automatisch eine unmittelbare Umsatzsteigerung gleich. Vielmehr erwarte ich mir davon, dass Kunden und Gäste nach Ihrem Besuch in meinem Betrieb zufrieden und begeistert sind – und wiederkommen.

Offen bleibt somit noch die Frage, ob „aktiver Verkauf“ in Gastronomie und Hotellerie verglichen mit anderen Branchen besonders schwierig ist. Ich könnte mir vorstellen, dass ein Verkäufer in einem Bekleidungsgeschäft im Vergleich zu uns ganz anderen Herausforderungen gegenüber steht. Stellen Sie sich vor, Sie möchten sich neu einkleiden und gehen deshalb in eine Fußgängerzone. Wenn Ihnen das nicht zu anstrengend ist, können Sie jetzt den ganzen Tag die unterschiedlichsten Geschäfte besuchen. Sie können unzählige Kleidungsstücke anfassen und anprobieren. Womöglich werden Sie mit 10 oder 20 verschiedenen Verkäufern in Kontakt kommen, die Sie auf ganz individuelle Weise beraten. Insofern Sie keine Kaufentscheidung treffen, beenden Sie den Tag, ohne auch nur einen Euro in einem Bekleidungsgeschäft ausgegeben zu haben. Sollten Sie sich aber mittags dafür entscheiden, Ihren Einkaufsbummel mit einem Mittagessen in einem Restaurant zu unterbrechen, werden Sie sich anders verhalten. Sie gehen jetzt nicht von einem Restaurant ins nächste zum „Probesitzen“. Sie führen nicht in verschiedenen Betrieben ein kurzes Beratungsgespräch mit den Servicemitarbeitern, um sich dann für eines der Restaurants zu entscheiden. Aktiver Verkauf ist in Gastronomie und Hotellerie nicht besonders schwer, sondern vergleichsweise einfach! In dem Augenblick, in dem Gäste und Kunden unsere Betriebe betreten, ist die Kaufentscheidung in den meisten Fällen bereits gefallen. Es geht dann gar nicht mehr um **„Das“**, sondern nur noch um **„Was“**. Schwieriger als der aktive Verkauf scheint in der Gastronomie jedoch das Thema des „Arbeitsablauf“ zu sein. Obwohl Kunden und Gäste bereits mit einer Kaufintension zu uns kommen, ist es nicht selbstverständlich, dass sie dieser Absicht auch tatsächlich nachkommen können. In manchen Restaurants besteht das Problem nicht darin, dass Gäste z. B. kein zweites Getränk bestellen möchten, sondern dass sie dieses Getränk im richtigen Augenblick nicht bestellen können! Sind Sie auch schon einmal im Restaurant beim Hauptgang vor einem leeren Glas gesessen? Wenn die Servicekraft erst beim Abräumen nach einem weiteren Getränk fragt ist es gut möglich, dass Sie das zweite Getränk nicht mehr bestellen wollen, sondern um die Rechnung bitten. Wie man es besser machen kann, zeigen uns Verkäufer in Bekleidungsgeschäften! Wenn ich direkt nach dem Anprobieren eines Kleidungsstücks die Kaufentscheidung treffen möchte, ist meist ein Verkäufer in meiner Nähe. Die Verkäufer wissen sehr genau, zu welchem konkreten Zeitpunkt Kunden möglicherweise etwas kaufen. Gäste kommen, um zu kaufen und nicht, um in unserem Angebot zu „stöbern"! Die Hauptaufgabe des aktiven Verkaufs besteht deshalb meiner Meinung nach darin, zum richtigen Zeitpunkt den geeigneten Artikel anzubieten bzw. bereitzustellen.

Wenn sie den Umsatz in einem Restaurant steigern wollen, dann ist es äußerst sinnvoll, zunächst Verkaufsgelegenheiten und Arbeitsablauf aufeinander abzustimmen. Drei einfache Fragen helfen dabei weiter:

1. Welche Artikel aus meinem Programm will ich aktiv anbieten?
2. Welche (Gast)Kontakte habe ich im (Standard)Serviceablauf?
3. Welchen Artikel werde ich bei welchem Kontakt anbieten?

Praxistipp Nr. 21
Stimmen Sie Verkaufsgelegenheiten und Arbeitsablauf aufeinander ab. Planen Sie, welche Artikel(gruppe) Sie zu welchem Zeitpunkt im Serviceablauf anbieten möchten.

Punkt 3 ist dabei wahrscheinlich selbsterklärend. Wenn Sie z. B. einen Aperitif verkaufen wollen macht es keinen Sinn, erst beim Hauptgang danach zu fragen. Trotzdem beinhalten diese drei Fragen eine Möglichkeit, Ihren Serviceablauf konkret und im Detail zu planen und anschließend zu standardisieren. Der richtige Zeitpunkt, die Getränke am Tisch Ihrer Gäste noch einmal zu überprüfen, ist beispielsweise kurz nachdem der Hauptgang serviert wurde. Findet bis zu diesem Zeitpunkt standardmäßig gar kein Gastkontakt statt, gilt es nun, diesen Kontakt in den Serviceablauf zukünftig mitaufzunehmen. Das hat weniger mit Verkaufskompetenz als mit Organisation zu tun! (Nutzen Sie hierfür auch die Ausführungen ab Seite 20). Zu welchem Zeitpunkt im konkreten Gastkontakt erfahren Ihre Gäste und Kunden von Ihnen z. B. auch,

- dass heute etwas ganz besonderes auf der Tageskarte steht?
- dass Sie nächste Woche eine Sonderaktion im Restaurant haben?
- dass auch Ihr eigenes Hotelrestaurant hervorragende Küche hat?
- dass der leckere Aperitif schon für ersten Genuss sorgt?
- dass ein bestimmter Wein aus dem Programm jetzt perfekt passt?
- dass Sie für ein bestimmtes Menü einen Sonderpreis anbieten?
- usw ...

Aktiver Verkauf bedeutet, im Gegensatz zu passivem Verkauf, den Gästen und Kunden die eigenen Produkte tatsächlich **anzubieten**. Das ist die Serviceleistung, die uns größtenteils von anderen Branchen (wie z. B. dem Einzelhandel) unterscheidet. Wir stellen nicht nur Ware und Produkte bereit, sondern bieten diese auch an. Ein Seminarteilnehmer hat mich einmal gefragt, ob Gäste das tatsächlich wollen. Schließlich gibt es auch Menschen, die lieber ihre Ruhe haben, die keine Angebote bekommen wollen. Sehr sympathisch fand ich in diesem Zusammenhang eine Aussage von einem Nürnberger Gastronomen. Er sagte: „Wenn jemand Ruhe sucht, dann soll er bitte in die Sauna gehen, aber nicht zu mir ins Restaurant kommen! Wir machen nun einmal Gastronomie!“. In dieser Aussage liegt sicherlich ein Stück Wahrheit. Schließlich gehen Sie auch nicht zur Bank und sind dann überrascht, wenn Sie dort Geldautomaten vorfinden oder Angebote über Geldanlagen erhalten. Empfehlungen auszusprechen ist meines Erachtens einer der Hauptbestandteile unserer Tätigkeit in Gastronomie und Hotellerie!

Beratung oder Zusatzverkauf?

Die Definition von „Arbeit an Gast und Kunden“ kann man in Stellenbeschreibungen nachlesen. Die Tätigkeit in Gastronomie und Hotellerie wird dort beispielsweise folgendermaßen beschrieben: Einkauf und Zubereitung von Lebensmitteln, Kontrolle und Pflege der Gasträume, Bestellungen entgegennehmen, Kassiertätigkeit usw. Mit ein wenig Glück ist auch von „Beratung von Gästen und Kunden“ die Rede. Ich weiß nicht, ob es wirklich geschickt ist, den Kern unserer Tätigkeit gedanklich auf die hinteren Plätze zu verweisen. Viele werden jetzt vielleicht sagen, dass **alle** eben genannten Tätigkeiten erledigt werden, um die Gäste zufrieden zu stellen. Wenn das aber tatsächlich so wäre, müssten dann nicht weniger Servicekräfte im Hotel am Frühstücksbuffet einfach an mir vorbeigehen, ohne mich als Gast wahrzunehmen? Ich dürfte von diesem Verhalten nicht enttäuscht sein, denn ich wüsste, dass diese Servicemitarbeiter gerade darauf konzentriert sind, alles für mich bereitzustellen. Mein Bild von **Gast**ronomie ist trotzdem ein anderes. Meines Erachtens stehen nicht Prozesse und Produkte im Mittelpunkt, sondern Menschen und deren Bedürfnisse!

Im ersten Kapitel habe ich bereits betont, dass das Thema Beratung schon laut Definition fester Bestandteil im Service ist. Deshalb wundere ich mich über das Fehlen genau dieser Serviceleistung in der Praxis immer wieder. Der Begriff **Beratung** beinhaltet buchstäblich die Aufgabe, einen **Rat** zu geben. Aus meiner Sicht werden die Beratung von Gästen und Kunden und das Aufzählen möglicher Dienstleistungen oder Produkte aber meist verwechselt. Nehmen wir einmal an, ein Gast kommt in ein Restaurant und fragt einen Servicemitarbeiter: „Was haben Sie heute im Tagesangebot?". Wenn die Servicekraft jetzt antwortet: „Heute können Sie zwischen Hähnchen Florentiner Art mit Butterkartoffeln oder Penne Arrabiata wählen.", hat diese Aussage einen rein informativen Charakter. Genauso verhält es sich, wenn ein Hotelgast an der Rezeption fragt: „Haben Sie unterschiedliche Zimmerkategorien?" und der Mitarbeiter antwortet: „Wir haben Standardzimmer für 90,00 € und Superior für 110,00 €.". Auch hier erhält der Gast nur Informationen über Produkte und Dienstleistungen. Daran ist grundsätzlich nichts auszusetzen, es hat aber noch nichts mit Beratung zu tun. In beiden Fällen **fehlt** der Rat.

Von Beratung kann man erst sprechen, wenn das Aufzählen möglicher Dienstleistungen oder Produkte durch individuelle Bewertungen oder Empfehlungen des **Ratgebenden** begleitet wird. Die beiden eben genannten Beispiele müssten demnach folgendermaßen ergänzt werden: „Beide Gerichte sind lecker, aber die meisten Gäste entscheiden sich für das Hähnchen Florentiner Art." oder „Ich empfehle Ihnen das Superiorzimmer. Für nur 20,00 € mehr bekommen Sie nicht nur ein größeres Zimmer, sondern auch W-Lan und Minibar sind bereits im Preis enthalten.". Nun findet eine Bewertung des Angebots statt, die es den Gästen und Kunden erleichtert, eine Entscheidung zu treffen.

Praxistipp Nr. 22

Helfen Sie Ihren Gästen dabei, Entscheidungen zu treffen. Beratung bedeutet, dass Sie Produkte und Dienstleistungen individuell bewerten, sprich „wertvoller" machen.

Überprüfen Sie nach dieser Unterscheidung Ihre eigenen Erfahrungen. Erhalten Sie als Gast in Gastronomie und Hotellerie überwiegend Beratungsleistungen von den Mitarbeitern vor Ort oder eine Aufzählung von Dienstleistungen und Produkten? Haben Sie selbst auch schon einmal auf die Frage „Was würden Sie denn empfehlen?" vom Mitarbeiter die Antwort „Na alles!" bekommen? Ich kann an dieser Stelle nur betonen, dass tatsächliche Beratungsleistung nicht eine Möglichkeit im Service darstellt, sondern eine Notwendigkeit! Schließlich sind wir die Profis! Wir wissen, was notwendig ist und was zusammenpasst, damit Gäste und Kunden sich rundherum wohlfühlen können.

Wenn Sie heute zu einem Floristen gehen und sich einen Blumenstrauß für Ihren Partner zusammenstellen lassen, erwarten Sie ebenfalls eine Beratung darüber, welche Farben und welche Blumen zusammenpassen. Schließlich hat der Florist eine mehrjährige Ausbildung dazu absolviert und ist der Fachmann für harmonische Blumenarrangements. Die Aussage „Sie können alles so haben, wie Sie es wollen." ohne weitere Informationen und Empfehlungen ist meines Erachtens im Gast-

und Kundenkontakt extrem deplatziert. Zusätzlich **muss** eine gewisse Beratung zumindest angeboten werden! Oder anders ausgedrückt: Wir in Gastronomie und Hotellerie sollten nicht nur informieren, sondern zusätzlich unsere professionellen Empfehlungen aussprechen! Inwiefern Gäste oder Kunden unsere Tipps dann annehmen oder nicht, steht auf einem anderen Blatt.

In immer mehr Gastronomiebetrieben und Hotels wird aber weniger von „Beratung" gesprochen, sondern (nur) mehr von „Zusatzverkauf". Um das Ganze noch ein wenig zu amerikanisieren, schleichen sich auch zunehmend Begriffe wie „Upselling", „Cross-Selling" und „Additional-Selling" ein. Von diesen Begriffen treffen „Additional-Selling" und „Cross-Selling" in ihrer Bedeutung den Begriff „Zusatzverkauf". Ein Beispiel hierfür ist der Gast, der ein Schnitzel bestellt und dem vom Servicemitarbeiter dazu ein Salat angeboten wird. Oder der Gast, der ein Hotelzimmer bucht und vom Empfangsmitarbeiter eine Reservierung zum Abendessen im eigenen Restaurant empfohlen bekommt. „Upselling" bedeutet hingegen, dass ein Mitarbeiter einen höherwertigen (teureren) Artikel der gleichen Produktgruppe vorschlägt. Beispielsweise bietet ein Mitarbeiter am Empfang das Superior Zimmer statt des Standardzimmers an oder ein Servicemitarbeiter lobt den frisch gepressten Orangensaft im Vergleich zum Konzentrat aus der Flasche. Auch bei der Empfehlung eines teureren Hauptgangs handelt es sich um „Upselling".

Ich finde diesen Wandel in den Begrifflichkeiten bedenklich. Im Abschnitt „Von Wort und Wahl" (ab Seite 70) habe ich bereits darauf hingewiesen, dass die eigene Wortwahl Weltsicht und Denkhaltung definiert und widerspiegelt. Welche psychologische Wirkung haben also Begriffe wie Zusatzverkauf, Up-, Ad-, oder Cross-Selling? Ich verstehe gut, wenn diese Begriffe in Banken und Versicherungen benutzt werden. Hier stehen Geldgeschäfte im Mittelpunkt. Deshalb heißt der „Schalter" in einer Bank auch nicht Empfang, sondern „Counter", und wir wissen ja nicht erst seit Finanzkrisen, was dort tatsächlich „zählt".

In unserer Branche geht es um Kunden und Gäste! Der Begriff „Zusatzverkauf" entmenschlicht diesen Aspekt völlig und beschreibt ausschließlich den zu erwartenden Umsatz. Interessanterweise regen sich bei manchen bei der Formulierung „Zusatzverkauf" auch Widerstände. Anscheinend ist dieser Begriff auf emotionaler Ebene schon bei vielen Menschen negativ behaftet und verankert. Der Begriff „Beratung" hingegen impliziert Ratschläge. Er stellt somit die Bedürfnisse der Gäste in den Mittelpunkt und ist damit praktisch widerstandsfrei. Ich verstehe auch nicht, weswegen wir in unserer Branche überhaupt weitere

Begrifflichkeiten als den der Beratung brauchen? Ist denn Zusatzverkauf nicht ein mögliches Ergebnis guter Beratung? Meiner Meinung nach schon! Der Unterschied ist nur, dass Beratung ergebnisoffen ist. Ein guter Rat kann unter Umständen tatsächlich das Standardzimmer anstelle des Superiorzimmers für eine kurze Nacht sein, oder eine geteilte Vorspeise, damit noch genug Platz für den Hauptgang bleibt. Das steigert zwar nicht unmittelbar den Umsatz, schafft aber Vertrauen und bindet damit Gäste. Erziele ich jedoch einen höheren Umsatz dadurch, dass mein Ratschlag mit einem klaren Nutzen für meine Kunden und Gäste verbunden ist, werden die Begriffe Beratung und Zusatzverkauf auf einmal austauschbar: Beratung = Zusatzverkauf! Um diesen Gedanken als Grundsatz der eigenen Verkaufsphilosophie zu verinnerlichen, empfehle ich es, in Gastronomie und Hotellerie den Begriff „Zusatzverkauf" künftig in der Praxis aus dem Wortschatz zu streichen. Benutzen Sie das Wort „Verkauf" einfach nur noch, um in der Theorie Prozesse zu beschreiben ...

Warum ist Beratung im Umgang mit Gästen und Kunden notwendig? Wir bieten doch praktisch schon Erlebnisse wie im Schlaraffenland! Milch und Honig fließen gerade in unserer Branche nicht nur sprichwörtlich. Gäste können sich bei uns nahezu jeden Wunsch erfüllen, Sie brauchen sich die gewünschten Leistungen einfach nur heraus**pflücken**. Ist das tatsächlich so einfach? Wohl eher nicht! Psychologisch gesehen treffen hier nämlich zwei Extreme aufeinander:

Zum einen wird ein Mangel an Wahlmöglichkeiten von unserem Unterbewusstsein in den überwiegenden Fällen mit unguten Gefühlen quittiert. Unser Gehirn ist das komplexeste Organ, das die Natur hervorgebracht hat. Im Vergleich dazu verfolgt aber die Grundprägung dieses Organs schon fast banale Ziele. Eine dieser Grundprägungen ist das Streben nach Sicherheit. Keine Wahl zu haben, bedeutet nicht nur evolutionär eine gewisse Ausweglosigkeit. Kein Wunder, dass unser Unterbewusstsein (limbisches System) uns in solchen Situationen neurochemisch mit Gefühlen wie Angst und Beklemmung warnt. Es ist auch nachvollziehbar, weswegen unser „Sicherheitssystem" schon in der Prägung stets darauf bedacht ist, dass es uns für alles Aus-**wege** sichert. Das bedeutet jetzt natürlich nicht, dass Gäste bei einem Mangel an Wahlmöglichkeiten vor Angst schlotternd an den Tischen sitzen. Das leichte „Unwohlsein" und „irgendwie ungute Gefühl" ist aber durchaus ausreichend, um zukünftig nicht mehr wiederzukommen. Wann kann man demnach überhaupt von einer Wahl sprechen? Habe ich zwei Entscheidungsmöglichkeiten, spricht man immer noch von einem Dilemma oder einer Zwickmühle. Somit lässt sich sagen, dass erst drei Entscheidungsmöglichkeiten eine tatsächliche Auswahl darstellen, die dem eigenen Sicherheitsbedürfnis entsprechen.

Das andere Extrem zeigt sich in unserer Konsumgesellschaft aber in dem völlig gegenteiligen Problem: In der Qual der Wahl! Der Irrglaube, Gäste müssten „einfach“ nur etwas auswählen, ist schon fast sarkastisch. Wir in Gastronomie und Hotellerie geben uns alle Mühe, den Gästen die Auswahl so schwer wie möglich zu machen. Wir bieten nicht nur genau das, was unsere Gäste wünschen, sondern das auch noch x-fach multipliziert! Wir schaffen somit praktisch ein „Polilemma“. Raten Sie jetzt mal, welches System sich nun aufgrund der entstehenden Unsicherheit wieder neurochemisch meldet? Meist ist sogar eine Auswahlentscheidung aufgrund rationaler Kriterien gar nicht mehr möglich. Nehmen wir einmal an, Sie wollen nach dem Essen einen Digestiv bestellen und Ihre Entscheidungskriterien sind „hochprozentig“ und „klar“. Sie erhalten wahrscheinlich heute in jeder Dorfkneipe eine Auswahl von 5-10 Artikeln, die auf diese Kriterien zutreffen. Versuchen Sie nun rational zu erklären, warum Sie sich für einen Apfel- und nicht für einen Birnenbrand entscheiden oder umgekehrt! Diese Entscheidung kann nur emotional ablaufen: „Ich mag Birne lieber“ oder irrational: „Birne macht mich jetzt glücklicher.“. Unsere „Gastro-Welt“ ist demnach für unsere Gäste nicht wirklich einfach, sondern wird durch ihre zahlreichen Angebote immer noch sehr komplex und kompliziert! Selbst in einem gewöhnlichen Coffeeshop habe ich heute allein für Kaffee inklusive Größe, Milchanteil und Röstung mehr als hundert Wahlmöglichkeiten! Das ist der Grund, weswegen Beratung fester Bestandteil des Services sein muss. Servicekräfte sind meines Erachtens Mitarbeiter, die den Gästen dabei helfen, erfolgreich durch unser komplexes „Schlaraffenland“ zu navigieren. Das sorgt für mehr Sicherheit und Vertrauen.

In der Beratung (kaum) zu glauben!

Was hält Servicemitarbeiter davon ab, einzelne Produkte und Dienstleistungen zu bewerten und damit Gäste und Kunden tatsächlich zu beraten? In vielen Verkaufsseminaren konnte ich bei Teilnehmern darüber eine ganze Reihe limitierender Glaubenssätze in Erfahrung bringen. Ein limitierender Glaubenssatz ist nichts anderes als ein Vorurteil, ein Gedankenkonstrukt, der das eigene Verhalten beeinflusst. Vorurteile und Überzeugungen bringen aber die Gefahr mit sich, dass sie einfach unüberprüft als Wahrheit angesehen werden. Wenn z. B. jemand über seine eigenen Fähigkeiten folgenden Glaubenssatz verinnerlicht hat: „Ich kann nicht so gut mit anderen Menschen umgehen.“, dann wird er oder sie auch das eigene Verhalten danach ausrichten. Wahrscheinlich wird diese Person den Gastkontakt sogar so oft wie möglich vermeiden. Sie glauben mir das nicht? Ich bin diesbezüglich sogar der Meinung, dass mehr Menschen mit dieser Einstellung in Gastronomie und Hotellerie arbeiten, als Sie denken. Häufig treffe ich in unserer

Branche auch Mitarbeiter mit limitierenden Glaubenssätzen bezüglich des eigenen Selbstwertgefühls, wie z. B. „Meine Meinung ist nicht so wichtig.“. Personen mit solchen Glaubenssätzen werden sich in allen Positionen, die mit Beratung verbunden sind, eher schwer tun!

Glaubenssätze bezogen auf die eigene Identität sind nicht so einfach aufzulösen. Haben Sie schon einmal versucht, einem Menschen, der sich selbst nicht als besonders liebenswert empfindet, zu sagen, dass **Sie** ihn aber sehr wohl liebenswert finden? Vielleicht haben Sie dann auch folgende Antwort gehört: „Ja, aber deine Meinung ist die Ausnahme.“! Es hat fast schon etwas Tragisches, mit welcher Gewalt manche Menschen sich an eigenen Limitierungen festklammern. In so einem Falle empfehle ich es sofort damit anzufangen, an sich selbst zu arbeiten, die eigenen Überzeugungen zu überprüfen und eventuell zu verändern. Solange, bis das eigene Glaubenssystem, der Aufgabe in unserer Branche angemessen, uns stärkt und unterstützt. Fest steht, dass die Arbeit am Gast eine ganze Reihe unterstützender Überzeugungen und Glaubenssätze erfordert, um tatsächlich erfolgreich zu sein. So ist z. B. ein Glaubenssatz wie „Ein Ablehnen der Leistung bedeutet nicht gleichzeitig das Ablehnen meiner Person.“ ein Stück Selbstschutz im fordernden Arbeitsalltag. Glücklicherweise wirken sich jedoch nicht alle Überzeugungen gleich auf die eigene Identität aus. Es gibt einfache Glaubenssätze, die aufgrund von Einzelerfahrungen entstanden sind und schließlich aufgrund fehlender Hinterfragung und Überprüfung verallgemeinert wurden: Vorurteile!

Wenn ein Servicemitarbeiter beispielsweise den Gast fragt: „Möchten Sie noch ein Glas Wein?“ und der Gast antwortet: „Ich sage Ihnen schon, wenn ich noch etwas trinken möchte!“, dann bedeutet diese Situation **nicht**, dass Gäste ihre Ruhe haben wollen, sondern dass nur dieser **eine** Gast womöglich „schlecht drauf“ ist. Vorurteile sind sehr leicht aufzulösen, indem man sie einfach mit der Realität vergleicht. Mit folgenden Glaubenssätzen bezüglich Beratung möchte ich hiermit ein für alle Mal aufräumen. Meines Erachtens entsprechen sie nicht der Wahrheit! Deshalb an der Stelle meine Einladung, diese noch einmal zu überprüfen:

Praxistipp Nr. 23
Überprüfen Sie Ihre Vorurteile! Schränken Sie Ihre Beratungsleistung nicht aufgrund unüberprüfter Glaubenssätze über Ihre Gäste ein.

Glaubenssatz 1:
„Wenn ich einen Artikel bewerte, werte ich damit andere Artikel ab!"

Ich finde es absolut nachvollziehbar, wie dieser Glaubenssatz entsteht. Nehmen wir noch einmal unser o. g. Beispiel von der Auswahl zwischen Hähnchen und Pasta. Wenn ich nun einem Gast folgenden Tipp gebe: „Nehmen Sie das Hähnchen Florentiner, das ist frisch!", dann liegt die Vermutung nahe, dass ich damit gleichzeitig die Penne Arrabiata als nicht gerade frisch abwerte. Das mag zwar ein guter Tipp sein, der aber nicht unbedingt dazu beitragen wird, dass dieser Gast wiederkommt. Eine Aussage wie: „Die meisten anderen Gäste entscheiden sich für Hähnchen Florentiner Art." ist hingegen neutral, bewertet also nicht die Qualität des zweiten Artikels der Auswahl. Festzuhalten ist, dass qualitative Vergleiche als Auswahlkriterium in der Beratung eher ungeeignet sind. Geeigneter sind sachlich wahrnehmbare Auswahlkriterien wie „Dieses Gericht wählen unsere Gäste am häufigsten," oder die persönliche Bewertung: „Dieses Gericht schmeckt mir selbst am besten,". Beratung soll einzelne Produkte hervorheben. Mit der Aussage „Alles schmeckt gut!" gelingt das jedoch nicht und sie hilft somit dem Gast bei der Auswahl auch nicht weiter. Bedenken Sie: Wenn Sie alles gleich (gut) bewerten, sind Sie im wahrsten Sinne des Wortes **gleich**-gültig! Gleichgültigkeit kann kein guter Service sein!

Glaubenssatz 2:
„Ich weiß doch nicht, was meinem Gast schmeckt!"

Diese Aussage ist absolut richtig! Wenn Sie tatsächlich auf einen Blick genau erraten, oder besser noch, erahnen können, was Gäste in diesem Augenblick essen möchten, dann empfehle ich Ihnen, diese Fähigkeit vor Publikum zu Geld zu machen oder zumindest damit in TV-Shows aufzutreten. Es geht aber nicht darum durch Beratung das Lieblingsgericht Ihrer Gäste zu erraten. Viel mehr geht es darum, dass Sie die Karte einfach besser kennen als Ihre Gäste. Auch wenn ein Gast fragt, wie das eine oder andere Gericht schmeckt, erwartet er sicherlich nicht die ultimative Wahrheit über Geschmack, sondern die Aussage, **wie Ihnen** dieses Gericht schmeckt! Bedenken Sie: Als Fachkraft im Service und als Gastgeber kommt Ihnen im Gastkontakt ein Expertenstatus zu! Als Experte ist es völlig legitim Ihren persönlichen Geschmack und Ihre Meinung zu äußern und damit zu beraten. Gehen Sie davon aus, dass die meisten Gäste dankbar sind, Ihre persönliche Meinung zu erfahren. In der Praxis könnte sich das so anhören: „Ich persönlich mag Hähnchen Florentiner Art am liebsten!", oder: „Hähnchen Florentiner Art werde ich heute wohl selbst noch essen.". Auch in anderen Bereichen sind solche Aussagen nicht nur legitim, sondern sogar gewünscht: „Mir gefallen die Superior Zimmer am besten.", „Mir ist Tellerservice lieber als Buffet, weil ...". Warum sollte ich als Gastgeber nicht auch meine eigene Meinung sagen? Das bedeutet natürlich nicht, dass dem Gast in unserem Beispiel das Hähnchen Florentiner Art auch besser schmecken muss oder dass ihm die Superior Zimmer auch besser gefallen.

Wenn der Gast meinen Empfehlungen folgt, aber feststellt, dass diese nicht seinem Geschmack entsprechen, beweist das nicht gleichzeitig meinen schlechten Geschmack, sondern lediglich die Unterschiede unserer Vorlieben. Wie steht schon im „Knigge": Über Geschmack lässt es sich nicht streiten ...

Glaubenssatz 3:
„Ich möchte meine Gäste nicht in ihrer Wahl einschränken!"

Wie im letzten Abschnitt dargelegt, kann diese Grundbefürchtung berechtigt sein. Gäste in ihrer Wahl einzuschränken kann für ungute Gefühle sorgen und zu Verunsicherung führen. Beratung soll aber nicht einschränken, außer ich formuliere es folgendermaßen: „Ich empfehle Ihnen heute Hähnchen Florentiner Art! Die Penne Arrabiata dürfen sie deshalb nicht bestellen.". Ich habe tatsächlich schon Servicekräfte erlebt, die solche Aussagen spielerisch und humorvoll treffen und damit Gäste herzhaft zum Lachen bringen. Warum also nicht? Insofern Sie solche Sätze aber ernst meinen, könnte diese Form einer bestimmenden Beratung zu wirklichen Konflikten mit Gästen und Arbeitgeber führen!

Abgesehen aber von solchen „Extremen" kenne ich keinen Fall, in dem ein gut gemeinter Tipp oder Ratschlag tatsächlich auch eine Einschränkung der Auswahl bedeutet hätte. Auch die Formulierung „Sie müssen jetzt aber ..." ist, außer in Kantinen von Haftanstalten, eher unüblich. Passender sind in der Beratung Formulierungen wie „Kennen Sie bereits ...?", „... hat sich bewährt!", „...möchte ich wirklich empfehlen!", „Brauchen Sie denn noch ...?", „... entspricht genau Ihren Anforderungen!". Empfehlungen im Speziellen und damit die Beratung im Allgemeinen sind damit nichts anderes als Kaufeinladungen. Das Wort **Einladung** impliziert für mich, dass ich etwas machen **kann**, aber **nicht muss** und somit nicht in meiner Auswahl eingeschränkt bin. Bitte verwechseln Sie diesen Punkt jedoch nicht mit dem im vorherigen Absatz genannten Aspekt, dass erst drei Wahlmöglichkeiten eine tatsächliche Auswahl darstellen. Das würde bedeuten, Sie müssten stets mindestens drei Artikel empfehlen. Auswahl und Empfehlung sind aber zwei unterschiedliche Leistungen im Gastumgang. Daher ist im Sinne von Beratung folgende Aussage durchaus legitim: „Dieses **eine** ist heute mein ganz besonderer Tipp!".

Glaubenssatz 4:
„Für Beratung bleibt im Hauptgeschäft keine Zeit!"

Richtig ist, dass es in Gastronomie und Hotellerie viele Situationen gibt, die ein vernünftiges Zeitmanagement erfordern. Wer schon einmal eine Restaurantstation an einem Samstagabend betreut, an Messetagen große Gästegruppen in einem Hotel eingecheckt oder bei den ersten Sonnenstrahlen des Jahres an der Ausgabe eines Biergartens gestanden hat, weiß, was unser Beruf manchmal für Herausforderungen birgt. Daher ist die Frage durchaus berechtigt, ob z. B. in einem Restaurant bei voller Station überhaupt noch Zeit für Beratung bleibt? Auch hierfür möchte ich eine Gegenthese aufstellen: Wie kann ein Servicemitarbeiter bei voller Station nur **nicht** beraten? In vielen Situationen löst vor allem im Hauptgeschäft die fehlende Beratung Stress oder sogar Kontrollverlust aus.

Wenn ich Gäste bei der Auswahl unterstütze, nehme ich nicht nur Einfluss darauf, **was** meine Gäste bestellen, sondern auch **wann**! Haben Sie auch schon einmal erlebt, dass Gäste im Restaurant sagen: „Wir haben uns noch nicht entschieden." und der Servicemitarbeiter antwortet: „Gut, dann komme ich einfach später noch einmal wieder ..."? Diesen Servicekräften würde ich empfehlen noch einmal mit dem Arbeitgeber Rücksprache zu halten und statt einer Umsatzbeteiligung oder eines Stundenlohns lieber Kilometergeld zu vereinbaren! Das Wort „Kontrolle" bedeutet für mich, dass ich mich nicht davon überraschen lasse, ob meine Gäste heute zufälligerweise passend zu meinem Arbeitsablauf bestellen. Die verzweifelte Aussage mancher Mitarbeiter „Meine Gäste bestellen heute alle einzeln!" ist somit nur ein Indiz fehlender oder schlechter Beratung. Selbst in Selfservice-Restaurants, die mehrere hundert Gäste in den Stoßzeiten betreuen, erfordert gerade die Starklastzeit Beratung. Meiner Erfahrung nach kostet die latente Entscheidungsschwäche vieler Gäste und Kunden viel mehr Zeit als eine Empfehlung. Vielleicht entsteht dieser Glaubenssatz auch aus dem Irrglauben heraus, dass Beratung viel Zeit „kostet". Das führt schließlich dazu, dass viele Mitarbeiter sich eine Empfehlung lieber „sparen"! Ein guter und sinnvoller Tipp an die Gäste ist aber gerade auf dem Zeitkonto sehr gut „angelegt"...

Glaubenssatz 5:
„Verkaufen ist aufdringlich!"

Haben Sie schon einmal aufdringliche Verkäufer erlebt? Egal ob an der Haustüre, beim unbeliebten Anruf eines Call-Centers oder im Einzelhandel. Ich kann mir vorstellen, dass jeder mindestens einmal bereits die Erfahrung gemacht hat, wie öde, dröge, peinlich und aufdringlich aktiver Verkauf sein kann! In einer Bäckerei löst die Frage „Darf's für Sie vielleicht ein weiteres Stück Kuchen sein?" bei mir noch keine gesteigerte Lust auf Kuchen aus. Da in unserer „satten" Gesellschaft viele Anbieter versuchen, ihre Produkte „irgendwie an den Mann oder an die Frau zu bringen", hat das Image von Verkauf ziemlich gelitten. Dass Verkauf aufdringlich sein **kann**, berechtigt meines Erachtens jedoch nicht den Rückschluss, dass Verkauf aufdringlich sein **muss**! Aufdringlichkeit bezieht sich nicht auf Verkauf als Prozess im Allgemeinen, sondern auf inkompetente Verkäufer. Da dieser negative „Touch" aber bereits dem kompletten Verkaufsprozess anhaftet, empfehle ich, diesen Begriff in all seinen Variationen aus dem in der gastronomischen Praxis verwendeten Wortschatz zu streichen und durch den Begriff Beratung zu ersetzen. Ob Beratung dann „öde, dröge, peinlich und aufdringlich" ist, oder eher „nett, persönlich, hilfreich und clever", liegt an gutem Kontakt und an der Formulierung. Gäste kommen zu uns, um zu kaufen! Wird also meine Beratungsleistung als aufdringlich empfunden, ist das ein gutes Indiz und Grund dafür, den Kontakt und die verwendeten Formulierungen noch einmal zu überprüfen. Ganz allgemein lässt sich sagen, dass eine Verkaufsfloskel wie „Darf's für Sie vielleicht ... dazu sein?" auch als Verkaufsfloskel von den Gästen identifiziert und als aufdringlich bewertet wird. Floskeln sind unpersönlich und deshalb in der Beratung eher ungeeignet.

Glaubenssatz 6:
„Der Gast möchte doch selbst in die Karte schauen!"

Dieser Glaubenssatz ist zunächst überhaupt nicht zu verstehen. Was genau hat Beratung damit zu tun, dass Gäste nicht auch selbst in die Karte schauen dürfen? Wir reden hier nicht über entweder/oder! Das eine schließt das andere nicht aus. Wenn ich heute im Bankettverkauf einen Kunden dabei unterstütze seine Veranstaltung zusammenzustellen, bedeutet das nicht, dass er danach kein schriftliches Angebot mehr bekommt. Hier werden wahrscheinlich die Punkte „Auswahl" und „Beratung" verwechselt. Die Speisekarte dokumentiert dem Gast seine Wahlmöglichkeiten und die Empfehlung erleichtert ihm die Auswahl. Richtig ist aber, dass viele Mitarbeiter im Service folgende Aussage der Gäste gut kennen: „Ich möchte lieber selber noch einmal in die Karte schauen!". Wenn der Gast etwas betont, das eindeutig und selbstverständlich ist, dann ist es tatsächlich sinnvoll, noch einmal genau hinzusehen. In den meisten Fällen gibt diese Aussage einen Hinweis auf die momentane Beziehung zwischen Servicemitarbeiter und Gast. Sollten Sie eine solche oder ähnliche Aussage einmal von Ihren Gästen und Kunden hören, empfehle ich noch einmal zu überprüfen, ob Sie bereits ausreichend für guten Kontakt und Vertrauen gesorgt haben.

Glaubenssatz 7:
„Ich muss möglichst immer den teuersten Artikel empfehlen"

Ich habe selbst einmal erlebt, wie mir ein Veranstaltungsverkäufer eine Party angeboten hat, die im Verhältnis zum Anlass und im Vergleich mit anderen Veranstaltungen unangemessen teuer war. Auf meinen Einwand diesbezüglich sagte er mir, dass er als guter Verkäufer zunächst mit dem Maximalangebot starten müsse. Man könne ja dann „nachverhandeln". Ich habe daraufhin meine Veranstaltung zwar gebucht, aber bei einem anderen Mitbewerber. Interessant fand ich dabei auch die Selbsteinschätzung zum Thema „guter Verkäufer"! Wenn ich bei der Auswahl meiner Empfehlung meinen Gast mit seinen Bedürfnissen und die momentane Situation völlig außer Acht lasse und nur auf möglichen Umsatz und Ertrag „schiele", ist die Gefahr groß, dass die Beziehung, der gute Kontakt und das Vertrauen schwinden! In diesem Fall ist guter Rat buchstäblich teuer! Die Flasche Bordeaux mag beispielsweise zum Mittagessen völlig unangemessen, beim Abendessen aber eine tolle Empfehlung sein. Zum Fleischkäse mit Spiegelei passt die gleiche Flasche aber immer noch nicht! Wenn die Situation es jedoch zulässt, warum dann nicht auch einmal den teuersten Artikel empfehlen? Automatisch einen teureren Artikel auszuwählen ist ebenso wenig sinnvoll, wie automatisch einen Artikel mittlerer Preisklasse anzupreisen, nach dem Motto „Da mache ich nichts falsch ...". Was gilt demnach als gutes Auswahlkriterium für Artikel im Rahmen einer Empfehlung? Wenn ich als Berater von einem Produkt selbst überzeugt bin und dieses zur jetzigen Situation passt, ist **jede** Empfehlung meiner Meinung nach angemessen! Clever beraten bedeutet deshalb: Im ersten Schritt stelle ich zunächst diese zwei Kriterien sicher und im zweiten Schritt achte ich darauf, welcher weitere Zusatznutzen für mich entsteht. Das kann natürlich auch ein Mehrumsatz sein. Womöglich empfehle ich meinem Gast dann sogar einen Artikel, den ich angesichts des derzeitigen Geschäftsbetriebs möglichst einfach „handeln" kann, den ich ausreichend oder überhängend im Bestand führe oder sogar etwas, was qualitativ zwar noch in Ordnung ist, aber trotzdem über kurz oder lang „weg muss"...

Glaubenssatz 8:
„Gäste wissen selbst, was sie bestellen wollen!"

Besonders über diese Aussage muss ich fast schon ein wenig schmunzeln! Servicemitarbeiter behaupten in Seminaren steif und fest, dass sie selbst überhaupt keine Entscheidungsprobleme hätten und immer ganz genau wüssten, was sie im Restaurant bestellen möchten. Das hat fast etwas von partieller Amnesie! Insofern es nämlich kein Personalessen gibt, stehen die gleichen Mitarbeiter dann in den Arbeitspausen oftmals ratlos vor der eigenen Karte und diskutieren mit Kollegen darüber, was man selbst heute mal essen solle. Warum sollte es also den Gästen anders gehen? Wenn Gäste und Kunden aus einer Speisekarte mit 30 bis 70 Gerichten (!) auswählen sollen, liegt die Problematik in der **Ent-scheidung**! Das bedeutet meist nicht die gezielte Auswahl eines Gerichts, sondern eher die Entscheidung gegen womöglich dutzende andere Gerichte, auf die man auch Appetit hat. Natürlich gibt es Gäste und Kunden, die schon sehr genau wissen, was sie bestellen wollen. Das hängt ganz einfach von den Entscheidungskriterien ab. Nehmen wir an ein Gast betritt mit folgenden Entscheidungskriterien eine bayerische Gastwirtschaft: „Kleiner Hunger, leicht, fleischlos, kalt". Dann wird die Entscheidung für das eine Gericht, das nach Ausschluss der anderen Gerichte noch übrig bleibt, ziemlich einfach sein. Lauten die Entscheidungskriterien hingegen: „Großer Hunger, Fleisch, deftig", dann kommt plötzlich fast die ganze Karte in Frage. Im ersten Fall bleibt ein Tipp der Servicekraft ohne Folgen. Im zweiten Fall ist die Beratung hingegen äußerst hilfreich. Sie können davon ausgehen, dass Ihre Gäste hauptsächlich Menschen sind, deren Entscheidungskriterien sich mit mehreren Gerichten Ihrer Karte überschneiden. Das ist ganz einfach zu erklären. Ihre Gäste haben sich bereits für **Ihren** Betrieb entschieden oder anders gesagt: Als Vegetarier gehe ich normalerweise nicht in ein Steakhouse zum Essen ...

Auch wenn die meisten Beispiele dieses Abschnittes anhand von Restaurantbeispielen verdeutlicht wurden, sind die genannten Aspekte und Überzeugungen auch auf alle anderen Bereiche gut übertragbar. Mit anderen Worten: Sie können getrost **glauben**, dass Beratung in Gastronomie und Hotellerie nicht nur notwenig, sondern im Gastumgang auch hilfreich und angemessen ist.

Grundregeln im Verkauf

Man könnte fast meinen, in diesem Kapitel über aktiven Verkauf sei bisher ein Thema im Hintergrund geblieben: der Umsatz! Sollte ich damit irrtümlich den Eindruck erweckt haben, dass man über Umsatz, nur hinter vorgehaltener Hand sprechen sollte, dann möchte ich das jetzt korrigieren. An mehreren Stellen in diesem Buch habe ich die Arbeit in Gastronomie und Hotellerie mit dem Gastumgang in privatem Kontext verglichen. Wir sind uns wahrscheinlich einig darüber, dass der Hauptunterschied zwischen beruflichen und privaten Gästen darin besteht, dass die Gäste im beruflichen Kontext normalerweise für unsere Leistungen bezahlen. Wenn Sie das auch einmal privat probieren, wird Ihnen der Unterschied ziemlich schnell deutlich. Wir verdienen unseren Lebensunterhalt mit Gästen und Kunden. Deshalb steht für mich außer Frage, dass die Pflege dessen, was für unseren Lebensunterhalt sorgt, immer im Vordergrund steht. Um gewinnbringende Ernten zu erzielen, wird ein Bauer zunächst immer darauf achten, dass Böden und Äcker optimal gepflegt und in bestem Zustand sind. Wenn ein Bauer seine Arbeit gut gemacht hat, darf er sich auch über ertragreiche Ernten freuen. In der Landwirtschaft ist es außerdem legitim, beste und moderne Gerätschaften zu verwenden, die die Arbeit erleichtern und zusätzlich ein wenig zu düngen, damit es „besonders grün wächst". Ähnlich ist das auch bei der Arbeit mit Gästen. Wenn ich die geeigneten Hilfsmittel benutze und ein wenig nachhelfe, kann auch hier die „Ernte" besonders gut werden. Sie sind hoffentlich einverstanden, wenn ich in diesem Zusammenhang auf den Begriff „Aus-beute" verzichte ...

Außer Zweifel steht, dass ich mit meiner Leistung auch Geld verdienen möchte. Damit Beratung tatsächlich zu (mehr) Umsatz führt, müssen einige Grundlagen erfüllt sein. Ich nenne diese Grundlagen gerne „Regeln im Verkauf". Werden diese nicht oder ungenügend beachtet, kann es zwar sein, dass Kunden und Gäste etwas kaufen, dies aber nicht mehr unmittelbar an der Beratungsleistung liegt. Mit anderen Worten: Die Gäste kaufen dann nicht mehr wegen Ihnen, sondern ausschließlich wegen des Produkts! Schöne Beispiele eines Verkaufsdialoges mit fehlenden Grundregeln kann man an manchen Drive-in-Schaltern von Fastfood Restaurants hören. Die Transaktion zwischen „Lautsprecher-Mitarbeiter" (LM) und Kunde (K) im Auto sieht dort etwa so aus:

LM: „Guten Tag im Restaurant xy, Ihre Bestellung bitte!"
K: „Ich hätte gerne einen Burger."
LM: „Als Menü oder einzeln?"
K: „Bitte einzeln."
LM: „Vielleicht noch ein Salat dazu?"
K: „Nein danke, einen Burger bitte!"
LM: „Vielleicht doch noch Pommes?"
K: **„Nein! Ich hätte jetzt gerne meinen Burger!!!"**
LM: „Dann fahren Sie eben an Schalter 2...!"

Wenn ein Kunde in so einem Fall tatsächlich einen Salat zusätzlich wählt, ist es eher unwahrscheinlich, dass das in diesem Fall an der gekonnten Beratungsleistung des Mitarbeiters liegt. Damit also Beratung „auf fruchtbaren Boden" fällt, müssen meines Erachtens 4 Grundregeln beachtet werden.

Achte zunächst auf den **guten Kontakt** mit deinen Gästen. Kommuniziere mit deinen Gästen und Kunden **persönlich,** um den guten Kontakt zu stärken. Wenn du eine Empfehlung aussprichst, dann **begründe deine Empfehlung** geschickt. Sende zusätzlich **nonverbale Signale**, die deine Empfehlung auf mehreren Ebenen sanft unterstreichen.

Grundregel 1: Der gute Kontakt kommt zuerst!
Nicht nur in diesem Buch kommt der gute Kontakt mit den Gästen buchstäblich vor dem Verkauf. Es kann meiner Meinung nach nicht schaden, immer wieder auf diesen Punkt hinzuweisen. Der Kontakt (Rapport), also die Beziehung zwischen Gast und Gastgeber, bestimmt den Verkauf. Gute Verkäufer/Berater wissen auch ohne psychologische Ausbildung: Wenn ich eine gute Beziehung zu meinen Kunden habe, dann erziele ich fast automatisch auch mehr Umsatz! Ich glaube, es ist sogar so: Verkauf definiert sich fast ausschließlich über die Beziehung Gast - Gastgeber! Wenn ich beispielsweise ein Auto kaufen möchte und gezielt zum Autohaus der gewünschten Marke gehe, dann wird die Beziehung zum Verkäufer eine entscheidende Rolle spielen. Gelingt es dem Verkäufer nicht, Vertrauen zu mir aufzubauen, werde ich das Auto zwar trotzdem kaufen, aber eben nicht in diesem Autohaus.

Ähnlich ist das auch in unserer Branche. Wenn ich als Gastgeber eine gute Beziehung zu meinen Gästen habe, werde ich eher den zusätzlichen Salat zum Schnitzel verkaufen, wird die Empfehlung für eine Reservierung im eigenen Hotelrestaurant eher angenommen oder der Empfehlung nachgekommen, die geplante Veranstaltung noch mit der einen oder anderen zusätzlichen Leistung aufzuwerten. Gastgebern, die diese gute Beziehung nicht haben, fallen genau diese Dinge schwerer. Achten Sie deshalb auf die in Kapitel 2 genannten Punkte, bevor Sie mit Ihrer Beratung beginnen. Zu dieser Regel in der Kommunikation gibt es eine schöne Grundannahme: Widerstand ist ein Zeichen schlechten Kontakts! Für uns in der Beratung bedeutet Widerstand nicht etwa, dass Gäste und Kunden unserer Empfehlung nicht nachkommen. Wenn ein Gast eine Empfehlung dankend ablehnt, dann ist das völlig in Ordnung und sagt nichts über die Qualität der Beratungsleistung aus. Widerstand bedeutet, dass gleichzeitig Störgefühle auftreten. Reagiert ein Gast oder Kunde verärgert, verstört, genervt, verunsichert oder nonverbal ablehnend, ist das ein sehr sicheres Signal dafür, dass entweder noch kein angemessener Kontakt herrscht oder dass der Kontakt gerade wackelt! Erst jetzt ist das eventuell auch ein Zeichen für eine schlechte bzw. unangemessene Beratungsleistung. Hier ist wieder die gute Wahrnehmung gefragt, um den nun drohenden Kontaktabbruch zu vermeiden.

Achten Sie zusätzlich darauf, dass ein klares **nein** auch eine klare Botschaft sendet. Viele Verkäufer glauben anscheinend, dass sie bei einem **nein** einfach noch nicht gut genug argumentiert haben oder dass sie so lange beraten müssen, bis sich ein Gast oder Kunde endlich entscheidet. Das glaube ich nicht. Sehen Sie spätestens das dritte **nein** eines Gastes in Folge als Zeichen für einen nachhaltigen Kontaktabbruch.

Praxistipp Nr. 24
Reagieren Ihre Gäste mit Störgefühlen, das heißt sie zeigen sich z. B. verärgert, verstört, genervt oder verunsichert, ist das eventuell ein Zeichen schlechter Kommunikation und eines drohenden Kontaktabbruchs.

Mit gutem Kontakt schwingt ja auch das Thema Vertrauen mit. Überangebot und gedankenlose „Scheinberatung“ inkompetenter Verkäufer haben wahrscheinlich dazu geführt, dass Kunden und Gäste häufig ein gewisses Misstrauen gegenüber Beratern haben. Um als Kunde heute möglichst „unfallfrei“ durch täglich unzählige Angebote navigieren zu können, ist es wohl äußerst vernünftig genau zu unterscheiden, ob ich etwas tatsächlich brauche oder ob nur der momentane Berater etwas von mir braucht. Beachten Sie, dass in diesem Punkt auch eine nicht zu unterschätzende Chance steckt! Wenn ich als Gast einmal festgestellt habe: „Hier kannst du vertrauen, hier meint man es gut mit dir.“, entsteht wirklich nachhaltige Kundenbindung! Gehen Sie also sorgfältig mit dem Vertrauen Ihrer Gäste um.

Grundregel 2: Kommuniziere persönlich mit deinen Gästen!
In Abschnitt über den König Kunde (ab Seite 57) habe ich bereits darauf hingewiesen, dass distanzierte Sprache ungeeignet ist, um mit Gästen eine Verkaufsbeziehung herzustellen. Übertriebene Höflichkeiten schaffen eher Distanz als persönliche Beziehung. An dieser Stelle möchte ich noch einmal auf einen weiteren sprachlichen Aspekt hinweisen. Formulierungen im Allgemeinen und auch einzelne Worte im Besonderen können mit positiver oder negativer Bedeutung besetzt sein. Interessant ist hier die Frage, wie Worte überhaupt zu ihrer Bedeutung kommen, da zunächst einmal die Aufeinanderfolge mehrerer Buchstaben noch keine Bedeutung an sich hat. Worte erhalten ihren Sinn erst mit einer Art „Bedeutungsanker“. Als wir unsere Muttersprache gelernt haben, haben wir erfahren, dass Worte immer wieder in einem gewissen Kontext oder Zusammenhang verwendet werden (soziokulturelle Bedeutung). Das Erlernen einer Sprache verläuft also zunächst einmal in zwei Schritten. Ich muss ein Wort lernen und dieses Wort dann mit einer Bedeutung verknüpfen. Wenn wir es ganz genau nehmen, besitzt jedes Wort sogar zwei Bedeutungen. Es hat einen soziokulturellen Wortsinn und eine individuelle, persönliche Bedeutung, die aufgrund eigener Erfahrungen entstanden ist. Das Wort „Zukunft“ oder „Religion“ zum Beispiel hat für jeden Menschen eine zusätzliche, individuelle Bedeutung. Wofür verwenden wir nun das Wissen darüber, dass nicht Worte an sich, sondern der verwendete Kontext diese Worte letztendlich dessen Bedeutung „verankern“? Nehmen wir das Wort „Versager“ als Beispiel. Dieses Wort beschreibt buchstäblich jemanden, der „sich Dingen versagt“. So ein Verhalten mag in gewissem

Kontext sogar ziemlich intelligent sein. Die meisten deutschsprechenden Menschen haben aber erfahren, dass das Wort „Versager" verwendet wird, um jemanden zu beschreiben, der aufgrund „seines Verhaltens oder seiner Eigenschaften sehr erfolglos ist". Ursprünglicher Sinn und kontextueller Bedeutungsanker unterscheiden sich also in diesem Beispiel drastisch.

Auch in der Beratung gibt es Worte und Formulierungen, die aufgrund der ständigen Verwendung im Verkaufskontext einen gewissen Bedeutungsanker erhalten haben, der nicht mit dem ursprünglichen Sinn übereinstimmen muss. Ich nenne diese Formulierungen „Verkaufsfloskeln". Nehmen wir beispielsweise das Verb „helfen", um das zu verdeutlichen. Im ursprünglichen Sinn beschreibt „Hilfe, helfen, behilflich sein" etwas Positives, Unterstützendes im sozialen Miteinander. Die Formulierung „Kann ich Ihnen **helfen?**" hingegen erhält im Verkaufskontext sofort eine andere, und für viele Gäste und Kunden sogar negativ assoziierte Bedeutung: „Ich möchte Ihnen jetzt etwas verkaufen.". Auch die Formulierung „**Darf's** für Sie ... sein?" ist für die meisten Kunden klar als Verkaufsfloskel verankert, obwohl die Formulierung ursprünglich nur als Höflichkeitsform gedacht war. Mit anderen Worten, wenn Sie einen Gast fragen „Darf's für Sie vielleicht etwas zum Trinken sein?", deutet dieser die Frage womöglich folgendermaßen: „Darf's für Sie vielleicht noch **ein wenig mehr** sein?".

Die Grundregel „Kommuniziere persönlich" bezieht sich also im Kern darauf, auf jegliche distanzierenden Floskeln zu verzichten! Die Wortwahl „Darf's ... sein" kann beispielsweise problemlos durch „brauchen, nehmen, möchten" ersetzt werden, um den Verkaufscharakter aus diesen Formulierungen zu nehmen. Laut Definition sind Floskeln inhaltsarme Redewendungen oder Worthülsen. Meines Erachtens geht es aber in der Gastkommunikation eher darum, Formulierungen zu finden, die „reich" an Persönlichkeit sind!

Grundregel 3: Sende nonverbale Signale

Das Anfangsbeispiel an einem Drive-in-Schalter ist natürlich hinterhältig gewählt. Verkaufssituationen mit räumlicher Trennung besitzen eine ganz eigene Dynamik. Das ist gut vergleichbar mit dem Telefonverkauf. Die Problematik liegt darin, dass ein ganz entscheidender Anteil der Kommunikation fast komplett fehlt: Die nonverbalen Signale! Kapitel 1 und 2 in diesem Buch haben bereits verdeutlicht, welche Bedeutung gerade die nonverbalen Aspekte in der Kommunikation haben. Was heißt es eigentlich, Gäste in der Beratung zu überzeugen? Ich hoffe, wir sind uns einig, dass die Worte „überzeugen" und „überreden" zwei unterschiedliche Prozesse beschreiben! Zum einen bedeutet das natürlich, dass ich in der Beratung auch gute Argumente habe. Dazu aber mehr in der Grundregel 4. Meines Erachtens ist der überzeugendste Faktor in der Beratung aber nicht die mehr oder weniger rationale Argumentation, sondern die Kongruenz des Beraters. Kongruenz bedeutet die Übereinstimmung der verbalen und nonverbalen Aspekte in der Kommunikation. Mit anderen Worten: Ich berate nicht nur, ich meine es auch so! Nur Überzeugte überzeugen. Wenn auch hauptsächlich unbewusst, aber an Mimik, Augen, Haltung, Tonlage usw. ist klar ersichtlich, ob der Berater selbst von der Empfehlung überzeugt ist oder nicht.

Da sich die meisten nonverbalen Signale bezüglich Kongruenz oder Inkongruenz in Kleinstbewegungen ausdrücken (Micromovement), ist es sehr schwer, diese bewusst zu steuern. Genau genommen schließt sich die Problemlösung sogar selbst aus: Wenn ich bewusst auf meine unbewussten nonverbalen Signale Einfluss nehmen möchte, diese dann auch noch verändere, um möglichst überzeugend zu wirken, erzeuge ich nonverbale Signale, die nicht mehr übereinstimmend sind und deshalb auch nicht mehr überzeugen. Verwirrend? Dann können Sie getrost auf den Begriff zurückgreifen, der diesen Prozess zusammenfasst und auf den Punkt bringt: Aufgesetzt! Die Möglichkeit diesen Umstand zu umgehen, ist eigentlich einfach. Wenn Sie selbst überzeugt sind, senden Sie automatisch die erforderlichen nonverbalen Signale ...

Wir bräuchten aber keine Grundregel über nonverbale Signale, wenn es nicht doch ein paar Möglichkeiten gäbe, wie Sie ganz bewusst mit nonverbalen Signalen Ihre Überzeugungskraft verstärken können:

- Beschreiben Sie Ihre Artikel nicht nur mit Worten, sondern auch mit den Händen. Groß, klein oder riesig? Fein, lecker oder zum „Genießen“? Jede Beschreibung hat auch eine zugehörige Gestik! Stellen Sie sich vor, Sie würden alles, was Sie sagen, mit Ihren Händen „mitmalen“. So sorgen Sie dafür, dass Ihre Gäste und Kunden auch das richtige „Bild“ im Kopf haben.
- Der Ton macht die Musik! Viel wichtiger als **was** Sie sagen, ist, **wie** Sie es sagen. Wenn Sie z. B. liebevoll mit kleinen Kindern sprechen, haben Sie auch eine liebevolle Tonlage. Wenn Sie mit Kindern spielen, hat Ihre Tonlage auch etwas Spielerisches. Welche Tonlage haben Sie, wenn Sie Gästen und Kunden etwas empfehlen? Wenn sich das Wort „genießen“ bei Ihnen genauso anhört wie das Wort „Windpocken“, wird Beratung sehr schwer fallen.
- Das wohl eindeutigste Signal von Zustimmung ist ein Kopfnicken. Das gilt zumindest für alle „Nicht-Inder“ (in Indien gilt ein leichtes Kopfschütteln als Zustimmung!). Das leichte Kopfnicken ist eines der wirkungsvollsten, beratungsrelevantesten Signale. Dahinter stecken zwei psychologische Wirkungsweisen. Wenn Sie im Augenblick der Beratung und/oder bei der Frage nach der Entscheidung

leicht mit dem Kopf nicken, bestätigen Sie damit Ihre Empfehlung: „Ja, der Tipp ist gut!“. Darüber hinaus geben Sie dem Unterbewusstsein aber auch gleichzeitig Ihre Zustimmung: „Ja, ich erlaube dir das!“. Beachten Sie bitte, dass wir auch hierbei über „Kleinstbewegungen“ sprechen. Wenn Ihr Kopfnicken aussieht wie das eines Kindes, das gerade nach einem Eis gefragt wurde, könnte dieses Signal eher Verwirrung bei Ihren Gästen auslösen.

- Oft hat man das Gefühl, an seinem Gegenüber „vorbei zu reden“. Das kann nicht nur sprichwörtlich, sondern auch buchstäblich der Fall sein. Die Aussage „über die kalte Schulter“ beschreibt genau diesen Aspekt. Wenn Sie sich Ihrem Gegenüber nicht mit Ihrem ganzen Körper zuwenden, lassen ihn auch Ihre Beratung und damit alle Empfehlungen kalt. Gäste brauchen somit im wahrsten Sinne des Wortes ein wenig „Zu-wendung“!

»**Zu-wendung** heißt andere wert zu schätzen.«

Praxisübungen:

Nicht nur Empfehlungen aussprechen, sondern Gäste tatsächlich überzeugen! Trainieren Sie Ihre Überzeugungskraft, indem Sie einige nonverbale Signale bewusst einsetzen. Führen Sie gemeinsam mit einem Kollegen oder Partner abwechselnd folgende Übungen durch:

Übung 1: Mit Gestik Bilder malen
Stellen sich vor, Sie arbeiten im Veranstaltungsverkauf und unterbreiten einem Kunden gerade Ihr Angebot für seine geplante Hochzeitsfeier. Spielen Sie diese Situation pantomimisch, d.h. wortlos, vor. Versuchen Sie die Hochzeitsparty ausschließlich durch Ihre Gestik zu beschreiben. Ihr Übungspartner gibt nach 5 Minuten ein Feedback, welche Bilder Sie bei ihm erzeugt haben.

Übung 2: Der Ton macht die Musik
Nehmen Sie erst einen Zeitungsartikel, dann ein Kochbuch und abschließend eine Speisekarte und lesen Sie sich gegenseitig daraus vor. Stellen Sie sich völlig unabhängig vom Inhalt in einer ersten Runde vor, es würde sich um etwas Ekelhaftes handeln. In der zweiten Runde versuchen Sie Ihren Partner dann nur durch Ihre Tonalität zu begeistern.

Übung 3: Kopfnicken als Zustimmung
Finden Sie Begriffsreihen über Lieblingsgerichte, Tätigkeiten, Aufgaben usw., in denen Sie jeweils eines/einen besonders bevorzugen. Zählen Sie Ihrem Gegenüber diese Begriffsreihen nun langsam auf und markieren Sie eines dieser Begriffe mit einem Nicken im Kleinstbewegungsbereich. Lassen Sie Ihren Partner dann raten, was Sie markiert haben und was sie bevorzugen.

Übung 4: Den Gästen Zuwendung schenken
Stellen Sie sich im Abstand von 1m und einem 90 Grad Winkel gegenüber Ihrem Partner auf und sagen Sie einen Satz über einen Artikel aus Ihrem Programm. Wiederholen Sie diesen Satz öfter und wenden Sie sich gleichzeitig immer ein Stück mehr Ihrem Partner zu. Ihr Partner sagt „Stopp“ in dem Augenblick, in dem Ihr Satz auf ihn die größte Wirkung hat.

Grundregel 4: Begründe deine Empfehlung
Im Absatz „Beratug oder Zusatzverkauf?“ (ab Seite 89) habe ich bereits ausgeführt, dass es einen Unterschied ist, ob ich Gäste über mein Angebot informiere oder ob ich meine Gäste und Kunden berate. Das gilt natürlich nicht nur für die Arbeit in Gastronomie und Hotellerie, sondern für jede Form von Verkauf. Wenn mir in einem Elektromarkt der Fachverkäufer die 40 Kaffeemaschinen der unterschiedlichen Anbieter zeigt, weiß ich als Kunde, wieviele Kaffeemaschinen zur Zeit im Programm sind, aber immer noch nicht, welche ich nehmen soll. Haben Sie auch schon einmal Beratung von einem Servicemitarbeiter in folgender Form erlebt: „Nehmen Sie doch das Schnitzel? Nein? Den Braten? Auch nicht? Oder vielleicht Käsespätzle? Also auch nicht? Vielleicht für Sie ...“? Ein Gast oder Kunde ist unentschlossen und ein Servicemitarbeiter versucht zu unterstützen, indem er die Speisekarte „vorliest“. Weder im Restaurant noch im Hotel oder im Veranstaltungsverkauf ist das Aufzählen von Entscheidungsmöglichkeiten aber wirklich hilfreich. Als Gast weiß ich deshalb immer noch nicht, **warum** ich dies oder das jetzt nehmen, bestellen oder wählen soll. Tatsächliche Beratung wird daraus erst, wenn auch ein Rat dabei ist. Die Formulierung „Ich empfehle Ihnen ...“ ist jedoch erst die „halbe Miete“, weil die Frage „**Warum** empfehlen Sie das?“ immer noch nicht geklärt ist. Die verwendete Formulierung im Verkauf muss also auch eine Begründung enthalten! Nehmen wir an, im gerade genannten Beispiel würde der Servicemitarbeiter sagen „Nehmen Sie doch das Schnitzel, das ist **unsere Spezialität**!“, dann enthält diese Formulierung eine Begründung.

Abgesehen von den individuellen Entscheidungskriterien der Gäste ist meines Erachtens die Qualität der Begründung der Hauptgrund, ob sich Gäste für oder gegen ein vorgeschlagenes Produkt entscheiden. Vielen Mitarbeitern ist das wohl nicht bewusst. Im Restaurant habe ich einmal folgende Beratung von einem Servicemitarbeiter gehört: „Nehmen Sie doch ein **schönes** Schnitzel mit einem **schönen** Salat dazu, **schön** mit Pommes und dann noch **schön** ein Bier dazu ...?“. Die angemessene Frage auf so eine Beratung ist, wie **schön** es denn insgesamt noch werden soll! In dieser Situation war die Eintönigkeit vom Mitarbeiter aber sicherlich nicht beabsichtigt. Die Qualität dieser Formulierung war dennoch ungeeignet, weil inhaltsarm. Ich schließe dadurch eher auf einen mangelnden Wortschatz oder anders gesagt: Dieser Mitarbeiter kennt wahrscheinlich zu wenig mögliche Begründungen! Um eine möglichst große Bandbreite an Formulierungen zu haben, ist es meines Erachtens deshalb Pflichtübung von Verkäufern, angemessene Begrifflichkeiten (Begründungen) für die eigene Produktpalette zu kennen. Um sofort einen „Quantensprung“ in den eigenen Formulierungsmöglichkeiten zu schaffen, schlage ich zunächst eine Unterscheidung vor. Dafür noch einmal zurück zur Anfangsfrage: **Warum** soll ich mich als Kunden für ein Produkt oder eine Dienstleistung entscheiden? Das kann grundsätzlich rationale, emotionale oder irrationale Gründe haben. Dementsprechend lassen sich die möglichen Be**gründungen** in eigenen Formulierungen ausdrücken.

Als „rational" gelten Begründungen, wenn diese mit den 5 Wahnehmungskanälen, also sehen, hören, riechen, fühlen und schmecken, überprüfbar sind (Fachbegriff: sensorisch definit). Das können z.B. sein:

Form, Beschaffenheit, Eigenschaft, sachlicher Nutzen ...
Knusprig, zart, resch, zart schmelzend, feine Tannine, eher trocken, lieblich, schaumig, bequem, wohlig warm, butterweich, beste Qualität, 100% Arabicabohnen, braun gebrannt, fein marmoriert, 220 Gramm, fruchtig süß, cremig, sahnig, aufgeschäumt, mit frischen Kräutern, frisch renoviert, neu ausgestattet, Niedrigtemperatur, ist gerade im Angebot, für den kleinen Appetit, frisch aus dem Ofen, regionale Spezialität, frisch geröstet, tolles Aroma, perfekt abgestimmt, geht schnell, hilft weiter, ist eine große Portion, ist ein tolles Preis/Leistungsverhältnis, auf den Punkt gegart, perfekt gebraten, sehr teuer im Einkauf, frisch für Sie zubereitet, nach Spezialrezept, heute frisch eingetroffen, aus ganzer Bohne, knackig, bei Kerzenschein, vom Holzkohlegrill, unter freiem Himmel usw.

Als „emotional" gelten hingegen Begründungen, die nicht eindeutig mit den Wahrnehmungskanälen überprüfbar sind. Streng genommen hat ein Gefühl tatsächlich etwas mit „Fühlen", also mit Wahrnehmung, zu tun. Emotional bedeutet in diesem Sinne aber nicht, dass ich etwas unmittelbar fühlen kann, wie z.B. das Knacken einer Kruste auf der Zunge, sondern dass mittelbar (mittel dessen) ein inneres Gefühl entsteht wie beispielsweise Zufriedenheit. Im Folgenden eine kleine Auswahl.

Emotionale Begründungen ...
Schafft gute Stimmung, zum Aufwecken, zum richtig Wohlfühlen, zum Entspannen, zum Aufwärmen, macht satt, macht glücklich, macht zufrieden, für einen fröhlichen Abend, damit Sie ihre Ruhe haben, vitalisierend, belebend, besonders lecker, zum Genießen, in toller Atmosphäre, macht satt usw.

Psychologischer Zusatznutzen und irrationale Begründungen habe ich unter den emotionalen Verkaufsargumenten extra dargestellt, damit Sie genauer unterscheiden können. Als psychologischer Zusatznutzen gelten Formulierungen, mit denen zusätzlich zur genannten Argumentation noch ein versteckter, psychologischer Gewinn mitschwingt (mehr dazu aber ab Seite 118, indem erklärt wird, warum Gäste überhaupt kaufen). Hier einige Beispiele:

Psychologischer Zusatznutzen ...
Passt gut dazu, die anderen Gäste sind begeistert, hat sich bewährt, wird andere beeindrucken, schafft Sicherheit, ist außergewöhnlich, Sie können nichts falsch machen, können Sie sich drauf verlassen, ist gut investiert, die anderen werden staunen, wird am meisten genommen, ist mal etwas anderes, haben wir ganz neu im Programm, ist eine tolle Gelegenheit, wir haben nur noch wenig davon, wird empfohlen, wird Sie beruhigen, kann man gut teilen, hilft weiter usw.

Besonders interessant finde ich aber auch irrationale Begründungen. Ich verstehe darunter Verkaufsargumente, die streng genommen entweder an den „Haaren herbei gezogen" sind oder aus Metaphern bestehen. Solche Argumentationen haben ganz sicher nichts mehr mit rationaler Überprüfung zu tun und sind eigentlich auch inhaltsfrei. In diesem Fall ist sinnlos aber nicht gleich zweckfrei. Witzige oder unterhaltsame Begründungen haben eine eigene Dynamik:

Irrationale Begründungen ...
Nervennahrung, muss weg, ist der Star unserer Produkte, von glücklichen Hühnern, zum Abrunden, um gut anzukommen, macht gleichgültig, über den Dingen schweben, ist meine besondere Empfehlung, ist unser Schmankerl, genau nach Ihrem Geschmack, würde ich selbst auch nehmen, für den ganzen Mann, ist ein Highlight, man gönnt sich ja sonst nichts, das haben Sie sich verdient, Geheimtipp, ich könnte wetten, passt zu Ihnen, kleine Schweinerei, traumhaft, einzigartig im Geschmack, als „Zuckerl", unser „Klassiker", weckt Tote auf, schwarz wie die Nacht, mit Liebe gemacht usw.

Wenn Sie noch mehr irrationale Begründungen hören wollen, müssen Sie einfach bewusst die Argumentationen in den vielen TV-Spots daraufhin überprüfen. „Mars macht mobil?". Für das Gehirn ist der Sinn einer Aussage tatsächlich nicht immer erforderlich! Im Verkauf reicht es manchmal, wenn es sich einfach „gut anhört"...

Praxisübung

Finden Sie für jeden Artikel aus Ihrem Angebot oder Programm Begründungen, **warum** Ihre Gäste und Kunden sich gerade dafür entscheiden sollten. Finden Sie zum Einstimmen für folgende Artikelgruppen jeweils 4–5 rationale und emotionale Verkaufsargumente:

Kaffee:

Zimmerkategorie:

Wein:

Buffetform:

Aperitif:

Vorspeise:

Abschließend noch einmal zurück zu unserem eingangs erwähnten Fastfoodrestaurant. Ist es eigentlich überhaupt möglich, innerhalb eines derart kurzen Verkaufskontakts wie er an einem Drive-in-Schalter stattfindet, unter praktisch erschwerten Bedingungen, ein gelungenes Beratungsgespräch zu führen? In der klassischen Beratung wird der Verkauf mit räumlicher Trennung auch oftmals als „Kaltakquise" bezeichnet. Diesen Begriff finde ich auch für einen Drive-in-Schalter ganz gut gewählt. Das Wort „kalt" beschreibt hier buchstäblich, dass „man mit dem Kunden oder Gast noch nicht warm ist" und bezieht sich damit klar auf den fehlenden Kontakt (Grundregel 1!!!). Es ist so gesehen also kein Wunder, dass viele Menschen ein sehr unangenehmes Gefühl bei Kaltakquise haben. Um es auf den Punkt zu bringen: Die meisten Kunden und Mitarbeiter **hassen** Kaltakquise! Vielleicht ist das auch eine Erklärung dafür, dass sich manche Servicemitarbeiter fast dagegen sträuben, Ihre Gäste zu beraten. Aber selbst Mitarbeiter am Mikrofon eines Fastfoodrestaurants haben einen großen Vorteil: Auch deren Kunden kommen bereits mit dem Vorsatz, etwas zu kaufen! Ich kann mir vorstellen, dass so eine Situation zwischen Lautsprecher-Mitarbeiter (LM) und Kunden im Auto (K) auch folgendermaßen ablaufen könnte:

LM: „Hallo und guten Abend im Restaurant xy, was haben Sie sich denn ausgesucht?" **(Persönliche Gesprächseröffnung ohne Floskeln. Der Verkäufer baut damit Kontakt auf.)**

K: „Ich hätte gerne einen Burger!"

LM: „Haben Sie großen Hunger? Für nur x € mehr, mache ich aus Ihrem Burger ein Menü mit Pommes und Getränk!" **(Immer noch persönlich und mit versteckter emotionaler sowie rationaler Begründung.)**

K: „Ok, dann nehme ich das Menü"

LM: „Mache ich Ihnen, brauchen Sie noch Ketchup oder Mayo für Ihre Pommes?" **(Zusatzverkauf mit rationalem Nutzen, wieder ohne Gastro-Floskel wie z. B.: „Darf's vielleicht dazu ...".)**

K: „Ja, gerne."

LM: „Vielen Dank, das macht xxx €, kommen Sie bitte zu mir an Schalter 2?" **(Weiterhin persönlich, floskelfrei und sogar mit Umgangsformen!)**

Geschickt im Verkaufsgespräch

„Darf's für den Herrn vielleicht noch ein Salat dazu sein ...?" Wir brauchen uns nicht wundern, wenn Gäste und Kunden gequält antworten, wenn wir sie mit solch ungeschickten und plumpen Verkaufsversuchen aus der gastronomischen Folterkammer quälen. Nach den letzten Abschnitten wissen Sie bereits, warum das so ist. In einem Lehrbuch für

Gastronomie und Hotellerie habe ich diesbezüglich folgende „wertvolle“ Handlungsempfehlung gelesen: „Aktiver Verkauf in der Gastronomie bedeutet, die Gäste durch Alternativfragen zu führen“. Alternativfragen sind Frageformen, die gleichzeitig zwei Antwortmöglichkeiten vorgeben. Wie stelle ich mir das im Rahmen des aktiven Verkaufs vor? Beispielsweise so:

Sie möchten bei uns essen?
„Großer oder kleiner Hunger?“, „Fisch oder Fleisch“?, „Gegrillt oder gedämpft?“, „Mit Kartoffeln oder mit Nudeln?“, „Mit Kräutersauce oder mit Sauce Hollandaise?“ usw.

Ähnliche „Verkaufsspiele“ gibt es natürlich auch unter den Titeln „Sie möchten bei uns übernachten?“ oder „Sie möchten Ihre Veranstaltung in unserem Hause durchführen?“. Der Wert solcher Verkaufsgespräche lässt sich leicht überprüfen, indem man sich kurz in die Lage seiner Gäste und Kunden versetzt. Ich zumindest konnte bisher noch kein Verkaufsgespräch in dieser Form durchführen. Alternativfragen mögen im Gespräch oftmals eine hilfreiche Variante sein. Um Gäste und Kunden zu führen, sind sie meiner Meinung nach jedoch ungeeignet. Spätestens nach der dritten Alternativfrage in Folge bekommt das Sprichwort „auf die Folter spannen“ für unser Gegenüber auch noch eine buchstäbliche Komponente! Für mich bedeutet, geschickt oder gewandt im Verkaufsgespräch zu sein, viel eher, seine Gäste und Kunden mit Herz und Verstand zu führen. Genau genommen beschreibt die Metapher „mit Herz und Verstand“ sehr exakt, welche Anteile ein Beratungsgespräch enthalten sollte: rationale **und** emotionale Anteile! In oben genanntem Beispiel fehlen die emotionalen Anteile komplett. Die richtige Bezeichnung für diese Tätigkeit wäre daher nicht „beraten“, sondern „abarbeiten“. An zwei Stellen im Verkaufsgespräch finde ich die Verbindung von rationalen und emotionalen Aspekten nicht nur beachtenswert, sondern auch noch besonders geschickt.
Die erste Stelle ist die Gesprächseröffnung. Auf Seite 42 des Buches habe ich bereits darauf hingewiesen, dass dem Start im Kundenkontakt besondere Bedeutung zukommt. Zu Beginn jeder Interaktion ist das Unterbewusstsein besonders aktiv, um die ganze Situation inklusive der Bedeutung zu bewerten. Auf rationaler Ebene geht es in einer Gesprächseröffnung bzw. Verkaufseröffnung darum, erste Informationen über Produkte oder Ablauf auszutauschen oder den Verkaufsprozess zu starten. Auf emotionaler Ebene geht es hingegen sofort um die Beziehung, also darum, gleichzeitig guten Kontakt aufzubauen und zu verstärken. Wahrscheinlich gäbe es das Wort „Gesprächseröffnung“ in unserem Kontext gar nicht, wäre damit nicht eine Problematik verbunden. Wenn Sie sich beispielsweise mit einem Bekannten treffen, denken Sie auch nicht über „Gesprächseröffnungen“ nach. Der Kunden-

oder Gastkontakt ist in vielen Situationen in unserem Alltag aber so kurz, dass wir ein Konzept brauchen, um nicht „mit der Türe ins Haus fallen“ zu müssen. Am Hotelempfang wird das schnell deutlich. Nehmen wir an, ein Gast checkt ein und die Mitarbeiterin sagt folgendes: „Hier ist der Meldezettel. Darf ich Ihnen schon einmal einen Platz für heute Abend in unserem Restaurant reservieren?“. Hier wird deutlich, dass in dieser Situation etwas fehlt: Die Verkaufseröffnung! Ähnlich im Restaurant. Wenn hier ein Servicemitarbeiter an den Tisch kommt und sagt „Guten Abend, für Sie vielleicht heute der Grillteller?“ könnte es sein, dass dieser Mitarbeiter kommunikativ vor „verschlossenen Türen“ stehen bleibt.

Bankettleiter, deren Beratungsgespräche womöglich eine Stunde oder länger dauern, müssen sich über Verkaufseröffnungen weniger Gedanken machen. Im Veranstaltungsverkauf besteht der Verkaufs-Start meist sogar mehrere Minuten lang aus „Smalltalk“ nur mit dem Ziel, emotional guten Kontakt aufzubauen. In anderen Bereichen bleibt, abgesehen von den nonverbalen Aspekten, aber oftmals nur Zeit für diesen **einen** Satz, der den Kontakt verstärkt. Wir können somit sagen, dass der erste Satz häufig der „Türöffner“ für die weitere Beratungssituation ist. Viele Servicemitarbeiter im Restaurant oder Hotel greifen hier zu folgenden oder ähnlichen Verkaufseröffnungen:

- „Für Sie bitte?“
- „Kann ich Ihnen behilflich sein?“
- „Was suchen Sie?“
- „Für Sie schon einmal die Speisekarte?“
- „Sie müssen zuerst den Meldezettel ausfüllen!“
- „Darf ich hier schon die Bestellung aufnehmen?“
- „Was darf‘s zum Essen sein?“
- „Darf‘s noch etwas dazu sein?“
- „Ist das alles?“
- „Brauchen Sie sonst noch irgendwas?“

Diese Formulierungen mögen jetzt nicht gerade unhöflich sein, sie sind aber auch nicht besonders geschickt, um gleichzeitig den Kontakt zu intensivieren. Wenn Sie sich diese Gesprächseröffnungen noch einmal genauer ansehen, wird Ihnen vielleicht auffallen, dass hinter jeder Formulierung noch eine weitere Botschaft mitschwingt: „Ich mache hier meinen Job!“. Der bekannte Kommunikationswissenschaftler Paul Watzlawick hat diesbezüglich folgende Aussage getroffen: **„Jede** Kommunikation hat einen Inhalts- und einen Beziehungsaspekt, wobei Letzterer den Ersteren bestimmt.“. Wenn Kommunikation im Allgemeinen den Aspekt der Beziehung sowieso schon beinhaltet, geht es in unserem Kontext also nur noch darum, diese Wirkungsweise gezielt und geschickt einzusetzen und den Beziehungsaspekt in der Verkaufseröffnung einfach ein wenig zu verstärken.

Hier Beispiele für Formulierungen, die diesen Punkt besser berücksichtigen:

- „Was möchten Sie denn Gutes essen und trinken?"
- „Haben Sie nur einen kleinen Appetit oder richtig Hunger?"
- „Wissen Sie, was jetzt noch gut dazu passt?"
- „Hier noch kurz die Formalität, dann geht's zu den Dingen, die wirklich zählen ..."
- „Sieht alles lecker aus, oder?"
- „Sind Sie schon perfekt umsorgt?"
- „Möchten Sie (noch) einen besonderen Tipp von mir?"
- „Ich habe noch eine tolle Empfehlung für Sie!"
- „Ist wahrscheinlich schwer, sich zu entscheiden ..."
- „Haben Sie sich schon etwas Leckeres ausgewählt?"
- „Wissen Sie schon, wie Sie Ihren Tag perfekt machen können?"

Im Gegensatz zu den ersten Beispielen schwingen in diesen Formulierungen noch weitere Botschaften mit, die über „Ich mache hier meinen Job!" hinausgehen, Botschaften wie „Ich kümmere mich um dich.", „Es ist mir wichtig, dass es dir gut geht.", „Ich verstehe dich und deine Bedürfnisse!". Dieser Effekt erklärt, warum solche Formulierungen gleichzeitig den Kontakt verstärken. Je kürzer also Ihr Verkaufskontakt, desto geschickter sollte Ihr „Türöffner" gewählt sein.

Praxistipp Nr. 25

Jegliche Kommunikation hat einen Inhalts- und einen Beziehungsaspekt. Achten Sie speziell bei der Verkaufseröffnung darauf, dass der Beziehungsaspekt den Kontakt verstärkt.

Der zweite Punkt für die Metapher „mit Herz und Verstand" ist der Empfehlungssatz an sich. Die Grundregel 4 beschreibt bereits, dass jegliche Beratung eine rationale oder emotionale Begründung erfordert (Verkaufsargument). Gelten nun in der Formulierung eher rationale oder emotionale Begründungen als besonders geschickt? Nicht „entweder, oder", sondern „sowohl als auch"! Auch die Entscheidungskriterien unserer Gäste werden aus rationalen und emotionalen Punkten bestehen. Das gilt übrigens auch dann, wenn die Gäste sich der emotionalen Beweggründe gar nicht bewusst sind! Wenn wir unsere Gäste und Kunden ganzheitlich beraten wollen, sollten unsere Formulierungen deshalb rationale **und** emotionale Begründungen bzw. Verkaufsargumente enthalten. Hier einige Beispiele, die diesen Punkt berücksichtigen:

- „Der Rotwein ist trocken mit angenehmer Säure. Er passt perfekt zum Hauptgang ...“
- „Unsere Superiorzimmer haben zusätzlich eine Minibar und Kingsize Betten, damit Sie sich rundum entspannen können.“
- „Das argentinische Lendensteak ist fein marmoriert und zergeht praktisch auf der Zunge!“
- „Wenn sie vorher einen Sektempfang planen, können sich die Gäste auf Ihrer Party nicht nur besser kennen lernen, sondern auch gleich in Stimmung kommen!“
- „Möchten Sie schon ein eiskaltes Bier als ersten Durstlöscher?“
- „Mit unserem wellig gebratenen Wiener Schnitzel und reschen Bratkartoffeln machen Sie auf jeden Fall nichts falsch!“
- „Dieser Weißwein ist nicht nur prämiert. Er ist auch mein persönlicher Geheimtipp.“
- „Sie müssen für ein gutes Abendessen nicht weit gehen! Unser eigenes Restaurant bietet heimische Leckereien.“
- „Brauchen Sie noch einen knackigen Beilagensalat passend zum Steak?“
- „Möchten Sie noch einen unserer hauseigenen Obstbrände, um Ihr Menü abzuschließen?“
- „Jetzt fehlt nur noch der italienische Espresso zum Abschluss!“
- „Soll ich mich darum kümmern, dass Sie am Tisch immer genügend Mineralwasser zum Wein haben?“
- „Probieren Sie unsere hausgemachte Pasta! Nudeln machen ja bekanntlich glücklich!“

Praxistipp Nr. 26

Geschickt zu beraten bedeutet, rationale und emotionale Verkaufsargumente zu beachten. Machen Sie sich immer wieder bewusst, dass Gäste und Kunden ihre Kaufentscheidungen überwiegend emotional treffen.

Viele Servicekräfte glauben, dass man auf emotionale Verkaufsargumente im Zweifelsfall auch einmal verzichten kann. „Wenn ich ein gutes Argument vorbringe, wird sich mein Gast eher für meinen Vorschlag entscheiden.“ Als „gutes Argument“ gelten dann rationale Begründungen. Mit anderen Worten: Die Formulierung „gerade im Angebot“ ist der Begründung „macht glücklich“ vorzuziehen, weil anscheinend wirkungsvoller. Wenn Sie auch so denken, haben wir eine sehr unterschiedliche Meinung darüber, welcher Anteil im Gehirn unserer Gäste und Kunden die Entscheidung trifft. Stellen Sie sich den inneren Entscheidungsprozess zwischen rational und emotional wie ein Ehepaar vor, bei dem die Frau groß, füllig und dominant (sprich: emotional) und der Mann im Vergleich zurückhaltend, klein und schmächtig (sprich: rational) ist. Wenn beide jetzt in ein Möbelgeschäft gehen und der Berater nur mit „ihm“ spricht, „sie“ hingegen links liegen lässt, wird der Berater im wahrsten Sinne nichts an den Mann bringen! Viel geschickter wäre es doch, das Verkaufsgespräch hauptsächlich mit „ihr“ zu führen und „ihm“ dann nur das Gefühl zu geben, bei der Entscheidung zumindest beteiligt zu sein. Auch im inneren Entscheidungsprozess sind die emotionalen Anteile definitiv die dominanteren! Wenn Sie im Verkaufsgespräch rationale und emotionale Verkaufsargumente kombiniert verwenden, sorgen Sie im übertragenen Sinne dafür, dass „sie“ jetzt entscheiden kann und „er“ dabei keinen Einwand vorbringt. Im Zweifelsfall kann aber auch „sie“ die Entscheidung alleine treffen ...

In der Verkehrsgastronomie wie an Bahnhöfen oder Flughäfen ist die Frage nach rationalen oder emotionalen Verkaufsargumenten durch Beobachtung schön zu beantworten. Der Kontakt mit den einzelnen Gästen ist in manchen Selfservice-Konzepten extrem kurz, was Zusatzempfehlungen erschwert. Viele Mitarbeiter fragen sich hier, wie sie beispielsweise noch zum Kaffee ein Sandwich empfehlen können oder umgekehrt, ohne dass es aufdringlich oder plump beim Gast ankommt. Diese Frage scheint sofort gelöst, ermöglicht das Programm oder Konzept schon vorab eine rationale Begründung für eine Zusatzempfehlung. Ein Beispiel hierfür sind Kombinationsangebote. Nehmen wir einmal an, es gibt einen Kombinationspreis für Sandwich und Kaffee, dann lässt sich das auch in kurzer Beratungszeit gut formulieren: „Für Sie einen Kaffee? Mit einem Sandwich nach Wahl zusätzlich bekommen Sie das zusammen zum Sonderpreis von xx €.“. Dieses Beispiel ist nicht verkehrt und hört sich auf jeden Fall besser an als eine „Horrorformulierung“ wie „Kommt für Sie vielleicht noch n Sandwich dazu?“. Für mich stellt sich hier die Frage, ob wir in diesem Absatz über geschickte Formulierungen schon das kommunikative „Sahnehäubchen“ im Verkauf erreicht haben. Ich glaube nicht ...

Ich habe z. B. in einem Coffeeshop eine Mitarbeiterin erlebt, die Ihren Gästen auf eine Kaffeebestellung folgende Frage stellte: „Gerne! Haben Sie außerdem schon etwas genascht heute?“. Für Menschen, die zumindest glauben, sehr rational zu denken, mag so eine Formulierung vielleicht Geschmacksache sein. Ganz nach meinem Geschmack ist aber, dass diese Mitarbeiterin im Vergleich zu Ihren Kollegen einfach mehr Umsatz erzielt. Das ist meines Erachtens auch gut erklärbar. Ganz „rational“ betrachtet, können gerade bei sehr kurzer Beratungszeit die rationalen Argumente nur noch wenig zählen. Um bewusst, also im Gehirn mit dem Neokortex, eine Entscheidung abzuwägen, brauche ich auf jeden Fall viel Zeit. Immerhin muss ich dafür komplexe interne „Rechenprozesse“ durchführen. Umgangssprachlich wird dieser Prozess auch einfach nur „nachdenken“ genannt. Um die Entscheidung, ob ich ein Sandwich in Kombination mit meinem Kaffee brauche, tatsächlich rational zu treffen, müsste ich (mir selbst) zunächst folgende Fragen beantworten: „Ist es tatsächlich ein Angebot? Spare ich mir jetzt etwas? Habe ich überhaupt noch Hunger? Mag ich die Sandwichauswahl überhaupt und wenn ja, welches davon? Was werde ich in den nächsten Minuten/Stunden noch essen? Wie sieht es überhaupt mit meinem Gewicht aus, wollte ich nicht eigentlich abnehmen ...?". Ein Gast, der sich solche oder ähnliche Fragen an einer Ausgabe stellt, wird wohl bei Ihnen und den weiteren wartenden Gästen eher Unverständnis auslösen. Glücklicherweise ist die Chance, so einen Gast tatsächlich einmal zu erleben, relativ gering. Viel wahrscheinlicher ist die Variante, dass Sie den Gast nach einem „Sandwich" fragen würden und auf dessen unbewusster Ebene nur eine Frage beantwortet werden muss: „Was sagt das (Bauch)Gefühl?". Wenn also die „große, füllige, dominante" Seite entscheidet, warum dann nicht gleich mit ihr sprechen? Die Frage „Haben Sie schon etwas genascht?" erledigt dies sehr gut, weil sie höchst emotional, wenn nicht sogar irrational, ist! Ich zumindest kaufe das dieser Mitarbeiterin im Coffeeshop ab ...

Warum Gäste überhaupt kaufen

Immer wieder höre ich von Mitarbeitern und Teilnehmern, dass für die Arbeit in der Gastronomie nicht unbedingt viel Fachwissen nötig sei. Wie auch früher angesprochen ist diese Aussage richtig, wenn es darum geht, die emotionalen Aspekte des Berufsbildes zu beachten. Hier ist tatsächlich häufig nur ein wenig Intuition gefragt. Intuition bedeutet in diesem Kontext, dass ich ein „ganz gutes Gefühl" dafür habe, was meine Gäste gerade brauchen. Dafür muss ich als Gastgeber buchstäblich nicht erst das „Gehirn einschalten". Die dafür erforderlichen Bereiche im Gehirn sind schon „online". Die bereits genannten, empathischen Spiegelneuronen sorgen dafür, dass ich, vorausgesetzt ich bin gerade in emotionalem Kontakt, genau nachfühlen kann, wie meine Gäste fühlen und was eventuell jetzt noch notwendig ist. Wenn es aber um Wirkungsweisen, Verhaltensmuster und innere Prozesse geht, ist ein wenig Fachwissen meines Erachtens durchaus angebracht. Die vorangehenden Ausführungen haben hoffentlich schon gute Vorarbeit geleistet. Was aber ist darüber hinaus tatsächlich der Grund, warum Ihnen Gäste und Kunden etwas „abkaufen"? Sie werden schnell feststellen, dass die Beantwortung dieser Frage in der täglichen Praxis überraschende Möglichkeiten eröffnet, zielgerichtet zu verkaufen. Hinter der Frage **„Warum?"** steckt die Frage **„Was motiviert"** Gäste, dies oder jenes zu kaufen?

Die Frage der Motivation (Beweggrund) ist aus psychologischer Sicht ganz einfach zu verstehen. Grundsätzlich gibt es zwei universelle Dynamiken, die jegliches Verhalten erklären: Das Ziel, **gute Gefühle zu**

erhalten und das Ziel, **schlechte Gefühle zu vermeiden**. Für Gastronomie und Hotellerie finde ich besonders den Umkehrschluss dieser Erkenntnis interessant. Ist ein Produkt oder eine Dienstleistung weder dazu geeignet, schlechte Gefühle zu vermeiden, noch gute Gefühle zu erzeugen, werde ich Gäste schwer motivieren können, dieses zu kaufen. Das gilt übrigens auch, wenn das nicht an der Eigenschaft oder Beschaffenheit des Produktes liegt, sondern daran, dass ich weder „gute Gefühle erhalten", noch „schlechte Gefühle vermeiden" schlüssig kommunizieren kann. An dieser Stelle wird wohl sehr deutlich, dass ich als Dienstleister und Gastgeber die Frage nach Umsatz und Verkauf gar nicht beantworten kann, ohne mich intensiv mit den Bedürfnissen und Gefühlen meiner Gäste zu befassen. Zusätzlich zu diesen Gedanken gibt es 3 Modelle, die sehr gut geeignet sind, die Frage der Kaufmotivation eingehender zu betrachten. Hier ein kurzer Überblick:

1. Bedürfnispyramide (nach Abraham Harold Maslow)

Die Bedürfnispyramide des amerikanischen Psychologen Abraham Maslow ist wohl das bekannteste Modell, welches im Zusammenhang mit dem Thema Verkauf genannt wird. In Kurzform sagt dieses aus, dass jegliches Verhalten einer Bedürfnisbefriedigung dient. 1973 stellte Maslow in seiner Arbeit fest: „Ich bin motiviert, wenn ich ein Verlangen oder ein Bedürfnis oder eine Sehnsucht oder einen Wunsch oder einen Mangel verspüre.". Da alle diese Dinge Ausdrücke von Emotionen und Gefühlen sind, stellt die Bedürfnispyramide deshalb keinen Gegensatz, sondern eine Ergänzung der oben genannten universellen Dynamiken dar. Darüber hinaus spricht Abraham Maslow von der hierarchischen Ordnung der Bedürfnisse. Das bedeutet, dass bestimmte Bedürfnisse erst entstehen, wenn die darunterliegende Ebene ausreichend befriedigt ist. Demnach entsteht Motivation stufenweise nach folgendem Schema:

Abb. 2.1: Bedürfnispyramide nach Abraham Maslow

Das Streben nach den ersten vier Stufen entspringt meist einem Mangel, beispielsweise Einsamkeit, Unsicherheit, Hunger oder Ablehnung. Hierbei geht es um schlechte Gefühle, die sich unmittelbar im Hier und Jetzt auswirken. Das Streben nach Selbstverwirklichung beschreibt hingegen einen möglichen Zugewinn in der Zukunft, dessen Mangel sich in der Gegenwart nicht unbedingt negativ auswirken muss. Daraus ergibt sich die Schlussfolgerung, dass das Ziel, schlechte Gefühle zu vermeiden, wohl die größere Triebkraft ist, weil unmittelbar spürbar. Mit anderen Worten: Der Zugewinn positiver Gefühle in der oberen Ebene findet oftmals nur in der Vorstellung statt. Schlechte Gefühle hingegen spüre ich sofort und reell. So ist schnell klar, was wohl mehr motiviert.

Die Erkenntnis, dass die Vermeidung schlechter Gefühle der bessere bzw. wirkungsvollere Motivator ist, wird von manchem Verkäufer sogar bewusst eingesetzt. Ich habe von Versicherungsverkäufern gehört, die im Gespräch gezielt das Sicherheitsbedürfnis in Frage stellen und damit schlechte Gefühle beim Kunden erzeugen, z. B. mit folgender Aussage: „Stellen Sie sich vor, Sie haben einen schlimmen Unfall und Ihre Familie wäre nicht mehr ausreichend versorgt ...“. Wenn Sie nach so einem Satz eine „Lösung“, in diesem Falle eine bestimmte Versicherung, anbieten, die dem Kunden das schlechte Gefühl sofort wieder nimmt, ist die Chance größer, dass der Kunde sofort zugreift, nur um das jetzt spürbare „Unwohlsein“ wieder los zu werden. Inwieweit derartige Vorgehensweisen moralisch vertretbar sind, möchte ich Ihrer eigenen Interpretation überlassen. An mehreren anderen Stellen in diesem Buch wurde diese Wirkungsweise schon eingesetzt. Beispielsweise im Kapitel „Beratung oder Zusatzverkauf?“, das erklärt, wie Gäste ihre Unsicherheit aufgrund der großen Auswahl durch gute Beratung loswerden. In diesem Falle finde ich die Verwendung dieser Wirkungsweise moralisch einwandfrei!

Hier liegt meiner Meinung nach auch die hilfreiche Erkenntnis von Maslow für unsere Branche. Die Kunden und Gäste kommen eben **nicht nur** zu uns, um das Grundbedürfnis nach Essen, Trinken oder Schlafen zu befriedigen. Immerhin leben wir in einer Gesellschaft, in der Hunger nicht mehr zu den Hauptproblemen gehört. Für uns lohnt es sich viel mehr, den Fokus auf die anderen Stufen der Pyramide zu lenken und zu überlegen, in welchen Bereichen wir mit unseren Produkten und Dienstleistungen jeweils noch gute Gefühle erzeugen bzw. schlechte Gefühle vermeiden können.

2. Wertemodell (nach Clare W. Graves)

Im hier verwendeten Kontext sind nicht ethische, gesellschaftliche oder religiöse Werte wie Ehrlichkeit oder Respekt gemeint. Ein Wert definiert auch eine individuelle Vorstellung (Bewertung) über Dinge, Eigenschaften, Beziehungen. So kann z.B Freundschaft, Geld oder Genuss ein individueller Wert sein. Was haben Werte mit Motivation zu tun? Bedürfnisse und Wünsche, die eben auch unsere Kaufentscheidungen bestimmen, kann man als „kleine Erfüllungshelfer“ darüberliegender Werte bezeichnen. Der amerikanische Psychologe Clare Graves hat Mitte des 20. Jahrhunderts einen Zusammenhang zwischen Werten und Entwicklungsstufen der Menschen hergestellt. Inwieweit das Wertemodell nach Graves für uns in Gastronomie und Hotellerie hilfreich ist, zeigt sich erst bei näherem Hinsehen. Unter anderem sagt dieses Modell aus, dass sich Menschen aufgrund der Entwicklungsstufe und Umwelt in einem kompletten „Wertekanon“ befinden. Mit anderen Worten: Die Bedürfnisse und Wünsche unserer Gäste werden von deren Werten bestimmt.

Schon wenn man sich näher mit dem Modell von Abraham Maslow befasst, könnte man den Aufbau der einzelnen Stufen auch entwicklungspsychologisch betrachten. Für ein Kleinkind ist nämlich zunächst nur die Befriedigung von Existenzbedürfnissen wie Nahrung und Sicherheit wichtig. Erst in der nächsten Entwicklungsstufe geht es um die Sozialbedürfnisse, dann um Wertschätzung usw. Das Graves-Wertemodell stellt genau diesen Aspekt stärker in den Mittelpunkt. Aus meiner Sicht sind beide Modelle deshalb nicht nur kompatibel, sondern ergänzen sich darüber hinaus. Um die Schnittstellen zu verdeutlichen, wird hier das Graves-Modell auch mittels einer Pyramide dargestellt:

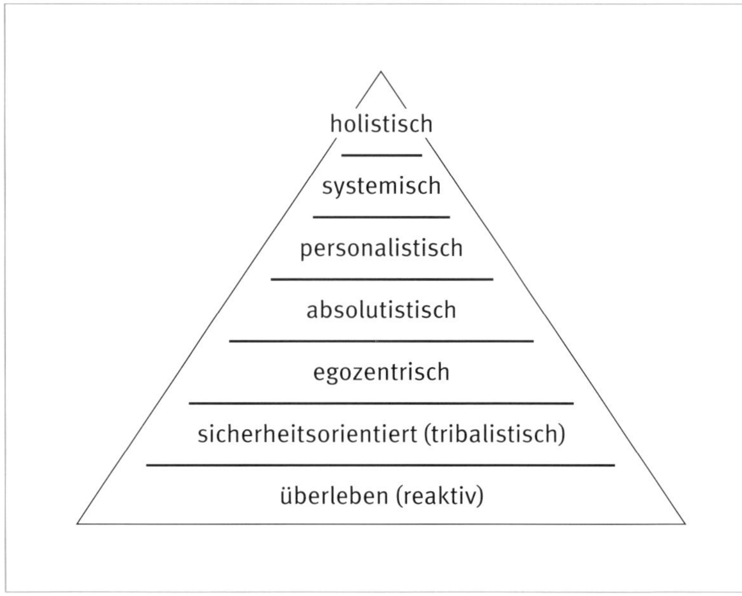

Abb. 2.2: Wertemodell nach Clare Graves

Zum besseren Verständnis kann man nun ein Menschenleben in dieses Modell einordnen:
Nach der Geburt verbringt der Mensch die erste Zeit hautsächlich damit, instinktiv das eigene Überleben zu sichern (**reaktiv**). Die nächste Entwicklungsstufe ist die tiefe Verbundenheit mit der eigenen Sippe (Familie). Außerhalb dieser Verbundenheit gibt es kein Selbst (**tribalistisch**). Später entwickelt sich das eigene Ich und verlangt nach Akzeptanz ohne Rücksicht auf andere (**egozentrisch**). Als Jugendliche lernen Menschen dann Ideen und Konzepte kennen, deren Erfüllung absolute Wahrheit beigemessen wird (**absolutistisch**). Eigene Ziele und Wünsche werde geopfert für das große spätere Ziel. Später drückt sich das Selbst ganz aus und misst sich am Erfolg im Vergleich mit anderen (**materialistisch**). Nach Erfüllung der materiellen Bedürfnisse treten diese wieder in den Hintergrund und ein humanistischer Werteansatz entsteht (**personalistisch**). Vielleicht wird sich das Selbst noch ausdrücken, aber nicht mehr auf Kosten anderer im Gesamtsystem (**systemisch**). Schließlich endet die Persönlichkeitsentwicklung in einem Zustand, in dem das Selbst und der Vergleich mit anderen eher in den Hintergrund treten und erfahrungsorientiertes und globales Denken möglich wird (**holistisch**).

Jede dieser Entwicklungsstufen ist mit einem eigenen Wertekanon und den damit verbundenen Wünschen und Bedürfnissen verbunden. Das genannte Beispiel für einen Lebensweg bedeutet allerdings nicht, dass jeder diese Entwicklung bis zur Spitze durchleben muss oder sogar kann. Wie bereits im Modell von Maslow ist auch im Wertemodell von Graves ist es für das Erreichen der nächsten Hierarchiestufe erforderlich, dass die Werte und Bedürfnisse der vorangehenden Ebene erfüllt sind. Interessanterweise gilt das nicht nur für Individuen, sondern für ganze Gesellschaften. Es gibt südamerikanische Stämme (Tribes), die entwicklungspsychologisch nicht über die zweite Stufe (tribalistisch) hinauskommen und sogar in ihrer Sprache kein Wort für „Ich" haben, sondern nur für „Wir". Wenn Sie hingegen nach einer materialistischen Gesellschaft suchen, lohnt ein Blick nach Nordamerika und für absolutistische Wertesysteme der Blick nach Fernost. China im Speziellen ist wahrscheinlich ein gutes Beispiel für den Weg einer ganzen Gesellschaft von einem absolutistischen zu einem materialistischen Wertesystem.

Damit dieser Abschnitt aber nicht nur für Betreiber von amerikanischen Steakhäusern oder chinesischen Familienrestaurants interessant ist, möchte ich darauf zurückkommen, warum ich dieses Modell an dieser Stelle für wichtig halte. Die interessante Frage ist ja, in welchem gesellschaftlichen Wertesystem wir uns hier in Deutschland befinden? Meines Erachtens bewegen wir uns derzeit zwischen einem materialistischen und systemischen Wertesystem. Wenn dieser Wertekanon eine bestimmte Klasse von Bedürfnissen und Wünschen nach sich zieht, dann sollte dieser Aspekt auch in unserem Angebot in Gastronomie und Hotellerie berücksichtigt werden. Umweltbewusstsein, regionale Produkte, verantwortungsvoller Umgang mit Menschen und Ressourcen, gesunde Küche usw. sind demnach nicht nur Schlagwörter, sondern echte und zukunftsträchtige Erfolgsfaktoren.

3. Neuropsychologie

Das neueste Konzept, das sich mit Kaufentscheidungen befasst, ist die Neuropsychologie. Genau genommen beschäftigt sich dieser Ansatz damit, welche Prozesse in unserem zentralen Nervensystem aufgrund der Hirnstruktur stattfinden und wie sich diese auf Verhalten und Erleben auswirken. Interessant sind hierzu unter anderem die Arbeiten des Mediziners und Psychologen Manfred Spitzer sowie des Psychologen und Unternehmensberaters Hans-Georg Häusel. Die Erkenntnisse aus diesem Forschungsgebiet in Bezug auf Kaufentscheidungen von Gästen und Kunden werden als Neuromarketing bezeichnet. Die neuere Hirnforschung eröffnet uns neue Möglichkeiten: Deren Erkenntnisse helfen uns nicht nur das Kaufverhalten unserer Gäste besser zu verstehen, sondern auch das eigene Angebot und ganz besonders die Kommunikation darauf abzustimmen. Manche mögen an dieser Stelle dem Irrglauben verfallen, die Neuropsychologie ermögliche endlich die Chance auf totale Kontrolle, so dass aus unseren Gästen und

Kunden nur mehr willenlose Kaufroboter werden. Abgesehen von der Frage, ob so etwas tatsächlich wünschenswert wäre, kann man solche Gedanken im Hinblick auf den heutigen Forschungsstand getrost irgendwelchen kühnen Zukunftsfantasien zuordnen. „Gehirngerecht" kommunizieren bedeutet meiner Meinung nach vielmehr, die allgemeinen und individuellen Funktionsweisen des Gehirns zu kennen und so zu kommunizieren, dass mein Angebot gut zur neuronalen Struktur bzw. Ausrichtung meines Gegenübers passt. Vielleicht fällt Ihnen auf, dass die neuropsychologischen Aspekte an dieser Stelle nicht neu hinzukommen, sondern sich schon wie ein roter Faden durch das ganze Buch ziehen.

Als mittlerweile wissenschaftlich nachgewiesen kann man die Tatsache betrachten, dass Kaufentscheidungen zum geringsten Teil auf bewusster Ebene getroffen werden. Bedürfnisse und Wünsche entstehen im Unter- oder genauer gesagt im Vorbewusstsein, sprich im limbischen System, welches der zu Beginn genannten Dynamik über Gute-Gefühle-Erhalten- und Schlechte-Gefühle-Vermeiden-Strategie folgt. Unsere Wünsche und Bedürfnisse entstehen also im limbischen System und drücken sich zunächst nur über Emotionen und Gefühle aus. Erst danach werden Sie im Neocortex „verwortet". Aus neuropsychologischer Sicht müssten wir deshalb dem Bibelspruch „Am Anfang war das Wort" widersprechen. Es müsste heißen „Am Anfang war das Gefühl!". Erschreckenderweise bedeutet das, dass nicht unser Neocortex unser Verhalten bestimmt, sondern unser limbisches System. Es gibt nachweislich nicht einmal neuronale Verbindungen, um mit unserem Willen das limbische System direkt zu beeinflussen.

Für Menschen, die bis jetzt dachten, dass sie ihr Verhalten bewusst steuern, muss somit praktisch Ernüchterung folgen! Der bewusste Anteil unseres Gehirns verbringt nicht den Großteil seiner Arbeit damit, unser Verhalten zu bestimmen, sondern **uns selbst unser eigenes Verhalten** zu erklären! Wenn beispielsweise ein Kunde folgende seltsame Erklärung abgibt: „Ich habe mir einen Porsche gekauft, damit ich am Abend schneller wieder bei meiner Familie bin ...", dann zeigt sich dieser Zusammenhang recht deutlich ...

Aus neuropsychologischer Sicht ist es also äußerst spannend, wie Wünsche und Bedürfnisse im limbischen System (Fachbegriff: limbische Induktionen) entstehen. Hierbei folge ich dem Modell des Psychologen Hans-Georg Häusel, der in seinen Büchern behauptet, dass im Gegensatz zur Komplexität unseres Gehirns die Grundabsicht des limbischen Systems vergleichsweise banal einfach sei. Schließlich ist dieser Gehirnbereich innerhalb der letzten Jahrtausende fast unverändert geblieben.

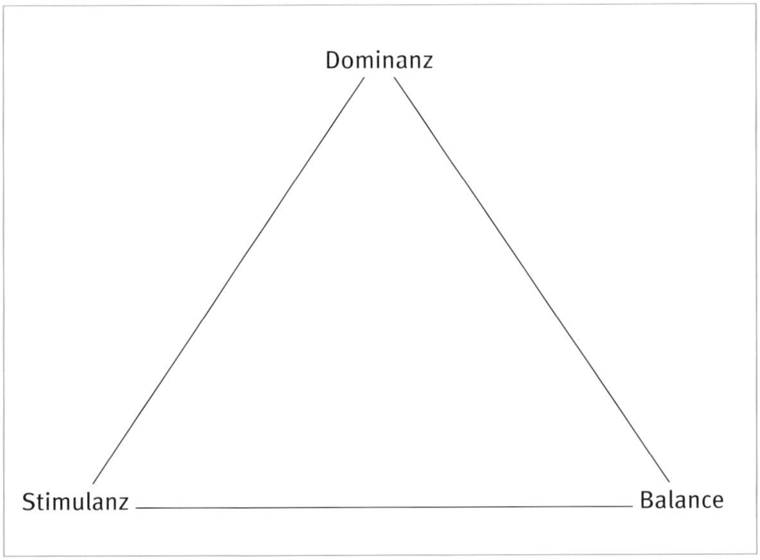

Abb. 2.3: Limbische Induktionen nach Hans-Georg Häusel

Demnach strebt das limbische System danach, drei überlebenswichtige Ausrichtungen zu erfüllen: Dominanz, Balance und Stimulanz. Die Dominanz-Induktion sorgt dafür, dass wir uns im Vergleich mit anderen behaupten können. Die Balance-Induktion verantwortet das Streben nach Sicherheit und die Stimulanz-Induktion ist der Grund dafür, dass wir Neues entdecken und kennenlernen möchten.

Es hat schon fast etwas Amüsantes, dass uns gerade die neueste Forschung gedanklich wieder näher zu unseren nahen, behaarten Verwandten in den Wald stellt. Was Gastronomie und Hotellerie betrifft, bin ich eindeutiger Befürworter dieses Modells, das geschickte Möglichkeiten in der Gastkommunikation eröffnet. In diesem Sinne würde „gehirngerechte Kommunikation" bedeuten, dass ich die individuellen limbischen Induktionen im Verkaufsgespräch beachte. Im Vergleich zu den Modellen von Maslow und Graves geht es bei den drei limbischen Ausrichtungen nicht mehr um eine Hierarchie, sondern um gleichwertige Anteile. Folgende Formulierungen in der Kommunikation mit Gästen und Kunden berücksichtigen diesen Aspekt:

Balance/Sicherheit:

- „Damit können Sie nichts falsch machen."
- „Das nehmen die meisten anderen Gäste auch so:"
- „Damit sind Sie auf der sicheren Seite."
- „Damit werden Sie sich wohl fühlen."
- „Das hat sich einfach bewährt."

Stimulanz:

- „Das ist einfach einmal etwas anderes!"
- „Das haben wir ganz neu im Programm!"
- „Das wird eine Überraschung ..."
- „So haben Sie das noch nie erlebt!"
- „Ich habe noch einen Geheimtipp ..."

Dominanz:

- „Da werden Ihre Gäste aber Augen machen."
- „Damit können Sie sich klar abheben."
- „Das entspricht genau Ihrem Anspruch!"
- „Das stellt Sie in den Mittelpunkt."
- „Das haben wir für unsere anspruchsvollen Gäste im Programm!"

Praxistipp Nr. 27

Verkaufen Sie „gehirngerecht". Beachten Sie, dass Ihre Gastkommunikation im Verkaufsgespräch die limbischen Grundausrichtungen Dominanz, Stimulanz und Balance enthält.

Ob die Tendenzen nun eher in Richtung Balance, Dominanz oder Stimulanz gehen, ist natürlich von Mensch zu Mensch unterschiedlich und die Kombinationen sind unbegrenzt. Versuchen Sie dennoch einmal Ihre Gäste nach diesem Schema zu bewerten. Aufgrund Verhalten, Aussagen und nonverbaler Kommunikation wird Ihnen schnell auffallen, wie gut dies möglich ist und wie schnell Sie ein gutes „Händchen" dafür bekommen werden, welche neuronale Grundausrichtung bei Ihren Gästen aktiv ist, um dann genau diesen Anteil zu verstärken. Für den Fall, dass Sie nicht mit einem Gast oder Kunden einzeln kommunizieren, sondern beispielsweise mittels eines Verkaufsflyers mit einer größeren Zielgruppe, empfiehlt es sich, alle drei limbischen Induktionen zu gleichen Teilen zu beachten.

Gäste manipulieren?

Die Aussage „Im Umgang mit Gästen und Kunden musst du schon ein wenig Psychologe sein!" wurde bislang schon mit überraschend wirkungsvollen Methoden untermauert. Nicht nur, dass Sie Ihr Angebot genau nach den Bedürfnissen und Wünschen Ihrer Zielgruppe abstimmen und mit Produkten und Kommunikation Begehren auslösen können, Sie können sich zudem die individuellen neuronalen Strukturen der Gäste zu Nutze machen und damit gezielt verkaufen. Das bedeutet, dass wir unsere Gäste nach Strich und Faden manipulieren! Und das war erst der Anfang. Im folgenden Abschnitt über „legale" Tricks können Sie Ihr Manipulations-Repertoire noch um einige sehr effektive Hebel erweitern ...

Zum Thema Manipulation erlebe ich in meinen Seminaren von den Teilnehmern zwei extrem unterschiedliche Haltungen. Manche bekommen beim Wort Manipulation leuchtende Augen und werden ganz besonders aufmerksam und andere zeigen Widerstände: „Gäste manipulieren? Das kann ich nicht mit meiner eigenen Ethik vereinbaren.“. Grundsätzlich ist wohl keine dieser beiden Reaktionen ganz angemessen. Bevor weitere Beschreibungen über „Tricks“ folgen, möchte ich deshalb an dieser Stelle für etwas mehr Klarheit sorgen. Vielleicht hilft schon eine genaue Definition des Begriffs ein Stück weiter. Das Wort Manipulation (lateinisch für Handgriff, Kunstgriff) bedeutet im eigentlichen Sinne zunächst nur „Handhaben“. Ich wünsche jedem Mitarbeiter in Gastronomie und Hotellerie, dass er mit seinen Fähigkeiten und Kenntnissen seine Gäste nicht nur gut, sondern darüber hinaus geschickt „handhaben“ kann! Und ja, das bedeutet, dass Sie Einfluss auf Ihre Gäste nehmen. Sie gehen auch nicht ausschließlich in der Erwartung einer Diagnose zu einem Arzt. Das ist zwar interessant, sorgt aber nicht für eine Linderung Ihrer Beschwerden.. Sie erwarten sich von einem Arzt zusätzlich eine Be**handlung**. Eine Bekannte sagte einmal zu mir, dass sie auf keinen Fall zu einem Psychotherapeuten gehen würde, weil diese manipulativ vorgehen würden. Ich frage mich, ob nicht das der eigentliche und entscheidende Grund ist, warum man überhaupt zu einem Therapeuten geht, nämlich deshalb, damit er Probleme löst und/ oder meine Stimmung verändert. Mir ist durchaus bewusst, dass es sich bei uns immer noch um Gastronomie und nicht um Therapie handelt und unsere Gäste und Kunden bei uns Plätze bestellen und keine Sitzungen. Ist es aber nicht auch der Wunsch unserer Gäste, dass wir Einfluss auf deren Stimmung und Wohlbefinden nehmen? Ich glaube schon!

Sie möchten Einfluss auf die Stimmung und das Verhalten Ihrer Gäste nehmen? Dann heißt das andere Wort dafür: Manipulation! Ich schreibe beispielsweise dieses Buch, um Ihre Meinung und Ihr Verhalten zu beeinflussen. Mit anderen Worten: Manipulation! Ein Koch reibt etwas Limettenschale in das Kartoffelpüree, um die Geschmacksknospen seiner Gäste zu überraschen. Mit anderen Worten: Manipulation. Wenn also jemand sagt, dass es ethisch nicht vertretbar ist, Menschen zu beeinflussen, ist er wohl in unserer Branche falsch. Wenn Sie Kunden und Gäste begeistern möchten, dann wird Ihnen das mit ein wenig Wissen über die psychologischen Wirkungsweisen einfach besser gelingen. Wenn Sie Ihre Gäste über den Tisch ziehen und „ausnehmen“ wollen, dann wird Ihnen das mit dem gleichen Wissen auch besser gelingen. Sind deshalb diese Instrumente fragwürdig? Sie können ja mit einem Hammer auch einen Nagel in die Wand schlagen oder einem Menschen ernsthafte Verletzungen zufügen. Ist der Hammer nun ethisch einwandfrei? Genau das ist der Punkt! Nicht die Instrumente an sich sind fragwürdig, sondern einzig Ihre Absicht, wie Sie solche Instrumente einsetzen. Außer der Absicht ist für mich noch hinterfragenswert, ob es in Ordnung ist, Kunden in eine schlechte Stimmung zu führen, um etwas zu verkaufen. Im Beispiel des Versicherungsverkäufers aus dem letzten Abschnitt habe ich eine derart manipulative Vorgehensweise beschrieben. Vielleicht kann man Versicherungen aber auch gar nicht verkaufen, ohne eine Vorstellung von Unfällen oder anderen Horror-Szenarien zu erwecken. Weswegen sollte ein Kunde ein Hilfsmittel gegen bzw. für etwas kaufen, das er sich gar nicht vorstellen kann?

So gesehen bin ich sehr froh über meine Berufswahl im Bereich der Gastronomie und Hotellerie. In unserer Branche können wir ausschließlich positive Emotionen verkaufen. Oder anders verdeutlicht: Gäste kaufen **nichts** mehr, wenn sie in schlechter Stimmung sind! Das lässt sich leicht überprüfen. Stellen Sie sich einen Restaurantbesuch im letzten Jahr vor, bei dem Sie mehr Geld ausgegeben hatten, als Sie vorab geplant hatten. Jetzt überprüfen Sie, ob Sie an diesem Tag oder Abend in besonders guter oder schlechter Stimmung waren. Das ist fast schon paradox, oder? Wenn es nicht unbedingt darum geht, sich aus Frust zu betrinken, geben Gäste mehr Geld aus, wenn sie in guter Stimmung sind. Wenn wir über Manipulation sprechen, geht es also vor allem darum, bei den Gästen eine möglichst gute Laune entstehen zu lassen. Verkauf und Umsatzsteigerung folgen daraufhin praktisch wie von selbst. Die im folgenden Abschnitt genannten Möglichkeiten, auf Kaufentscheidungen Einfluss zu nehmen, sind schließlich nur noch unter dem Aspekt zu betrachten, ob Sie Ihren Gästen etwas Gutes tun möchten!

Praxistipp Nr. 28

Überprüfen Sie Ihre Absicht! Manipulation ist moralisch einwandfrei, solange Sie das Wohlbefinden Ihrer Gäste positiv beeinflussen möchten.

Manchen Servicemitarbeitern mag die beschriebene Dynamik über Manipulation der Stimmung nicht bewusst sein. Ich erlebe leider immer wieder Mitarbeiter, die in der Form manipulieren, dass sie Gäste zunächst mit der eigenen schlechten Stimmung anstecken und anschließend gar nicht erst versuchen, etwas zu verkaufen. So gesehen finde ich die Vorgehensweise eines Versicherungsverkäufers eindeutig schlauer ...

Legale Tricks

Seit dem Beginn des Buches erläutere ich Ihnen, wie Sie die Wahrnehmung der Gäste beeinflussen, also manipulieren können. Was man mit so einem Verhalten bezweckt, kann man ruhig offen sagen: man lädt den Kunden zum Kauf ein. Die wenigsten Gastronomen und Hoteliers betreiben gemeinnützige Betriebe. Viel häufiger treffe ich Unternehmer mit gewinnorientierten Betrieben, die auch noch die eigene Existenz sichern wollen und müssen. Wenn Sie die Wahrnehmung und Stimmung Ihrer Gäste beeinflussen, nehmen Sie **indirekt** Einfluss darauf, wo, was und wieviel die Gäste womöglich kaufen und beeinflussen damit eben auch die Tatsache, ob Sie morgen noch am Markt sind. Ich möchte Ihnen noch einige Wege aufzeigen, wie Sie zusätzlich die Kaufentscheidungen Ihrer Gäste und Kunden **direkt** beeinflussen können.

Die„klassischen" Tricks ...

Verkaufstricks sind in unserer Branche nicht neu. Schon zu Beginn meiner gastronomischen Ausbildung Mitte der 80er Jahre wurde ich darauf aufmerksam gemacht, dass ich durch Veränderung der Frageform meine Verkaufserfolge bedeutend erhöhen kann. Die einfachste Form dabei ist wohl, von der geschlossenen Frageform **offenen Frageform** zu wechseln. Als offene Fragen werden die klassischen „W-Fragen", also wer, wie, wo, was, wann usw. genannt. Das sind Fragen, auf die ein Gegenüber mit einer selbst formulierten Antwort reagieren muss. Auf geschlossene Fragen hingegen, kann ein Gegenüber nur mit Ja oder Nein antworten. Nehmen wir also an, Sie fragen Ihren Gast: „Möchten Sie noch ein Dessert?", dann ist das eine geschlossene Frage. Fragen Sie hingegen: „Was hätten Sie denn gerne als Dessert ?", handelt es sich um eine offene Frage. Die Variante „Nein" wird dabei gar nicht in Betracht gezogen. Verkaufserfolge werden dadurch schon alleine rechnerisch erhöht. Nehmen wir jetzt noch an, Sie sagen nicht nur „Dessert", sondern erweitern das eben genannte Beispiel gleich um zwei mögliche Alternativen: „Möchten sie als Dessert noch ein leckeres Tiramisu oder lieber eine Bayerisch Créme?". Jetzt bieten Sie praktisch 3 Alternativen, ohne die Alternative „Nein" überhaupt zu nennen. Aus diesem Grund nennt man diesen Formulierungstrick **Alternative ohne Nein**. Hier weitere Beispiele dafür, wie sich das konkret in der Praxis anhören könnte:

- „Möchten Sie erstmal nur eine Flasche Mineralwasser oder schon einen leckeren Hauscocktail als Aperitif?"
- „Was möchten Sie denn gerne als Aperitif nehmen?"
- „Möchten Sie zum Abschluss noch einen Espresso oder lieber ein Glas unserer regionalen Brände?"
- „Möchten Sie Ihre Gäste beispielsweise mit einem Prosecco-Empfang begrüßen oder lieber mit einer passenden Cocktailauswahl?"

- „Brauchen Sie noch eine drahtlose Internetverbindung für eine Stunde oder lieber für den ganzen Tag?“

Etwas anspruchsvoller unter den klassischen Verkaufstricks ist die **Sokratische Ja-Straße**. Der etwas befremdliche Name führt darauf zurück, dass der griechische Philosoph Sokrates dafür bekannt war, Gesprächspartner besonders gut überzeugen zu können, indem er geschickte Fragen stellte. Als geschickte Frage könnte man zwar bereits die oben genannten Beispiele betrachten, die Sokratische Ja-Straße geht aber noch ein Stück weiter. Mit ihr können Sie auf subtile Weise Widerstände im Gespräch abbauen. Während ein Nein im Gespräch eine kontaktschwächende Wirkung hat, gilt eine Zustimmung als Kontaktverstärker. Wenn Sie einem Gegenüber mehrere eher belanglose Fragen in Folge stellen, die eine Zustimmung erwarten lassen, setzen Sie damit das mentale System in eine Art „Zustimmungsrahmen“. Schließen Sie diese Reihe dann mit einer Entscheidungsfrage ab, ist die Chance hoch, dass Ihr Gegenüber jetzt auch zustimmend antwortet. Hier ein Beispiel im Restaurant:

1. Frage: „Haben Sie noch einen Parkplatz gefunden?“ Antwort: „Ja!“
2. Frage: „Gefällt Ihnen der Tisch, den wir für Sie reserviert haben?“ Antwort: „Ja!“
3. Frage: „Sie möchten jetzt wohl erst einmal entspannen?“ Antwort: „Ja!“
4. Frage: „Was halten Sie von unserem Tagesaperitif, damit Sie den Abend genussvoll starten?“ Antwort: „Gerne!“

Eine Kaufentscheidung so von „langer Hand“ vorzubereiten, ist wahrscheinlich nicht in jeder Situation durchführbar. Im Restaurant und am Hotelempfang zu Spitzenzeiten könnte so eine Ja-Straße eine echte Herausforderung werden. Anders im Veranstaltungsverkauf. Auch hierfür deshalb ein Beispiel:

1. Frage: „Ihnen ist wahrscheinlich wichtig, dass sich Ihre Gäste rundum wohlfühlen?“ Antwort: „Natürlich!“
2. Frage: „Achten Sie eigentlich selbst auf die Details, wenn Sie Gast auf anderen Veranstaltungen sind?“ Antwort: „Ja, mach ich schon!“
3. Frage: „Ist der Hauptgang für Sie ein wichtiges Element Ihrer Veranstaltung?“ Antwort: „Aber ja doch!“
4. Frage: „Was halten Sie davon, wenn wir den Hauptgang mit ein paar kleinen Details zu einem ganz besonderen Schmankerl machen?“ Antwort: „Gute Idee!“

Die Art der Fragestellung ist somit ein einfacher, aber durchaus wirkungsvoller Weg, die Kaufentscheidung der Gäste und Kunden zu beeinflussen. Achten Sie dabei darauf, dass Ihre Formulierungen zusätzlich die im Kapitel „Geschickt im Verkaufsgespräch“ genannten Kriterien im Hinblick auf Rationalität und Emotionalität erfüllen.

Die „modernen“ Tricks ...

Warum funktionieren Verkaufstricks überhaupt? Immerhin leben wir und unsere Gäste in einer aufgeklärten Welt, in der uns Medien ständig darauf aufmerksam machen, welchen „Kauf-Gefahren“ wir im täglichen Leben ausgesetzt sind. Dieser Gedanke ist fast schon ein wenig erschreckend: Auch unsere Informationsmedien buhlen um unsere Gunst und machen sich deshalb genau die gleichen psychologischen Dynamiken zu nutze. Ich hoffe deshalb, dass Sie die letzten Seiten genau gelesen haben, bevor Sie nun noch tiefer in die Trickkiste greifen. So genannte Verkaufstricks funktionieren, weil darin jeweils einer der folgenden, sehr alten entwicklungsbiologischen Aspekte zum Tragen kommt:

a Wir sind Herdentiere (soziokulturelle Aspekte).
b Unser Bewusstsein ist auf Energiesparen ausgerichtet.
c Das Gehirn braucht Bezugspunkte, um zu bewerten.
d Gelegenheit geht über Bedarf.

Punkt a: Damit Überleben in der Herde überhaupt funktionieren kann, muss es Regeln geben. Eine dieser „Herden-Regeln“ habe ich ab Seite 77 über Trinkgeld schon vorgestellt: **Reziprozität**, der Ausgleich von Geben und Nehmen. Das bedeutet konkret das Vorhandensein einer Prägung, die Menschen dazu veranlasst, etwas zurückzugeben, wenn man aus einem sozialen System etwas erhält. Ein Geschenk löst deshalb auch Druck aus, eine Einladung eine Gegeneinladung, eine Hilfe die Gegenhilfe usw. Schön ist diese Wirkungsweise bei den „Test-Ständen“ im Supermarkt zu beobachten. Vordergründig heißt es zwar, dass Kunden hier ein Produkt probieren können. Gleichzeitig handelt es sich aber um ein Geschenk. Die Chance ist überdurchschnittlich hoch, dass Kunden jetzt in die Reziprozitäts-Falle tappen und im Gegenzug für diese „Nettigkeit“ diesen Artikel auch gleich (oder womöglich erst nächste Woche) kaufen. Ich frage mich, warum nicht schon viel mehr Gastronomen die gleiche Vorgehensweise nutzen? Hier einige Beispiele:

- Im Restaurant wird ein Löffel des Tagesdesserts zum Probieren an den Tisch gebracht.
- Gäste kosten einen Schluck Wein, um sich besser entscheiden zu können.
- Eine Flasche Mineralwasser steht im Hotelzimmer mit der Bemerkung „Unser Geschenk für Ihr Wohlbefinden“.

- Ein Interessent für eine Veranstaltung bekommt zunächst ein Testessen im eigenen Restaurant.
- usw.

Reziprozität wirkt übrigens auch, wenn Sie eine Zurückweisung erhalten. Das Entgegennehmen einer Zurückweisung gilt psychologisch als Entgegenkommen. Laut Ausgleich von Geben und Nehmen löst das aus, dass beim nächsten Mal Ihr Gegenüber Ihnen entgegenkommt. Nehmen wir einmal an, eine Servicekraft fragt den Gast nach einem Aperitif oder einer Vorspeise und der Gast lehnt das ab. Folgende Sätze könnten sich jetzt sehr positiv auf den Umsatz auswirken: „Kein Problem, möchten Sie stattdessen erst einmal ein Mineralwasser vorweg?“ oder „Sie haben recht, lassen Sie lieber noch ein wenig Platz für unsere leckeren Desserts!“.

Eine weitere „Herden-Regel“ bezieht sich darauf, dass eine Gruppe nur funktionieren kann, wenn jeder eine Rolle übernimmt, auf die man sich verlassen kann. Auch wenn man diesen Aspekt in unserer Gesellschaft manchmal bezweifeln mag, ist dieser in den meisten Menschen immer noch wirksam. Wir neigen dazu, einmal getroffene Aussagen bzw. **Commitments** zu erfüllen. In diese Commitment-Falle bin ich selbst in meinem letzten Urlaub getappt. Eine Strandverkäuferin hat mich gefragt, ob ich ein bestimmtes Strandtuch wirklich nur bei Ihr kaufen würde, was ich zugesagt habe. Am nächsten Tag haben wir tatsächlich erst 10 andere Strandverkäufer mit den gleichen Tüchern ignoriert, um dann dieses Tuch bei der einen Verkäuferin zu kaufen. Auch hier wundere ich mich, dass nicht mehr Gastronomen und Hoteliers die gleichen Strategien wie einfache Strandverkäufer nutzen. Dazu einige Aussagen, die diesen Punkt beachten würden:

- „Möchten Sie morgen Abend nicht einmal das hauseigene Restaurant ausprobieren?“
- „Wir haben nächste Woche die Veranstaltung XY. Haben Sie nicht auch Lust zu kommen?“
- „Möchten Sie Ihre Gerichte so zusammenstellen, dass noch Platz für eines unserer Desserts bleibt?“
- „Werden Sie nächstes Jahr Ihre Veranstaltung wieder bei uns buchen?“
- „Werden Sie wieder zu uns kommen, wenn Sie das nächste Mal in München sind?“

Wenn Sie jetzt ein wenig irritiert darüber sind, dass diese einfachen Commitments in der Praxis tatsächlich Wirkung zeigen, dann möchte ich noch einen weiteren, nahezu „unglaublichen“ Gedanken als weitere „Herden-Regel“ nachlegen. Wir Menschen neigen nicht nur dazu, unsere Versprechen einzuhalten, sondern wir verhalten uns auch so, wie andere (in der Gruppe) das von uns erwarten. Das bedeutet im Umkehrschluss, dass Sie Ihren Gästen nur zu sagen brauchen, was Sie von ihnen erwarten, Sie treffen praktisch ein **Vorurteil,** und Ihre Gäste werden danach streben, dieses Vorurteil zu erfüllen. Probieren Sie doch z. B. einmal folgende Aussagen im Alltag aus:

- „Sie lassen es sich heute Abend aber gut gehen!"
- „Ich sehe schon, Sie möchten den Abend genießen!"
- „Sie gönnen sich aber etwas!"
- „Sie sind aber großzügig!"

Haben Sie schon einmal etwas über eine selbsterfüllende Prophezeiung gehört? Sie werden überrascht sein, wie Sie mit solchen Aussagen Einfluss auf das Kaufverhalten Ihrer Gäste nehmen! Plötzlich lassen Ihre Gäste es sich tatsächlich gut gehen, genießen den Abend, gönnen sich etwas und sind auch noch großzügig!

Punkt b: Das Bewusstsein ist energietechnisch gesehen etwas höchst Anspruchsvolles. Unser Gehirn beansprucht etwa 20 % des täglichen Energiebedarfs nur für sich. Bewusste Aufmerksamkeit und Konzentration ist demnach etwas, was unsere Ressourcen voll in Anspruch nimmt. Zur Schonung der Energieressourcen versucht unser Gehirn diesen Zustand möglichst zu vermeiden und einen Großteil der Prozesse im Energiesparmodus (Unter- oder Vorbewusstsein) durchzuführen. Auch das Treffen von Kaufentscheidungen mit dem Auswählen und Berücksichtigen der dazugehörigen Kriterien sowie das gleichzeitige Prüfen der momentanen Bedürfnisse und der Umwelt fordern den Menschen mentale Höchstleistungen ab. Würden wir tagtäglich bei jeder Kaufentscheidung alle Aspekte bewusst gegeneinander abwägen, wären wir wohl nicht einmal in der Lage, einen zusätzlichen Beilagensalat zum Abendessen vor Küchenschluss zu bestellen. Um diese Prozesse zu vereinfachen, bedient sich unser Unterbewusstsein eines Tricks. Es nutzt praktisch „Abkürzungen", also Wenn-Dann-Strategien (Fachbegriff: Pattern), um Entscheidungen zu vereinfachen. Eine dieser einfachen aber wirkungsvollen Strategien lautet: **Wenn** viele andere etwas machen, **dann** kann das nicht schlecht sein (bzw. muss sogar richtig sein!). Folgende Formulierungen berücksichtigen diesen Punkt:

- „Das nehmen die meisten anderen Gäste auch."
- „Das ist unser beliebtestes Zimmer."
- „Die meisten Gäste wählen die etwas höhere Kategorie."
- „Das ist das Lieblingsgericht unserer Gäste."
- „Die meisten Gäste nehmen dazu ..."
- „Die meisten anderen Kunden starten ihre Veranstaltung mit ..."

Wenn viele andere etwas machen, dann fällt die Entscheidung schon viel leichter. Das bedeutet aber nicht, dass es unbedingt viele sein müssen. Manchmal reicht uns nur ein einziges **Vorbild**, um unsere Entscheidung diesem anzugleichen. Mit anderen Worten: Hauptsache die Entscheidung ist nicht anstrengend. Da kann man das Kaufverhalten von Gästen und Kunden schon ein wenig mit der Geschichte über die Lemminge vergleichen, in der einer springt und alle anderen folgen. Vielleicht ist Ihnen auch schon einmal aufgefallen, dass viele Gäste mit der Speisekarte in der Hand genau auf die Teller schauen, die für andere Gäste vorbei getragen werden. Das bestätigt die hier beschriebene Wirkungsweise. Dieser Verkaufstrick lässt sich auch sehr gut in einem Selfservice-Konzept bei Vollbelegung anwenden. Ein Gast entscheidet sich für einen Artikel und die Servicekraft fragt in Richtung der weiteren Gäste in der Warteschlange, ob sonst noch jemand den gleichen Artikel gerne hätte. Die Chance ist groß, dass sich jetzt mehrere Gäste für den gleichen Artikel entscheiden und damit nicht nur die Arbeitsprozesse vereinfachen, sondern auch noch glücklich damit sind. Gastgeber in Restaurants, die diesen Effekt meisterlich beherrschen, gehen mit einem schön angerichteten Dessert auch nie auf direktem Wege an den „Zieltisch“, sondern sehr bewusst an vielen anderen Tischen vorbei. So eine Vorgehensweise führt dann dazu, dass man womöglich auf dem Rückweg viele Bestellungen entgegennehmen kann ...

Einzelne Vorbilder können die Kaufentscheidung also positiv beeinflussen. Dieser Effekt verstärkt sich dramatisch, wenn dieses Vorbild auch noch eine spezielle Bedeutung für uns hat. Diese Dynamik wird in unzähligen Werbespots genutzt, in denen Vorbilder auftauchen, die uns aus anderen Bereichen bereits bekannt sind, wie beispielsweise Prominente (Fachbegriff: Testimonial). Interessanterweise funktionieren diese Dynamiken obwohl wir wissen, dass diese Testimonials dafür bezahlt werden, ein Produkt in der Werbung gut zu finden! Damit wird erneut deutlich, welcher Anteil im Gehirn tatsächlich Entscheidungen trifft. Es gibt aber noch weitere Einzelpersonen, deren Meinung und Urteil uns bei den eigenen Kaufentscheidungen enorm beeinflussen können: Experten. Wer sich auskennt, ist Experte. Einer Expertenmeinung folgen die meisten Menschen ohne selbst alle Details zu kennen. Auch diesen Effekt macht sich die Werbung zu Nutze. Da malt beispielsweise ein Schauspieler in weißem Kittel drei Kreuze auf eine weiße Wand, behauptet, deshalb wirke ein Haarshampoo auf besondere Art und Weise und schon stellen die meisten Konsumentengehirne diese Aussage nicht mehr in Frage. So etwas stellt uns Kunden meiner Meinung nach wieder in den direkten Vergleich mit unseren nahen behaarten Verwandten. Auch in Gastronomie und Hotellerie können wir mit dem gleichen Effekt die Kaufentscheidung unserer Gäste beeinflussen. Jede Servicekraft und jeder Gastgeber ist für die Gäste ein Experte, also jemand, der sich auskennen muss! Von vielen Mitarbeitern wird dieser Punkt meiner Meinung nach zu wenig beachtet. Hier Formulierungen, die diesen Punkt berücksichtigen:

- „Das empfehle ich Ihnen auf jeden Fall!“
- „Ich möchte Ihnen das ans Herz legen!“
- „Davon würde ich Ihnen abraten!“
- „Mein ganz persönlicher Tipp ist ...“

Punkt c: Ist etwas nur gut oder schlecht, teuer oder günstig, nah oder fern? Viele solcher Fragen werden ja bereits auf unbewusster Ebene beantwortet. Aber wie kann unser Gehirn überhaupt solche Bewertungen vornehmen? Unser Gehirn **vergleicht** dafür einfach Erfahrungen aus unserer Vergangenheit mit der gegenwärtigen Situation. Damit erhält die Antwort auf die Frage, ob etwas z. B. teuer oder günstig ist, eigentlich eine fast unberechenbare Subjektivität. Es kommt nämlich darauf an, womit gerade verglichen wird. Hier ein eindrucksvolles Beispiel dafür: Vergleichen Sie in folgender Grafik die beiden parallelen Linien in der Mitte und finden Sie heraus, welche länger ist.

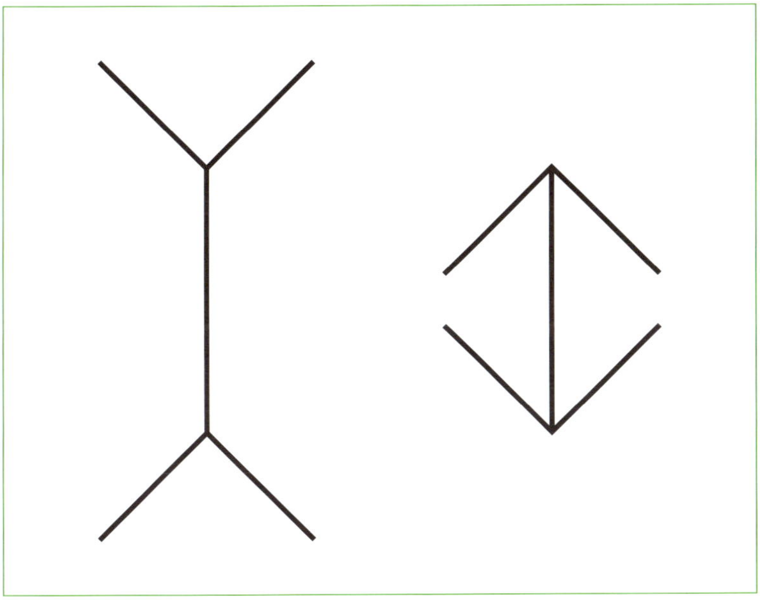

Abb. 3.1: Das Gehirn bewertet nach Bezugspunkten

Obwohl die beiden parallelen Linien gleich lang sind, erscheint auch Ihnen wahrscheinlich die linke Linie als länger. Das Gehirn sucht also Bezugspunkte, um etwas bewerten zu können. Das bedeutet im Umkehrschluss, dass Sie die Bedeutung verändern können, indem Sie einfach den Standpunkt oder den Bezug verändern. Was sich jetzt vielleicht kompliziert anhört, lernt jeder Bekleidungsverkäufer in den ersten Tagen: „Zeige deinen Kunden zuerst den Anzug und danach das passende Accessoire!". Im direkten Vergleich mit dem Anzug für 500 € erscheint der Gürtel für 100 € nicht mehr teuer. Wenn man das so betrachtet, sind die Speisekarten, die zunächst mit günstigen Gerichten beginnen, eigentlich falsch geschrieben. Würde man mit dem teuersten Gericht auf der Karte beginnen, würden alle weiteren Gerichte auf der Karte im Vergleich eher günstig erscheinen. Eine Speisekarte kann man also mit der gleichen Wirkung schreiben wie die Abbildung 3.1! In vielen Betrieben gibt es auch einen Artikel oder ein Gericht, das im besonderen Vergleich mit anderen Betrieben steht. Bei uns in Bayern werden manche Betriebe beispielsweise von Gästen anhand des Bierpreises oder des Preises für den Schweinebraten verglichen. In anderen Betrieben mag das vielleicht der Kaffee oder die Flasche Champagner sein. Geschickt wäre es, genau diesen Vergleichsartikel besonders günstig anzubieten und damit der kompletten Karte einen „Günstig-Anstrich" zu verleihen. Der Verkaufstrick „Erst der Anzug, dann die Accessoires", kann natürlich auch gut im Veranstaltungsverkauf und im Restaurantservice eingesetzt werden: Erst das Hauptgericht, dann der Wein, erst das Menü, dann die Dekoration usw.

Ein beliebter Trick im Veranstaltungsverkauf ist es, eine „Scheinwahl" herzustellen, um die Wahl des Gastes oder Kunden auf ein gewünschtes Produkt zu lenken. Nehmen wir einmal an, ein Bankettleiter oder Partyservice-Verkäufer hat ein Angebot für ein Veranstaltung erstellt und möchte nun den Auftrag erhalten. Wenn er dem Kunden nun zusätzlich zwei weitere Angebote erstellt, wovon eines sehr einfach und günstig gehalten, das andere bewusst hochpreisig ist, wird der Kunde sich eher für „die Mitte" entscheiden. Im Vergleich zu teuer und billig erscheint ein Angebot im mittleren Preissegment einfach als ausgewogen ...

Punkt d: Dass wir unsere Lebensmittel in Supermärkten und Restaurants bekommen, war die letzten 100 000 Jahre nicht selbstverständlich, sondern ist eher eine neuere Entwicklung. Das Wort „Angebot" hatte deshalb zu großen Teilen der Menschheitsgeschichte eine ganz andere Bedeutung. Im Angebot war, was Wald und Wiese gerade hergaben, was gerade reif war. Wenn beispielsweise Beeren reif waren, konnte (und kann) der Körper sogar mehr als den eigentlichen Bedarf davon aufnehmen, um praktisch für „schlechte Zeiten" vorzusorgen. Auch wenn wir Menschen uns weiterentwickelt haben, sind die Dynamiken doch gleich geblieben. Das Wort „Angebot" steht immer noch für „Gelegenheit" und für unser Gehirn ist die Gelegenheit immer noch wichtiger als der Bedarf! Diese Wirkungsweise machen sich praktisch alle Unternehmen quer durch die Branchen als Verkaufstrick zu Nutze. Vielleicht sind Sie selbst ja schon einmal in die Gelegenheitsfalle getappt, indem Sie etwas gekauft haben, wofür Sie zwar im Moment keinen Bedarf haben, wofür sich aber gerade die Gelegenheit geboten hat. Auch das Sprichwort „Knappheit macht sexy“ stammt aus dieser Wirkungsweise. Gibt es etwas im Überangebot, verlieren wir schnell das Interesse daran. Wird dasselbe Produkt hingegen knapper, muss man eben doch noch schnell zugreifen ... Hier einige Formulierungen, die diesen Punkt berücksichtigen:

- „Diesen Preis kann ich Ihnen nur heute bieten.“
- „Das haben wir nur noch heute im Angebot.“
- „Ich habe nur noch 2 Stück Tiramisu.“
- „Wir haben nur noch wenige Flaschen von diesem Jahrgang.“
- „Es steht leider nur noch dieser Termin zur Verfügung.“
- „In dieser Kategorie habe ich nur noch 2 Zimmer frei.“
- „Im Menüpreis ist auch noch eine Vorspeise und ein Dessert enthalten.“

Inwieweit Sie die genannten Tricks und Dynamiken tatsächlich dazu verwenden, Ihren Gästen bei der Kaufentscheidung zu helfen oder Artikel und Dienstleistungen besser zu verkaufen, bleibt natürlich Ihnen überlassen. Ich nenne diesen Abschnitt deshalb „legale Tricks“, weil damit meiner Meinung nach Gäste nicht über den Tisch gezogen werden. Dennoch empfehle ich Ihnen dringend, im Alltag nicht den Fokus auf diese Dynamiken, sondern auf Ihre Gäste zu richten. Das wichtigste Gut für gute Verkäufer ist, ich betone es gerne immer wieder, das Vertrauen der Gäste. Entsteht in mir als Gast das Gefühl, dass nicht mein Wohlbefinden, sondern nur mein Geld im Zentrum der Aufmerksamkeit steht, verspielen Sie gleichzeitig mein Vertrauen und mein Geld ...

Einwände bearbeiten

Mit dem bisher erläuterten Wissen über Regeln, Dynamiken und Tricks im Verkauf müssten Sie eigentlich einwandfrei verkaufen können, oder? Das ist natürlich ein Irrglaube! Es ist ja schön, wenn Sie keine Einwände mehr haben. Ihre Gäste und Kunden könnten mit Einwänden aber immer noch sehr kreativ sein. Da sind Sie ganz überzeugt von Ihrem Produkt oder Ihrer Dienstleistung, verkaufen und beraten wie ein Anwalt, der gerade sein Plädoyer hält und plötzlich ruft die Gegenseite: Einspruch! Wenn ich Ihnen einen Tipp an dieser Stelle geben darf, dann diesen: Einspruch unbedingt stattgeben! Ein Einwand ist immer ein Indiz, dass gerade Widerstände bei Ihrem Gegenüber auftauchen. Übergehen Sie diesen Widerstand einfach, verlieren Sie gleichzeitig den Kontakt zu Ihrem Gast oder Kunden. Sätze wie „Das ist mir zu teuer.“, „Damit habe ich nicht gerechnet.“, „Dafür habe ich keine Zeit.“,

„Ich bin mir nicht sicher.“, „Das ist mir zu viel.“, „Ich habe eigentlich nur einen kleinen Hunger.“ usw. erfordern besondere Aufmerksamkeit. Bei vielen Servicekräften lösen Einwände sofort Gegenreaktionen aus oder sogar den Drang, diesen Einwand als scheinbar unpassend sofort abzuschmettern: Der Gast sagt, das ist ihm zuviel? Soviel ist es doch gar nicht! Oder: Der Gast sagt, dass es ihm zu teuer ist, der möchte doch nur noch einen Rabatt heraushandeln! Meiner Meinung nach kennt ein guter Verkäufer bezüglich seines Angebots nicht nur die möglichen Einwände, sondern ist auch noch mit geschickten Antworten darauf vorbereitet.

Zunächst gilt es herauszufinden, ob es sich überhaupt um einen Einwand handelt und nicht um einen Vorwand. Die Begründungen, die Gäste nennen, müssen nicht unbedingt der Wahrheit entsprechen. Wenn ein Gast im Restaurant z. B. das Dessert mit der Begründung ablehnt, dass es ihm zu viel ist, könnte der tatsächliche Grund auch sein, dass er sich zu dick fühlt und deshalb lieber verzichten will. Wenn ich mir jetzt Gäste vorstelle, die sich beispielsweise etwas nicht leisten können, geizig oder schüchtern sind, glaube ich nicht, dass Dienstleister die Menschen sind, denen sie das gerne erzählen möchten. In so einem Fall würde auch ich lieber Vorwände als eine Erklärung für mein Verhalten nennen. Der Unterschied in der Praxis ist, dass bei einem Einwand der Kauf noch möglich ist, bei einem Vorwand jedoch nicht: Der Gast kauft das Dessert auch nicht, wenn Sie eine kleinere Portion anbieten. Er möchte abnehmen! Mit einem kleinen Kommunikationstrick ist diese Unterscheidung schnell herauszufinden. Fragen Sie dafür einfach, wie Ihr Gast sich entscheiden würde, wenn es den Einwand nicht gäbe (Als-ob-Rahmen):

„Würden Sie denn ein Dessert nehmen, wenn wir kleinere Portionen hätten?“

- „Würden Sie die Veranstaltung denn buchen, wenn der Preis niedriger wäre?“
- „Würden Sie die höhere Zimmerkategorie denn buchen, wenn dies für Sie einen klaren Mehrwert hätte?“
- „Würden Sie einen Platz in unserem eigenen Restaurant reservieren, wenn wir auch leckere Steaks hätten?“

Der Vorteil dieser Fragen ist, dass eine Zustimmung in den meisten Fällen dazu führt, dass Sie das Verkaufsgespräch mit einem guten Argument sofort positiv abschließen können. Sollte die „Als-ob-Frage“ einen weiteren Vorwand auslösen, ist das ein gutes Indiz dafür, dass es sich um einen Vorwand handelt. In so einem Falle ist es besser, das Verkaufsgespräch an dieser Stelle zu beenden, um zumindest den guten Kontakt zu behalten.

Praxistipp Nr. 29
Beziehung geht vor Verkauf! Gehen Sie wertschätzend mit den Einwänden und Vorwänden Ihrer Gäste um. Welche positive Absicht steckt hinter einem Einwand?

Um geschickt mit Einwänden umzugehen, bieten sich ein paar kommunikative „Taschenspieler-Tricks“ bzw. Muster an. Alle diese Muster nutzen den gleichen Effekt, der bereits im letzten Absatz in der Abbildung 3.1 genannt wurde: Die Veränderung des Bezugspunktes, um gleichzeitig die Bedeutung zu verändern. Der Einwand, der am häufigsten von Teilnehmern in meinen Seminaren beschrieben wird, ist der Preiseinwand von Gästen. Teilnehmer erzählen davon, dass sich an Hotelrezeptionen oder im Veranstaltungsverkauf Szenen abspielen würden, die eher an arabischen Bazar als an deutsche Gastronomie erinnern würden. Aus diesem Grunde möchte ich an dieser Stelle den Preiseinwand als Beispiel nehmen, um die nachfolgenden Muster zu erläutern.

1. Die positive Absicht finden
Wenn ich Teilnehmer in meinen Seminaren frage, welche positive Absicht hinter einem Preiseinwand steckt, ernte ich zunächst meist Schweigen und dann Aussagen wie „Die Gäste möchten nur noch etwas „rausschinden“!“. Für mich hört sich das danach an, dass Servicemitarbeiter hinter einem Preiseinwand vordergründig die negative Absicht suchen, um diese dann abzuwehren. Viel geschickter finde ich aber die Strategie von Aikido-Kämpfern. Diese Kampfsportart ist deshalb so effektiv, weil sie die Kraft des Angreifers für sich nutzt und deshalb sehr ressourcenschonend mit den eigenen Energien umgeht. Warum mit viel Energie gegen Einwänden vorgehen, wenn man stattdessen einfach mitgehen kann? Welche positive Absicht steckt tatsächlich hinter einem Preiseinwand? Gäste und Kunden möchten für Ihr Geld die beste Leistung erhalten, sie möchten prüfen, ob sie bereits den besten Preis bekommen, sie möchten sich womöglich Geld für etwas anderes sparen usw. Jetzt gilt es, genau diese positive Absicht auszusprechen und damit zunächst erst einmal guten Kontakt zu diesem Einwand herzustellen: „Ich sehe, Sie möchten noch einmal genau prüfen, ob ich Ihnen schon den besten Preis angeboten habe.“ oder „Ihre Frage zeigt, dass Ihnen das Preis-Leistungs-Verhältnis besonders wichtig ist.“ oder „Ich höre jetzt heraus, dass Sie unnötige Kosten unbedingt vermeiden möchten.“ Nachdem Sie den Einwand Ihres Gastes oder Kunden wertgeschätzt haben, wird es ihm viel leichter fallen, diesen vielleicht fallen zu lassen.

Wenn ich übrigens hier bei der Einwandbehandlung für Gastronomie und Hotellerie manchmal Vergleiche mit Kampfsportarten ziehe, hoffe ich natürlich, dass Sie mich nicht wörtlich nehmen. In unserem Kontext verstehe ich „schlagkräftige“ Argumente natürlich sprichwörtlich und nicht buchstäblich. Lassen Sie also auch bei einem Einwand Ihre Gäste mit einem blauen Auge davon kommen ...

2. Den Einwand umdefinieren

Oftmals ist es wirklich so, dass ein Ändern der Blickrichtung eine neue Sichtweise zulässt. Ein Ladenbesitzer erzählte mir einmal, dass er kistenweise teure Ware habe, die er nicht loswerde. Ich fragte ihn, ob die Ware überteuert oder besonders hochwertig sei. Darauf hin hat er kurz nachgedacht und entschieden, die Ware an einem anderen Platz zu präsentieren, der die Hochwertigkeit stärker unterstrich. Mit dieser kleinen Veränderung hat er seinen Überbestand in kurzer Zeit verkaufen können. Warum nicht den gleichen Trick auch bei Gästen anwenden? Folgende Frage könnte die Sichtweise sofort verändern: „Haben Sie das Gefühl, dafür zu viel zu bezahlen oder ist das Angebot zu hochwertig?“. Oder: „Möchten Sie nicht so viel Geld dafür ausgeben,oder ist Ihnen das Produkt das nicht wert?“. Dahinter steckt das Muster, den Grund, um den sich der Einwand dreht, einfach umzuformulieren. Im besten Falle trifft der Einwand auf einmal überhaupt nicht mehr zu und wird einfach fallen gelassen.

3. Auf den Gast selbst anwenden

Fast bösartig ist es ja, wenn Aikido-Kämpfer mit einem Gegner nicht nur mitgehen, sondern diesen mit der eigenen Kraft auch noch schlagen. Meister in dieser Disziplin war der Psychologe und Therapeut Milton Erickson. Über ihn wird eine Geschichte erzählt. Er soll einem psychisch kranken Patienten, der von sich behauptete, Jesus zu sein, mit folgender Formulierung geholfen haben: „Ich habe gehört, Sie sind Schreiner? Dann können Sie uns vielleicht bei folgenden Arbeiten im Haus helfen ...“. Meisterlich daran ist die Art, jede Aussage einfach für sich zu nutzen. Auch wenn unsere Gäste keine Patienten sind, können wir sie manchmal nach gleichem Muster von ihrem Einwand „heilen“: „Ihnen ist das zu teuer? Dann möchte ich mit diesem Einwand jetzt auch nicht billig umgehen ...“ oder: „Wenn Ihnen der Preis so wichtig ist, dann sollten wir uns zumindest lange Diskussionen darüber sparen ...“. Wenn der Gast seinen Einwand auf sich selbst angewendet spürt, ist die Chance groß, dass er davon ablässt.

4. Gegenbeispiel finden

Interessanterweise gehen wir selbst mit Geld in verschiedenen Situationen ganz unterschiedlich um. Im Supermarkt bleibt vielleicht ein Joghurt liegen, weil er 0,20 € mehr kostet als gewohnt, am Flohmarkt wird um 0,50 € bis aufs Blut gefeilscht, die Einkäufe dagegen womöglich mit dem 6-Zylinder nach Hause gebracht. Das scheint nichts mit rationalem Abwägen zu tun zu haben, sondern von Stimmung, Situation und Umfeld abhängig und damit höchst flexibel zu sein. Gäste diskutieren manchmal wegen 10 € an der Hotelrezeption und nehmen dann ein Taxi um ins 800 m entfernte Zentrum zu kommen. Geschickt wäre es jetzt, ein Beispiel zu finden, in welchem Ihr Gast einen bestimmten Betrag, ohne mit der Wimper zu zucken, ausgeben würde: „Was würden Sie sagen, wenn man Ihnen im Flieger für 30 € mehr einen Sitz in der Businessklasse anbieten würde?" oder „Würden Sie zum Tanken von der Autobahn abfahren, um sich 0,01 € pro Liter zu sparen?" oder „Würden Sie zuhause Ihre selbstgemachte Pasta mit Ketchup essen?". Erkennt Ihr Gast, dass er in einer anderen Situation den gleichen Einwand nicht hätte, wird er ihn leichter aufgeben können.

5. Den Rahmen verändern

Während ein Gegenbeispiel einen Vergleich zu einem anderen Bereich sucht, kann die Bedeutung auch verändert werden, indem bei gleichbleibender Situation nur der Rahmen entweder größer oder kleiner gemacht wird. Das kann man sich wie bei der Blende eines Fotoapparats vorstellen. Wenn ich die Blende aufmache, sehe ich das ganze Bild, das Objekt im Vordergrund erhält dafür nicht mehr so viel Schärfe. Mache ich die Blende kleiner, sehe ich zwar nur einen kleinen Ausschnitt, diesen dafür aber ziemlich scharf! Fragen wie „Was genau ist Ihnen davon zu teuer?" oder „Welche Leistung entspricht nicht Ihren Preisvorstellungen?" beleuchten somit den Einwand sehr genau. Formulierungen hingegen wie „Im Hinblick auf Ihre Gesamtrechnung macht der Aperitif nur ..." oder „Auf den gesamten Urlaub gesehen, macht das pro Tag nur ..." oder „Der Betrag, über den wir bei Ihrer Veranstaltung sprechen, macht pro Gast nur 0,50 € aus!" ziehen den Rahmen wieder auf und beleuchten damit das Große und Ganze. Der Gast erhält somit die Möglichkeit, seinen Einwand noch einmal aus verschiedenen Perspektiven zu betrachten und die Wichtigkeit damit noch einmal zu überdenken.

Mit diesen Mustern sollten Sie ganz gut ausgestattet sein, um im Verkaufsgespräch auch mit den möglichen Einwänden Ihrer Gäste gut und geschickt umgehen zu können. Die Muster können natürlich auch für die meisten anderen Einwände verwendet werden. Vielleicht aber noch ein Hinweis: Können und Wissen muss nicht unbedingt heißen, etwas auch immer gleich anzuwenden. Ich habe beispielsweise in einem Buch über Verkaufsstrategien gelesen, dass ein Nein von einem Kunden nur bedeuten würde, dass man als Verkäufer noch nicht gut argumentiert hätte. Solche Aussagen empfinde ich als unkorrekt. Wenn Sie bei jeder Ablehnung eines Dessertangebots in die große „Einwandsbehandlungskiste" greifen, sind Sie als Berater wohl nicht mehr geschickt, sondern penetrant ...

Praxisübung

Welche Einwände erleben Sie im Beratungsgespräch aufgrund Ihrer individuellen Produkte und Dienstleistungen häufiger von Ihren Gästen und Kunden? Finden Sie für zwei weitere Einwände passende Antworten nach folgenden Mustern:

Die positive Absicht finden:

Den Einwand umdefinieren:

Auf den Gast selbst anwenden:

Gegenbeispiel finden:

Den Rahmen verändern:

Gäste und BENEFIT

Empfinden Sie den aktiven Verkauf als kompliziert? Das 3. Kapitel hat wahrscheinlich aufgezeigt, dass auch die professionelle Beratung ebenso wie die Kunst Gäste zu begeistern (Kapitel 1) und die Anwendung der richtigen Kontaktstrategien (Kapitel 2) aus einer Vielzahl einzelner Punkte besteht. Es ging um Glaubenssätze und Einstellungen, um nonverbale Signale, um Begründungen und Persönlichkeit und anschließend auch noch um Tricks, Kniffe und Einwände. Vielleicht mag sich beim einen oder anderen Leser die Frage stellen, ob Beratung in dieser Tiefe und Breite Gastgeber in unserer Branche nicht überfordern mag. Ich möchte diese Frage einfach zurückgeben: Was glauben Sie, welche Fähigkeiten und Kenntnisse ein moderner Profi in Gastronomie und Hotellerie überhaupt haben sollte? Genau diese Frage werde ich im 4. und letzten Kapitel beantworten.

Richtig ist, dass professioneller Verkauf und Beratung sicherlich nicht innerhalb von ein oder zwei Tagen gelernt werden können. Dafür bedarf es Wissen, einer gewissen Sprachflexibilität und schließlich Übung und Erfahrung. Das gilt zumindest für jeden, der in Gastronomie und Hotellerie nicht nur an der Oberfläche der Berufstiefe kratzen möchte. Von einem Seminarteilnehmer habe ich diesbezüglich einmal die Aussage gehört, dass man für aktiven Verkauf eben geboren sein müsse. Fallen gute Verkäufer demnach vom Himmel? Diese Aussage steht für mich für einen Irrglauben darüber, wie man in einem Beruf zum Profi wird. Der Gedanke „Jemand ist besser als ich, wahrscheinlich hat er Talent“ hat schon fast etwas Belustigendes. Wie man tatsächlich Profi wird, kann man von Spitzensportlern lernen. Diese üben ihre Kunst fast jeden Tag, reflektieren und hören nicht auf, an den Details zu arbeiten. Wenn Sie auf ähnliche Weise mit den Informationen der Abschnitte aus diesem Kapitel umgehen, verspreche ich Ihnen, dass Sie innerhalb kurzer Zeit aus Ihrer Sprachflexibilität einen buchstäblichen Wort-Schatz machen, der in der Beratung wirklich überzeugt!

»Übung macht den Meister.«

An der einen oder anderen Stelle haben Sie vielleicht schon bemerkt, dass ich ein Fan der einfachen Modelle bin. Modelle helfen dabei, auch über komplexe Zusammenhänge leichter den Überblick zu behalten. Die wichtigsten Punkte zum aktiven Verkauf habe ich Ihnen im Modell **Benefit** in der Hoffnung zusammengefasst, dass dieses für Sie maximalen **Nutzen** hat ...

Das BENEFIT-Modell

B: Beziehung
E: Eröffnung
N: Nutzen
E: Einwand
F: Floskelfrei
I: Intelligent
T: Timing

Beziehung
Die Beziehung bestimmt den Verkaufserfolg. Der gute Kontakt kommt deshalb vor der Beratung! Achten Sie darauf, dass Sie einen tragfähigen Kontakt aufgebaut haben, bevor Sie mit Ihrer Beratung beginnen.

Eröffnung
Fallen Sie nicht mit der Türe ins Haus! Überlegen Sie sich Verkaufseröffnungen bzw. Gesprächseröffnungen, die den guten Kontakt noch verstärken und Ihre Beratung geschickt einleiten.

Nutzen
Warum sollte Ihr Gast etwas kaufen? Begründen Sie, warum Sie eine Dienstleistung oder ein Produkt aus Ihrem Programm empfehlen. Eine Begründung kann aus emotionalen, rationalen, irrationalen oder psychologischen Aspekten bestehen.

Einwand
Ein Einwand ist ein Warnhinweis dafür, dass Ihre Beratung auf Widerstand stößt. Gehen Sie wertschätzend mit den Einwänden Ihrer Gäste um, damit es diesen leichter fällt, ihren Einwand auch wieder zurück zu nehmen.

Floskelfrei
Floskeln lösen Floskeln aus. Viele Gäste haben die klassischen Gastro-Floskeln als Verkaufsformulierungen abgespeichert. Der Inhalt dieser Formulierungen geht deshalb schnell verloren.

Intelligent
Gäste entscheiden emotional! Nutzen Sie deshalb rationale und emotionale Verkaufsargumente, um Gäste zu überzeugen.

Timing
Der richtige Artikel zur richtigen Zeit! Stimmen Sie Arbeitsablauf und Beratung aufeinander ab. Welchen Artikel, welche Dienstleistung möchten Sie zu welchem Gastkontakt anbieten?

Überprüfungsfragen zum Kapitel

Warum empfiehlt es sich, in Gastronomie und Hotellerie eher von Beratung als von Zusatzverkauf zu sprechen?

Welche Erkenntnisse bietet das Graves-Wertemodell für die Ausrichtung des Angebots?

Was sind irrationale Verkaufsargumente und weswegen wirken diese überhaupt?

Wie unterscheidet das Gehirn, ob wir etwas als teuer oder günstig bewerten?

Wie nimmt das limbische System Einfluss auf Kaufentscheidungen? Welche Grundausrichtungen werden in diesem System vorgegeben?

Erklären Sie den Begriff „Reziprozität“ mit eigenen Worten:

Wie kann man einen Einwand von einem Vorwand unterscheiden? Wie kann man beides im Gespräch wertschätzen?

Wie beurteilen Sie die Aussage: Gäste zu manipulieren ist ethisch bedenklich? Nennen Sie mindestens zwei Gegenargumente:

Welche nonverbalen Signale sind im Verkaufsgespräch besonders beachtenswert?

Nennen Sie mindestens drei Gründe dafür, weshalb Ihre Gäste eine Beratungsleistung dringend notwendig haben:

Welchen **Nutzen** könnte der englische Begriff **Benefit** für Sie haben?

Vierter Teil – Serviceprofi

Souverän in allen Situationen

Einst haben die Kerls auf den Bäumen gehockt,
behaart und mit böser Visage.
Dann hat man sie aus dem Urwald gelockt
und die Welt asphaltiert und aufgestockt, bis zur dreißigsten Etage.
Da saßen sie nun, den Flöhen entflohn, in zentralgeheizten Räumen.
Da sitzen sie nun am Telefon. Und es herrscht noch genau derselbe Ton,
wie seinerzeit auf den Bäumen.
Sie hören weit. Sie sehen fern. Sie sind mit dem Weltall in Fühlung.
Sie putzen die Zähne. Sie atmen modern.
Die Erde ist ein gebildeter Stern mit sehr viel Wasserspülung.
Sie schießen die Briefschaften durch ein Rohr. Sie jagen und züchten
Mikroben. Sie versehn die Natur mit allem Komfort.
Sie fliegen steil in den Himmel empor und bleiben zwei Wochen oben.
Was ihre Verdauung übriglässt, verarbeiten sie zu Watte. Sie spalten
Atome. Sie heilen Inzest und stellen durch Stiluntersuchungen fest,
dass Cäsar Plattfüße hatte.
So haben sie mit dem Kopf und dem Mund den Fortschritt der Menschheit
geschaffen. Doch davon mal abgesehen und bei Lichte betrachtet,
sind sie im Grunde noch immer die alten Affen.

Von Erich Kästner

Erich Kästner bringt in diesem Gedicht schön auf den Punkt, was bereits an einigen Stellen in diesem Buch klar wird. Allem Fortschritt zum Trotz ist im Alltag nicht nur beim Rasieren zu erkennen, woher wir Menschen aus evolutionärer Sicht kommen. Manche Teilnehmer aus meinen Seminaren erzählen sogar, dass sie Gäste und Kunden treffen, an denen die letzten 100 000 Jahre Entwicklung anscheinend spurlos vorbei gegangen sind. In einem Buch mit dem Titel „Gebrauchsanleitung Gast“ dürfen natürlich auch diese Seiten unseres Berufs nicht fehlen. In diesem Kapitel möchte ich deutlich machen, was hinter der seltsamen Reaktion mancher Gäste steckt und was der Grund für manch seltsame Reaktion von Gastgebern ist. Ich möchte Wege aufzeigen, wie man auch mit schwierigen Situationen souverän umgehen kann.

Von Profis und Pareto

Was bedeutet es eigentlich, als Gastgeber Profi zu sein? Wenn ich Mitarbeiter aus Gastronomie und Hotellerie frage, ob sie sich selbst als Profi bezeichnen, bekomme ich meist eine sehr interessante Antwort: „Eigentlich nicht, ich bin ja nicht perfekt“. Das finde ich deshalb interessant, weil wir hier nicht nur von Auszubildenden sprechen, sondern hauptsächlich von Mitarbeitern, die bereits seit 4 bis 20 Jahren in unserer Branche arbeiten. Wie muss ich mir das jetzt vorstellen? Da arbeiten Servicemitarbeiter viele Jahre in ihrem Beruf, führen jeden Tag ganz ähnliche Aufgaben aus und wenn man sie dann fragt, ob sie ihre Arbeit professionell machen, werden sie unsicher. Wenn ich diesen Punkt dann noch etwas hartnäckiger hinterfrage, bekomme ich meist folgende Erklärung nachgereicht: „Ich kann eben immer noch etwas dazu lernen!". Ich weiß nicht, wie Sie das verstehen, aber in meinem Verständnis ist gerade diese Aussage ein Merkmal, also ein Erkennungszeichen für Profis. Mitarbeiter, die von sich behaupten, dass sie bereits alles wüssten, sind genau das nicht. Sehr sympathisch finde ich die Aussage eines Gastronomen, der mir sagte, er sei gerade im 17. Lehrjahr ...

Die Frage, warum sich viele Mitarbeiter im Selbstbild aber nicht als Profi sehen, ist damit noch nicht geklärt. Ich möchte so genau auf diesen Punkt eingehen, weil meines Erachtens darin ein Mangel an Klarheit in unserer Branche deutlich wird. Auf den ersten Blick könnte man ja meinen, ein Herunterspielen der eigenen Leistungen könnte seinen Ursprung in deutscher Erziehung haben. Vielleicht sind Sie selbst mit Sprüchen wie „Eigenlob stinkt!" groß geworden. Bei genauer Betrachtung wird aber klar, dass Mitarbeiter sich häufig deswegen nicht als Profi bezeichnen, weil sie gar kein klares Bild davon haben, was ein „Profi am Gast" überhaupt können muss oder sollte. Nahezu jede Position in Gastronomie und Hotellerie beinhaltet grundsätzlich zwei Bereiche: Arbeitsprozesse und Gastumgang. Arbeitsprozesse werden in den meisten Betrieben genau geregelt. Im Rahmen eines Qualitätsmanagements sind die meisten Prozesse sogar in unzähligen Dokumentationen vorgegeben. Der andere Bereich, der Gastumgang, ist im Vergleich dazu fast fahrlässig vage geregelt: „Gäste müssen uns eben glücklich und zufrieden verlassen ...". Kein Wunder also, dass Mitarbeiter ein unklares Selbstbild haben, wenn sie einen Teil der eigenen Aufgabe nur vage fassen können! Was für mich persönlich im Vergleich von Arbeitsprozessen und Gastumgang den wichtigere Bereich ausmacht, habe ich bereits zum Ausdruck gebracht. Es ist meiner Meinung nach daher die Aufgabe von Führungskräften, den Gastumgang mit klareren Kriterien zu hinterlegen, damit Mitarbeiter genau wissen, was im Umgang mit Gästen professionell ist bzw. was Profis tatsächlich definiert. Die ersten drei Kapitel beinhalten dafür mögliche Kriterien in ausreichender Anzahl ...

Die Profis in unserer Branche werden auch von Gästen anders behandelt als Amateure. Das kann man wahrscheinlich ganz gut mit Fußball vergleichen. Findet ein Champions-League-Spiel statt, ist das Stadion immer „ausreserviert“! Den Profis sieht man eben gerne zu, da will man gerne live dabei sein. Die Profispieler werden von den Zuschauern auch wertschätzend und manchmal sogar ein wenig ehrfürchtig behandelt. Um sich hingegen ein Spiel in der Kreisliga anzusehen, muss man schon wirklich eingefleischter Fan sein. Wenn ein Spieler aus der Kreisliga einen ganz besonders guten Tag hat, sagt man: „Aus dem wird vielleicht einmal ein Großer!“. Richtig ist aber, dass beide Spieler, aus Kreisliga und Champions League, die Regeln kennen und Fußball spielen können. Ähnlich ist das wohl auch in Gastronomie und Hotellerie. Die meisten „Mitspieler“ kennen die Abläufe und können ganz gut mit Gästen umgehen. Dieses Level erreichen Mitarbeiter in unserer Branche wahrscheinlich bereits in den ersten Wochen. Der Ökologe und Soziologe Vilfredo Pareto hat diesen Gedanken mit seiner oft zitierten Pareto-Regel über die 80/20 Verteilung erklärt: 80 % einer Tätigkeit können in 20 % der verfügbaren Zeit erledigt werden. Die letzten 20 % zu erledigen, benötigen hingegen 80 % der Gesamtzeit! Profis unterscheiden sich demnach nur in diesen letzten 20 %, also in den Details. Als Gastgeber kann man wahrscheinlich an diesen letzten „20 % Detail“ sein ganzes Leben arbeiten, um dann wirklich in der gastronomischen Champions League zu spielen. Eine Sache übrigens noch: Nicht richtig ist, dass Champions-League-Spieler keine Fehler mehr machen oder an jedem Spieltag die entscheidenden Tore schießen.

Ein Gastronom sagte mir einmal, wir müssten die Ansprüche an die Mitarbeiter eher niedrig ansetzen, weil schon jetzt nicht mehr ausreichend Mitarbeiter mit der erforderlichen Qualifikation am Stellenmarkt zu finden seien. Ich glaube hingegen, dass wir noch viel höhere Ansprüche in die Aufgabe des Gastgebers legen müssen, um auch zukünftig noch ausreichend Mitarbeiter dafür zu begeistern, diesen Berufszweig zu wählen! Topleistung macht Stolz ...

Qualitätsmanagement von Gastgebern

Wahrscheinlich gibt es keine andere Branche, in welcher der Mensch vom Produkt so wenig zu trennen ist, wie in Gastronomie und Hotellerie. Wir Gastgeber sind ein nicht unerheblicher Teil des Produkts! In unserer Branche werden nicht nur Gerichte „transportiert“, sondern vor allem Emotionen. Qualitätsmanagement bedeutet deshalb nicht nur auf die Beschaffenheit und die Eigenschaften von Speisen, Getränken oder Zimmern zu achten, sondern auch die eigene, persönliche Qualität zu managen. Für das, was sich hier vielleicht ungewöhnlich anhören mag, gibt es sogar einen Begriff: Selbstmanagement! Qualitätsmanagement im Bereich Produktqualität bedeutet, dass ein gewisser Standard definiert wird und man Prozesse soweit anpasst, dass dieser Standard zu jedem Zeitpunkt erfüllt werden kann. Oder einfach ausgedrückt: Das erste Schnitzel um 12 Uhr soll genauso gut schmecken wie das Schnitzel um 23 Uhr. Das ist nachvollziehbar und auch machbar. Wie sieht das aber mit dem Faktor Mensch aus? Womöglich wird das eben beschriebene Schnitzel um 12 Uhr und um 23 Uhr vom gleichen Servicemitarbeiter serviert. Bleibt hier die Qualität dann auch gleich?

Das kann man ganz gut mit dem Job einer Reiseleiterin bei einer Städterundfahrt vergleichen, die im Bus mit Mikrofon in der Hand gerade der achten Touristengruppe wieder den gleichen Text erzählt. Ich habe selbst einmal eine Reiseleiterin erlebt, die sich wohl extra für solche Situationen eine Bewältigungsstrategie angewöhnt hat. Sie hat die Fahrgäste mit einer Art „Fassaden-Lächeln" empfangen (emotionale Distanz!) und Ihren Text in einer Stimmlage erzählt, die fast wie vom Band klang. Ich finde das nicht so schlimm, weil diese Leistung in vielen Städten auf dieser Erde zwischenzeitlich als Audio-Tour angeboten wird und das Hauptkriterium eine freundlich klingende Stimme ist.. Anders ist das in Gastronomie und Hotellerie. Wie schon gesagt sind die Mitarbeiter hier Teil des Produkts. Dennoch erlebe ich Servicemitarbeiter, die sich eine ganz ähnliche Bewältigungsstrategie angewöhnt haben und sogar manche, die das auch noch als professionell ansehen. Nach allem, was in Kapitel 2 über Kontaktstrategien steht, kann eine emotionale Distanzierung nicht professionell sein. Vielleicht wird jetzt schnell klar, was es bedeutet, in unserer Branche in der Champions League zu spielen: Höchstleistung im Bereich des Selbstmanagements!

State oder Trait? An dieser Stelle gebe ich zu: Die englische Sprache bietet hier die schöneren Worte. Während man den Begriff Selbstmanagement nicht so oft hört, ist es für englischsprachige Menschen durchaus üblich von „Statecontrol" zu sprechen. Der Begriff „State" beschreibt die momentane Gefühlslage. Somit ist mit „Statecontrol" die Kontrolle über die eigene Stimmung gemeint. Wofür ist diese Unterscheidung wichtig? Wenn Sie Geschichten über unfreundliche oder unverschämte Servicekräfte hören, dann würden diese Geschichten nicht den State, sondern einen Trait, übersetzt den Charakterzug dieser Servicekräfte beschreiben. Ich glaube aber nicht, dass derartig viele Servicekräfte mit „schlechten" Charakterzügen in unserer Branche arbeiten, dass sich die Anzahl der Geschichten über schlechten Service damit erklären lässt. Ich gehe eher davon aus, dass es viele Servicemitarbeiter gibt, die sich grundsätzlich normal verhalten und sympathisch sind, aber in gewissen Situationen über ein schlechtes Selbstmanagement verfügen und deshalb nicht die Kontrolle über ihre Stimmung behalten.

Natürlich kann ich nur etwas managen, worauf ich auch Einfluss habe.

Genau hier liegt meiner Meinung nach die Problematik oder gastronomisch ausgedrückt, der Hase im Pfeffer begraben. Viele Menschen glauben, die eigene Stimmung wäre etwas, was „eben so über einen kommt“, und was Sie deshalb nicht beeinflussen könnten. Dazu möchte ich in aller Deutlichkeit sagen: Diese Aussage ist falsch! Stimmung ist ein Ergebnis von inneren Prozessen, wie beispielsweise Gedanken und Vorstellungen. Auch äußere Einflüsse führen nicht zu schlechter Stimmung, sondern die darauf folgenden Gedanken und Vorstellungen! Selbstmanagement entspricht demnach einem gewissen „mentalen Setting“ (Einstellung). Das bedeutet zum einen, mittels Gedanken und Vorstellungen in perfekte Gastgeber-Stimmung zu kommen und zum anderen, die Kontrolle über die momentane Gefühlslage zu behalten.

Unser Beruf ist geradezu dafür prädestiniert, eine Tagesgrundstimmung zu verstärken. Das ist leicht erklärbar. Gute Stimmung erzeugt positives Feedback der Gäste, welches sich wiederum positiv auf die eigene Stimmung auswirkt (Engelskreis). Eine negative Grundstimmung führt exakt zum Gegenteil inklusive dem negativen Feedback der Gäste (Teufelskreis)! Daraus resultiert, dass der Arbeitsbeginn die wichtigste Situation im Tagesablauf für das Selbstmanagement, also das mentale Setting ist. Ziel sollte es sein, die eigene Stimmung auf ein angemessenes Niveau zu heben, um Gäste begeistern zu können. Es ist eigentlich verwunderlich, dass viele Servicekräfte genau wissen, wie sie sich in negative Stimmung bringen, umgekehrt aber ratlos sind. Das ist schön aus folgenden Aussagen herauszuhören: „Wenn ich mir den einen Gast von letzter Woche nur vorstelle, könnte ich wieder die Wände hoch gehen!!!“ oder „Ich brauche nur daran zu denken, dass ich morgen wieder ... muss und schon habe ich keinen Bock mehr!!!“. Solche Sätze beschreiben ziemlich genau eine Strategie, die eigene Stimmung negativ zu beeinflussen (Gedanken und Vorstellungen). Hier deshalb auch eine kleine Gebrauchsanleitung zur täglichen **positiven** Einstimmung:

Think pink!

Ich finde es ungeschickt, sich direkt vor Arbeitsbeginn mit negativen Vorstellungen und ärgerlichen Gedanken in eine Gefühlslage zu bringen, in der man anderen Menschen am liebsten an den Kragen gehen möchte. Wenn also negative Vorstellungen und Gedanken zu negativen Stimmungen führen, warum soll das nicht andersherum auch funktionieren? Da manche Menschen das „so herum“ vielleicht noch nicht ausprobiert haben, bedarf es ein wenig an Übung: Denken Sie an Ihr schönstes Serviceerlebnis, stellen Sie sich vor, wie Sie gleich liebe und sympathische Menschen treffen. Malen Sie in Ihrer Vorstellung ein möglichst klares und buntes Bild, in dem Gäste Sie strahlend anlächeln und hören Sie in Ihrer Vorstellung, wie sich ein Gast wertschätzend für Ihre Leistung bedankt. Dann überprüfen Sie, was solche Vorstellungen und Gedanken mit Ihrer Stimmung machen ...

Mantrastisch!

Das Gehirn ist zu großartigen, nahezu unglaublichen Leistungen fähig, aber dennoch können wir nicht mehrere Gedanken gleichzeitig denken. Das bedeutet, Sie können parallel zu positiven Gedanken nicht an etwas anderes, womöglich sogar Negatives, denken! Viele Meditationstechniken nutzen diese Wirkungsweise mit Mantras. Ein Mantra ist ein Instrument des Denkens, eine kurze Wortfolge, die andere Gedanken unterbinden soll und die oftmals wiederholt wird. Finden Sie Wortfolgen, die Sie sich selbst unterstützend vorsprechen, können wie beispielsweise „Ich liebe meine Gäste.“, „Ich bin Vollprofi.“, „Heute schaff ich alles!“ oder „Ja, ich will!“ usw ...

Lächeln die Erste

Hier ein kleiner eindrucksvoller Selbsttest: Legen Sie dieses Buch kurz zur Seite und tun Sie einfach so, als würden Sie strahlend lächeln. Dann versuchen Sie gleichzeitig an etwas Ärgerliches zu denken, ohne mit dem Lächeln aufzuhören. Gemerkt? Das geht nicht! Gedanken und Körpersprache sind nun einmal untrennbar miteinander verbunden. Mit dem so genannten „Ganglion-Lächeln“ können Sie deshalb die Stimmung beeinflussen, auch wenn Ihnen gerade nicht unbedingt zum Lachen zumute ist. Verziehen Sie dazu Ihre Gesichtsmuskeln zu einem breiten Grinsen und verbleiben Sie in dieser Haltung für mindestens 90 Sekunden (auch wenn es fast schmerzt!). Nach dieser Zeit werden Sie feststellen, dass nicht nur Ihr Lächeln fast nicht mehr verschwinden will, beziehungsweise, dass Ihre Stimmung eine positivere Färbung bekommt. Kurze Empfehlung noch: Machen Sie beide Übungen nicht, wenn noch andere Menschen im Raum sind bzw. informieren Sie diese darüber, was Sie gerade machen ...

Lächeln die Zweite

Wenn auch wirksam, muss ich trotzdem zugeben, dass ganz alleine vor sich hinzulächeln etwas Befremdliches hat. Die gute Nachricht ist, Sie müssen das nicht alleine machen! Aktion gleich Reaktion! Ein Lächeln löst auch bei anderen Menschen meist ein Lächeln aus. Gehen Sie also einfach vor Arbeitsbeginn lächelnd auf andere Menschen zu wie z. B. Ihre Kollegen und begrüßen Sie diese herzlich. Laden Sie so Ihre Stimmung einfach an den positiven Reaktionen anderer Menschen auf.

Musikalisch

Im Kapitel „Alles wirkt“ (ab Seite 23) habe ich ausgeführt, welche Auswirkung Musik auf die Stimmung Ihrer Gäste haben kann. So etwas wirkt natürlich auch bei Ihnen selbst! Sie kennen sicherlich Alben, bei denen Sie ab dem dritten Lied in Folge sofort Lust zu tanzen haben und Musik, die dazu geeignet ist, noch kurz in sich zu gehen und Kraft zu schöpfen. Legen Sie sich auf Ihrem Musikplayer entsprechende Playlisten an, damit Sie Ihre Stimmung praktisch per Knopfdruck wählen können. Schwere Trauermusik, die manche Interpreten in suizidverdächtiger Verfassung komponiert haben, ist vielleicht vor Arbeitsbeginn nicht die passende Wahl ...

Natur der Dinge

Licht, Luft und Farben haben psychologisch eindeutige Auswirkungen auf unsere Stimmung. Wenn manche Servicemitarbeiter nach wiederholtem Spät- oder Nachtdienst selbst schon wie eine Neonröhre aussehen, wird es auch mit der Stimmung schwer. Den schönsten Spruch hierzu habe ich von Greenpeace gehört: „Wenn du nur noch **rot** siehst, wird es Zeit, ins **Grüne** zu gehen!“. Gehen Sie raus und das möglichst in die Natur! Laden Sie Batterien und Stimmung auf. In der Natur finden Sie quasi die eigenen Ressourcen einfach zum Pflücken und Ernten ...

Praxistipp Nr. 30

Managen Sie nicht nur Produkte und Abläufe, sondern auch Ihre eigene Stimmung! Bringen Sie sich mit Verhalten, Gedanken und Vorstellungen zu Arbeitsbeginn in entsprechende Arbeitsstimmung, um Ihre Gäste zu begeistern.

Warum ist das Qualitätsmanagement der eigenen Stimmung für Gastgeber so wichtig? Kann es nicht „einfach“ auch mal in Ordnung sein, nach außen eine Fassade aufzusetzen? Meiner Meinung nach macht man es sich mit so einer Sichtweise etwas zu einfach! Wenn die Qualität meiner Leistung von der momentanen Stimmung abhängig ist, dann müssten wir den Gästen auch ab einer bestimmten Uhrzeit einen Rabatt auf die Leistung geben. Wie gesagt: Wir Gastgeber sind Teil des Produkts! Oder wir nennen das nicht mehr Gastronomie, sondern beispielsweise „Überreichen von Speisen und Getränken“. Das Problem ist erneut das Unterbewusstsein. Nehmen wir noch einmal das Beispiel der Reiseleiterin mit dem „Fassaden-Lächeln“. Warum kann ich als Gast und Kunde sofort erkennen, dass dieses nur aufgesetzt, vorgespielt und damit ohne entsprechende emotionale Verbindlichkeit ist?

Spätestens seit der Übung zum Lächeln in diesem Abschnitt ist klar, dass Denkhaltung und Körperhaltung untrennbar miteinander verbunden sind. So gehört zu jeder Stimmung auch eine eigene Körperhaltung, Mimik und Gestik, sprich spezielle Attribute und Kennzeichen (Fachbegriff: Physis), die diese Stimmung widerspiegeln. Bei Emotionen wie beispielsweise Wut oder Freude können das die meisten Menschen gut nachvollziehen. Weniger bekannt ist, dass auch alle weiteren Emotionen und Stimmungen wie z. B. Gelassenheit, Arroganz, Gleichgültigkeit, Langeweile, Überforderung usw., eine eigene Physis haben. Normalerweise werden Sie jetzt für den Fall, dass Ihnen beispielsweise gerade langweilig ist, nicht darüber nachdenken, welche passende Haltung und Mimik Sie dafür einnehmen müssen. Ihre Körperhaltung passt sich unbewusst und automatisch der momentanen Stimmung an. Wenn Sie z. B. gelangweilt sind und lächeln, nur weil es von Ihnen erwartet wird, nehmen Sie in diesem Augenblick Einfluss auf nur **ein** Attribut Ihrer Physis, während alle anderen Attribute unverändert bleiben. Da Ihre Signale nun inkongruent sind, also nicht mehr übereinstimmen, führt das zu Irritationen bei Ihrem Gegenüber. Es gibt sogar Servicemitarbeiter, die diese Wirkungsweise bewusst einsetzen und folgende Botschaft an Ihre Gäste senden: „Ich muss zwar jetzt freundlich sein, habe aber eigentlich gar keine Lust darauf!“. Mir ist nicht ganz klar, wofür diese bewusste Inkongruenz gut sein soll ...

Nach 4,5 Milliarden Jahren Entwicklung ist das limbische System Meister darin, die Physis des Gegenübers zu lesen. Kongruenz wie Inkongruenz nimmt das Unter- bzw. Vorbewusstsein sofort wahr, selbst wenn diese im Kleinstbewegungsbereich stattfinden. Mit anderen Worten: Ihre Gäste merken sofort, ob Sie es „ehrlich“ mit ihnen meinen!

Was man sich SELBST BEWUSST sein sollte

Als Gastgeber souverän aufzutreten bedeutet, sich seiner Sache im Job wirklich sicher zu sein. Wenn ich einen Servicemitarbeiter frage, was heute das Tagesangebot ist oder was der Unterschied zwischen einem Standard- und einem Superiorzimmer ist, dann erwarte ich mir eine Antwort, die einem Experten angemessen ist. Wer jetzt sagt: „Oh, da muss ich mal nachblättern.“, der kann einfach nicht souverän und sicher im Job stehen. Alleine die Vorstellung, eine Tätigkeit auszuführen, von der ich unzureichend Ahnung habe, löst zumindest bei mir ein Gefühl von Peinlichkeit aus. Tatsächlich gibt es eine nicht unerhebliche Zahl von Mitarbeitern in unserer Branche, die mit fast fahrlässigem Wissen unsicher vor Gäste treten und selbst nicht genau wissen, wo die eigene Unsicherheit herkommt. Souveränität kommt aber nicht von „Ich würde gerne wissen.“ sondern von „Ich weiß!“. Ohne ein gewisses Maß an Anstrengung ist das nur schwer zu erreichen! Das ist der Preis für Erfolg. In starkem Gegensatz dazu stehen Servicemitarbeiter, die fast akribisch jedes Detail des Berufsbildes aufsaugen und theoretisch perfekt mit Wissen ausgestattet sind, aber immer noch nicht souverän und sicher vor Gästen stehen. Selbstsicherheit im Umgang mit Gästen und Kunden liegt also noch an weiteren Punkten.

Was bieten sich nicht alles für tolle Berufsmöglichkeiten in Gastronomie und Hotellerie! Persönlichkeiten können ihrer Kreativität freien Lauf lassen und sich Ihre eigene Bühne suchen, um Menschen zu begeistern! Schöner Satz? Ich finde solche und ähnliche Aussagen über unser Berufsbild durchaus sehr motivierend. In der Realität treffe ich aber nicht nur Persönlichkeiten, die mit Stolz geschwellter Brust ihren Mann oder ihre Frau stehen. Manchen Mitarbeitern fällt es sogar alles andere als leicht, die „Bühne“ zu betreten und etwas „darzustellen“. Ich finde das auch gar nicht so unverständlich. Viele haben es schon in der Schule gehasst, einen Vortrag oder ein Referat zu halten, sich vor mehrere Menschen zu stellen und etwas zu erzählen. Immerhin bestand damals das Risiko aufgrund eines ungeschickten Patzers in der nächsten Pause das Gespött von allen anderen zu sein. Ein paar Jahre später stellt man dann fest, dass man es sich zum Beruf gemacht hat, vor mehreren Menschen Dinge zu tun, bei dem jede Unachtsamkeit und jeder ungeschickte Patzer genau auffällt. Um überhaupt souverän vor Gästen stehen zu können, ist ein schönes Stück **Selbst-Sicherheit** erforderlich. Darüber hinaus brauche ich als Gastgeber auch noch ein gutes **Selbst-Wert-Gefüh**l, damit ich meine Meinung als wertvoll genug empfinde, um Gäste angemessen zu beraten. Vielleicht ist an dieser Stelle interessant, dass über 80 % der Menschen und somit auch Mitarbeiter in unserer Branche genau damit eher Probleme haben. Dazu kommen noch Gäste, die anscheinend einen Detektor dafür haben, welche Mitarbeiter über eine eher labile Selbstsicherheit verfügen, um genau diese Schwäche aufzudecken. Um für solche Angriffe gut gewappnet zu sein, muss ich mir deshalb darüber **selbst-bewusst-sein**, was ich als Dienstleister wirklich gut kann!

Ein gutes Selbstbewusstsein ist deshalb nicht nur ein wichtiger Teil des bereits genannten Eigenmanagements von Mitarbeitern in Gastronomie und Hotellerie, sondern auch ein gehöriges Stück Selbstschutz! Fest steht, dass man einen Ausritt über holpriges Gelände umso besser übersteht, je sicherer man im Sattel sitzt. Ich empfehle allen Gastgebern diese Thematik zu überprüfen und gegebenenfalls daran zu arbeiten. In diesem Punkt folge ich den Gedanken des Psychotherapeuten Nathaniel Branden, der in seinem Buch „Die 6 Säulen des Selbstwertgefühls“ interessante Möglichkeiten darüber eröffnet, wie man Selbstwert, -bewusstsein und -sicherheit erhöhen kann. Er stellt darin fest, dass es Gemeinsamkeiten gibt, die besonders selbstbewusste Menschen auszeichnen. Hier ein Auszug der Bereiche, die ich für den Umgang mit Gästen und Kunden für wesentlich halte:

Wer sich **Ziele setzt**, gibt seinem Leben eine Richtung und ist motivierter. Wie heißt es so schön: „Wer nicht weiß, wo er hin will, der muss sich nicht wundern, wenn er ganz woanders raus kommt ...!“. Wie möchte jemand einen Eigenwert entwickeln, wenn er im Leben gar nicht selbst am Ruder steht? Somit sind klar definierte Ziele nicht nur ein Merkmal selbstbewusster Menschen, sondern auch eine Möglichkeit, auf die Selbstsicherheit Einfluss zu nehmen. Die Tätigkeit in Gastronomie und Hotellerie bietet unzählige Möglichkeiten, sich Ziele zu setzen. Das muss nicht unbedingt gleich der große Lebensentwurf über Weiterentwicklung, Aufstieg oder räumliche Veränderung sein. Auch Tagesziele können hier einen wirklichen Unterschied machen: „Heute bringe ich alle meine Gäste zum Lächeln!“, „Heute verkaufe ich mindestens x Portionen vom Gericht y!“, „Heute lerne ich, zwei weitere Weine aus der Karte professionell zu beschreiben.“ oder „Heute komme ich bewusst mit jedem meiner Gäste in guten Kontakt!“. Jedes dieser kleinen Ziele ist dazu geeignet, im Alltag mehr Sicherheit zu erlangen!

Wer sich Ziele setzt und erreicht, der erkennt damit auch die **eigene Wirksamkeit**. Tatsächlich gibt es aber unzählige Menschen, die sich die eigene Wirksamkeit immer wieder absprechen. Da verabschieden sich beispielsweise Gäste strahlend und bedanken sich bei einem Servicemitarbeiter für tollen Service. Wenn man diesem Mitarbeiter dann für seine Leistung gratulieren möchte, hört man folgende Aussagen: „Ja, aber das liegt doch nicht an mir ...“, „Die Gäste waren nur selber gut gelaunt ...“, „Mein Service war doch jetzt nichts Besonderes.“ oder „Das liegt doch nur am guten Essen ...“. Die eigene Wirksamkeit zu erkennen, wirkt sich klar auf den Selbst-Wert aus. Dieser Punkt ist auch der entscheidende, wenn es um die Beratung der Gäste geht. Wie soll jemand als Experte beraten, wenn er sich selbst nicht als Experten mit Wert-voller Meinung betrachtet? Jeder, der schon einmal versucht hat, solche Menschen von der Wirksamkeit Ihres Verhaltens zu überzeugen, weiß, wie hartnäckig sich Menschen mit geringem Eigenwert dagegen wehren können. „Wahres Selbstwertgefühl kommt von innen“ schreibt Nathaniel Branden dazu. Vielleicht sollten sich Gastgeber, die in diesem Punkt einen Mangel haben, lieber einen schönen Spruch von Albert Schweitzer an den Spiegel im Badezimmer hängen: „Ich habe gelernt, selbst für mich zu denken und zu handeln, der Welt gerade ins Gesicht zu sehen und zu bekennen, dies ist mein Werk!“. Vielleicht vergessen sie diesen wichtigen Punkt dann im Alltag nicht mehr ...

Es soll aber Menschen geben, die lieber morgens vor dem Spiegel stehen und denken: „Oh Mann! Der oder die schon wieder!“. Was hier etwas scherzhaft dargestellt wird, ist in der Realität alles andere als lustig. Ein ganzes Kapitel in diesem Buch handelt davon, gut in Kontakt mit Gästen zu kommen. Wie wollen das aber Mitarbeiter erreichen, die nicht einmal mit sich selbst in gutem Kontakt sind? Dazu muss man sich zunächst **selbst annehmen**. Manche Menschen mögen jedoch Teile ihres Aussehens, ihres Wesens, ihrer Charakterzüge usw. nicht. Das hält sie davon ab, sich selbst anzunehmen. Schlimmstenfalls führt das dazu, dass solche Menschen sich emotional von sich selbst distanzieren und somit auch den Kontakt zu sich selbst verlieren. Wer sich aber schon selbst nicht annimmt, kann natürlich auch keine anderen Menschen wirklich annehmen. Gut zu erkennen sind Mitarbeiter mit einem Mangel in diesem Bereich daran, dass sie immer ein wenig emotional distanziert sind. Das führt in ein Dilemma. Man kann wahrscheinlich nichts an sich oder anderen verändern, was man nicht zunächst einfach akzeptiert (sprich: wieder in guten Kontakt kommt). Auch hier gibt es ein schönes Zitat von Eckard von Hirschhausen, welches meines Erachtens dieses Phänomen exakt trifft: „Liebe dich selbst, dann können die anderen dich gern haben …!"

Immer wieder treffe ich Servicemitarbeiter in meinen Seminaren, die sich als Opfer von Gästen sehen. Menschen, die eine Situation beklagen, für die nicht nur Gäste, sondern auch Vorgesetzte, Kollegen, die Gesellschaft usw. verantwortlich sind. Wie möchte aber jemand sicher im Job oder Leben stehen, der ständig Opfer der äußeren Umstände ist? Selbstwert folgt **Selbstverantwortung**! Verantwortung für sich, sein Leben und seine Ergebnisse zu übernehmen, bedeutet natürlich ein Stück kompromisslose Klarheit. Ich bin also selbst dafür verantwortlich,

- ob meine Tätigkeit als Gastgeber Spaß macht, oder nicht!
- dass Gäste begeistert sind, oder nicht!
- dass ich Wertschätzung und Anerkennung für meine Tätigkeit erfahre, oder nicht!
- dass ich mich in meinem Beruf auskenne, oder nicht!
- usw …

Alleine in diesem Buch finden sich eine ganze Reihe Möglichkeiten, auf jeden dieser Punkte Einfluss zu nehmen und damit Selbstverantwortung zu übernehmen. Der Kabarettist Günther Grünwald hat diesen Punkt sehr schön getroffen mit der Aussage: „Am schlimmsten ist es, wenn man als Gast von einer Servicekraft bedient wird, die anscheinend lieber als Modemodel arbeiten würde …"

Im Wort Selbst-Bewusstsein steckt das Wort **Bewusstsein**. Manche Servicemitarbeiter sind nicht nur wenig selbstbewusst, sie sind sich „ihrer Selbst" wenig bewusst. Mit Bewusstsein meine ich das Gegenteil von Unterbewusstsein. Diese Mitarbeiter sind mit anderen Worten nie „richtig bei der Sache". Gut erkennbar sind solche Menschen daran, dass man häufig das Gefühl hat, sie mit einer Frage oder Aussage zu erschrecken bzw. aus einem Tagtraum herauszureißen. Tagträumen bedeutet in diesem Falle, dass ein Teil des Bewusstseins sich ständig woanders aufhält als in der momentanen Situation. Das wirkt sich in der Form negativ auf das Selbstbewusstsein aus, als dass diesen Menschen bei jeder Gelegenheit irgendein Missgeschick passiert. Kennen Sie solche Servicemitarbeiter? Hier den Gast vergessen, dort das Essen stehenlassen, wieder ein Tablett runtergefallen usw., so dass sogar Kollegen verständnislos den Kopf schütteln. In so einem Fall gehört der Aufmerksamkeitsrahmen des Mitarbeiters selbst neu „eingestellt". Servicemitarbeitern, die ganz bei der Sache, im Hier und Jetzt sind, gelingt die Arbeit besser. Das macht eindeutig selbstbewusster und vor Gästen, Kollegen und Vorgesetzten erfolgreicher ...

Reklamationen meistern

Im ersten Kapitel hatte ich bereits über die Definition von Service laut Duden geschrieben. Demnach besteht Service aus Leistungen, die unter den Gesichtspunkten Atmosphäre, Präsentation, Beratung, Verpackung **und** Reklamation erbracht werden. Warum auch der Punkt Reklamation im Rahmen einer Serviceleistung wichtig ist, wird in dem Augenblick klar, in dem man selbst einmal ein Produkt oder eine Dienstleistung reklamiert. In vielen Unternehmen endet Dienstleistung genau dann, wenn ein Gast oder Kunde eine Reklamation äußert. Haben Sie selbst schon einmal in einem Restaurant den Geschmack einer Speise reklamiert und vom Servicemitarbeiter eine Antwort in folgender oder ähnlicher Form bekommen: „Also, die anderen Gäste haben damit kein Problem! Denen schmeckt das ...!". Ich hoffe, wir sind uns einig: Derartige Aussagen sind nicht dafür geeignet, den guten Kontakt zwischen Mitarbeiter und Gast zu vertiefen. Auch folgende Antwort: „Das Essen hat Ihnen nicht geschmeckt? Warum haben Sie es dann gegessen??!" trägt nicht unbedingt dazu bei, Freunde zu gewinnen. Für mich ist es schon ein wenig verwunderlich, dass die gleichen Menschen, die im privaten Kontext über unzufriedene Gäste sehr betroffen wären, im beruflichen Kontext ihre Gäste dafür „abwatschen". Vielleicht mag das auch an einem unzulässigen Rückschluss liegen. Die Aussage „In nahezu keiner Branche sind Mitarbeiter und Produkt so wenig voneinander zu trennen" bedeutet im Umkehrschluss nicht, dass ein Ablehnen des Produktes gleichzeitig auch ein Ablehnen des Mitarbeiters bedeutet. Was ich als Gast bei Beschwerden und Reklamationen erleben kann, ist wahrscheinlich ein guter Maßstab dafür, inwieweit Dienstleistung im jeweiligen Betrieb tatsächlich gelebt wird.

Leider wehren viele Servicemitarbeiter in Gastronomie und Hotellerie Reklamationen so ab, als würde es sich tatsächlich um persönliche Angriffe handeln. So gesehen drehen sich die meisten Schlachten, die oftmals bei Reklamationen im Alltag geführt werden, gar nicht um den Gast, sondern um das eigene Ego! Persönliche Angriffe gibt es natürlich auch, meiner Meinung nach sogar fünf unterschiedliche, denen ich mich im nächsten Abschnitt widmen möchte. Zunächst einmal ist nach meinem Verständnis eine Reklamation nur eine Aussage über die Unzufriedenheit des Gastes mit der gebotenen Leistung oder dem angebotenen Produkt. Mit einer Reaktion, die wie im letzten Beispiel den Geschmack eines Gastes in Frage stellt, kann man natürlich aus jeder Reklamation schnell einen handfesten Konflikt machen. Viele Gäste haben sicher bereits die Erfahrung gemacht, bei einer Beschwerde einem „potentiellen Feind“ zu begegnen. Mit anderen Worten: Gäste erwarten manchmal schon, dass Sie sich bei einer Beschwerde auch noch behaupten müssen, um ernst genommen zu werden. Diesen Punkt gilt es unbedingt zu beachten, indem Sie einer Reklamation besondere Aufmerksamkeit widmen und Verständnis zeigen. Das bedeutet nicht, dass Sie damit gleichzeitig Fehler eingestehen oder Ihrem Gast Recht geben müssen. Alleine Sätze wie “Ich verstehe Ihren Ärger!“ können die Schärfe aus diesem Gericht nehmen, insofern Sie Reklamationen nicht unbedingt besonders pikant bevorzugen!

Praxistipp Nr 31

Wählen Sie gegenüber Reklamationen die angemessene Einstellung eines professionellen Gastgebers: Eine Reklamation ist ein kostenloser Verbesserungsvorschlag!

Es gibt eine Statistik, die besagt, 95 % der reklamierenden Gäste würden deshalb reklamieren, weil Sie ihrer Meinung nach einen tatsächlichen Mangel entdeckt hätten. 5 % würden demnach aus anderen Gründen reklamieren. Interessanterweise treffe ich aber in den Betrieben viele Mitarbeiter, die die völlig gegenteilige Meinung vertreten: 5 % der Gäste würden einen Mangel entdecken, 95 % aber aus anderen Gründen reklamieren! Sehr interessant sind in diesem Zusammenhang auch die Begründungen: „Die wollen sich nur wichtig machen!“, „Die sind einfach nur schlecht drauf.“ oder „Die wollen nur etwas umsonst haben oder die Rechnung kürzen!“. Bei solchen Aussagen lohnt es sich auf jeden Fall, die eigene Einstellung noch einmal zu überprüfen. Ursache ist entweder ein Bild der eigenen Unfehlbarkeit oder eine gewisse Geringschätzung von Gästen. Beides empfinde ich in unserer Branche als unpassend. Ein Trainerkollege von mir hat diesbezüglich einen schönen Wechsel der Blickrichtung formuliert: Eine Reklamation ist nichts anderes als ein kostenloser Verbesserungsvorschlag. Die Frage, ob eine Reklamation oder Beschwerde berechtigt oder unberechtigt sein kann, möchte ich hier gar nicht beantworten. Unberechtigt kann diese nach der genannten Statistik ja nur aus Sicht des Servicemitarbeiters sein. Eine Diskussion über die Reklamation muss deshalb zu einer „Lose-Lose-Situation“ führen. Gewinne ich als Servicemitarbeiter diese Diskussion, verliert gleichzeitig der Gast und ich verliere damit automatisch den Gast. Eine „Win-Win-Situation“ wäre mir lieber: Ich gewinne den Gast zurück und kann gleichzeitig als Dienstleister etwas dazu lernen.

Praxistipp Nr. 32
Gäste äußern ihre Reklamationen nicht immer verbal. Hinterfragen Sie Ihre Dienstleistung auch dann, wenn der Gast auf nonverbaler Ebene seinen Unmut äußert. Denn auch nicht Ausgesprochenes kann gesagt sein!

In einem Buch über Reklamationsmanagement habe ich gelesen, die größte Problematik für uns Dienstleister sei, dass die meisten Gäste und Kunden ihre Reklamation nicht äußerten. Auch das wurde anhand einer Statistik dargestellt. Demnach beschwert sich von 20 unzufriedenen Gästen einer, während die 19 anderen einfach nicht wiederkommen. Diese Aussage ist aber meines Erachtens nur dann richtig, wenn mit „äußern“ gemeint ist, dass unzufriedene Gäste ihren Unmut **verbal** ausdrücken. Das Bild, das uns von allen unzufriedenen Gästen nur 5 % darüber informieren, ist zwar beliebt, aber falsch!

Ich behaupte, dass **alle** unzufriedenen Gäste ihren Unmut äußern. Vielleicht muss man das eine oder andere Mal aber genauer hinsehen. Das Spiel der Inkongruenz in verbaler und nonverbaler Kommunikation beherrschen nicht nur, wie bereits erwähnt, die Mitarbeiter in Gastronomie und Hotellerie, sondern natürlich auch die Gäste. Wenn also beispielsweise eine Servicekraft im Restaurant fragt „Hat es Ihnen geschmeckt?“ oder im Hotel beim Auschecken „Haben Sie sich bei uns wohlgefühlt?“, dann bekommt diese Servicekraft entweder eine kongruente oder eine inkongruente Antwort. Wenn der Gast nun antwortet „Ja, danke!“, seine Physis mit allen Attributen aber etwas anderes „äußert“, dann lohnt es sich noch einmal nachzuhaken! Die nonverbale Kommunikation überwiegt! Die Aussage „Warum, ich habe den Gast doch gefragt, dann soll er es eben sagen!“ ist für einen Serviceprofi nicht akzeptabel.

Es gibt zwei Kommunikationstricks, um die Anzahl der Gäste, die Reklamationen und Beschwerden verbal äußern, ab sofort deutlich zu erhöhen. Zum einen empfiehlt es sich, die Fragestellung zu verfeinern. Aktion gleich Reaktion! Stelle ich eine allgemeine Frage, bekomme ich eine allgemeine Antwort. Stelle ich hingegen eine sehr detaillierte Frage, bekomme ich auch eine detaillierte Antwort. Das ist leicht erklärbar. Eine Frage wie „War alles in Ordnung?“ signalisiert als Floskel nicht unbedingt, dass meine Meinung als Gast auf besonderes Interesse stößt. Die Frage „War Ihr Fleisch denn perfekt gebraten?“ spricht hingegen für viel mehr Interesse, weil eine genaue Information hinterfragt wird. Womöglich bekommen Sie auf so eine Detailfrage auch folgende Information: „Danke, perfekt gebraten ja, aber leider total zäh!“. Nachfolgend weitere Beispiele für offene Fragen, die tatsächliches Interesse widerspiegeln:

- „Haben Sie sich gut erholen können?“
- „Haben Sie ungestört geschlafen?“
- „Ist der Wein perfekt temperiert?“
- „Sind Sie denn satt geworden?“
- „Hat Ihnen die Zusammenstellung gefallen?“
- „Hat Ihnen die Atmosphäre bei uns gefallen?“

Der zweite Kommunikationstrick, die Menge der verbalen Reklamationen zu erhöhen, ist die Hinterfragung von Inkongruenzen . Ich behaupte, dass die meisten Servicemitarbeiter auch bisher schon Inkongruenzen sofort wahrgenommen haben, aber kein Konzept haben, um darauf zu reagieren. Sie sehen zwar die Unzufriedenheit der Gäste, reagieren aber nicht darauf. Wahrscheinlich würde jetzt eine Aussage wie „Ich sehe doch, dass Ihnen etwas nicht passt!“ den guten Kontakt nicht unbedingt intensivieren und zu einer ehrlichen Aussage führen. Sprechen Sie Gäste auf inkongruente Antworten trotzdem an! Die meisten Gäste senden solche Signale sogar in der Hoffnung aus, von den Mitarbeitern angesprochen zu werden. Verzichten Sie darauf, noch einmal zu fragen und somit automatisch folgende Botschaft zu senden „Hier interessiert man sich nicht richtig für mich und meine Bedürfnisse!“. Das ist definitiv keine Botschaft, die mich als Gast zum Wiederkommen bewegt. Also ansprechen, ja, aber wie? Ich folge dabei den Ausführungen des Psychologen Friedemann Schulz von Thun über „Ich-Botschaften“ sowie des Mediators Marshall B. Rosenberg über gewaltfreie Kommunikation. Hier einige Vorschläge:

- „Ich bin mir noch nicht sicher, ob Sie ganz zufrieden sind.“
- „Ich habe noch nicht das Gefühl, dass wir Sie ganz überzeugen konnten.“
- „Auf mich wirken Sie noch nicht ganz zufrieden. Waren wirklich alle unsere Leistungen einwandfrei?“
- „Ich habe das Gefühl, dass Sie sich geärgert haben. Sind wir der Grund?“
- „Ich habe jetzt noch nicht das Gefühl, dass wir unser Ziel ganz erreicht haben.“

Die bereits erwähnte Betreiberin eines Coffeeshops sagte einmal zu mir: „Ich finde die Vorstellung unerträglich, dass ein Gast, dem der Kaffee nicht geschmeckt hat, einfach unbemerkt rausgeht!“. Ein wenig mehr von diesem Ehrgeiz würde ich vielen anderen Mitarbeitern in Gastronomie und Hotellerie auch wünschen.

Praxistipp Nr. 33
Hinterfragen Sie Ihre Dienstleistung. Wenn Sie detaillierte Informationen von Ihren Gästen erhalten möchten, müssen Sie auch detaillierte Fragen stellen.

Wenn die Einstellung zu Reklamationen nun überprüft ist und auch durch die Art der Fragestellung Beschwerden gezielt ausgelöst werden, bleibt nur noch zu klären, wie man Reklamationen tatsächlich meistern, sprich meisterlich behandeln kann. Auch hier lohnt wieder ein Perspektivenwechsel: Was erwarten Gäste bei einer Reklamation oder Beschwerde von einem Gastgeber? Im Rahmen einer Gästebefragung wurden folgende Informationen eingeholt:

Wenn Gäste reklamieren, erwarten sie sich vom Dienstleister Verständnis und Interesse für ihre Belange, sie erwarten sich Kompetenz und schnelle Hilfe. Zusätzlich erwarten sich Gäste vom Dienstleister auch eine gewisse Kulanz. Immerhin haben sie sich womöglich gerade geärgert ...

Viele Mitarbeiter verwechseln Verständnis mit Nachgeben. Aussagen wie beispielsweise „Man muss dem Gast immer Recht geben!" deuten auf diese Verwechslung hin. Mit **Verständnis** ist viel mehr die Bereitschaft gemeint, sich in die Lage seiner Gäste zu versetzen und die Situation durch deren „Brille" zu betrachten. Daraus ergeben sich Aussagen wie „Ich verstehe, dass Sie sich in dieser Situation geärgert haben!" oder „Ich merke, dass Sie sich ärgern. Das tut mir sehr leid!". Solche Aussagen stärken vor allem erneut den guten Kontakt und wirken deshalb „entschärfend". Ist die Beziehungsebene erst wieder aufgebaut und die „Habachtstellung" aufgegeben, fällt es sofort leichter, über Lösungen nachzudenken.

Die Frage nach der erforderlichen **Kompetenz** beantwortet sich bei einer Beschwerde eigentlich durch die Situation selbst: Ich beschwere mich als Gast nur bei Mitarbeitern, die ich für kompetent genug halte, diese Beschwerde auch zu bearbeiten. In vielen Betrieben ist es leider gang und gäbe, dass der angesprochene Servicemitarbeiter einen Restaurantleiter oder Manager holen muss, weil er vom Vorgesetzten für die Bearbeitung nicht befähigt wurde. Das finde ich deshalb bedenklich, weil sich dieser Servicemitarbeiter vor seinem Gast damit als inkompetent darstellen muss. Diese Vorgehensweise ist meines Erachtens ungeschickt und führt oft dazu, dass ein verärgerter Gast seine Geschichte noch einmal erzählen muss. Viel geschickter ist es, wenn jeder Mitarbeiter mit so viel Kompetenz und Entscheidungsbefugnis ausgestattet ist, dass er den Großteil möglicher Reklamationen und Beschwerden selbst bearbeiten kann und darf. Ein schlüssiges Reklamationsmanagement entsteht deshalb daraus, dass über Beschwerden nicht nach-, sondern vorgedacht wird und mögliche Reaktionen und Kompetenzen allen Mitarbeitern des Betriebs bekannt sind. Das ist die Voraussetzung dafür, Gästen tatsächlich **schnelle Hilfe** zu bieten.

Reklamationen sind demnach am besten durch Vorbereitung zu meistern. Wenn ein Servicemitarbeiter bei einer Beschwerde aus allen Wolken fällt und nun erst mit Kollegen und Vorgesetzten über die Vorgehensweise diskutieren muss, entsteht beim Gast kein professioneller Eindruck! Hilfreich ist, sich einen roten Faden für den Reklamationsvorgang zurecht zu legen. Die meisten Konzepte aus dem Beschwerdemanagement schlagen folgende Vorgehensweise vor:

Praxistipp Nr. 34

Halten Sie sich bei Beschwerden und Reklamationen möglichst an folgenden roten Faden:

1 Bedanken Sie sich für eine Beschwerde.
2 Nehmen Sie die Reklamation angemessen an.
3 Zeigen Sie Verständnis.
4 Klären Sie den genauen Sachverhalt.
5 Lösen Sie das Problem schnell und unkompliziert.
6 Kompensieren Sie evtl. entstandenen Ärger.
7 Fassen sie noch einmal nach.

Während sich die ersten drei Punkte hauptsächlich darum drehen, auf allen Ebenen wieder in guten Kontakt mit dem Gast zu kommen, spricht der vierte Punkt für Interesse. Formulierungen wie beispielsweise „Wer, was, wann, wie genau ..." senden deshalb eine klare Botschaft. Nehmen wir an, ein Gast sagt „Das Essen schmeckt mir nicht!", dann ist die Antwort „Entschuldigung, dann bringe ich Ihnen eben ein neues Essen ..." nicht ausreichend. Hier fehlen die Punkte 3 und 4: „Das tut mir leid. Was genau ist denn nicht in Ordnung/schmeckt Ihnen nicht an Ihrem Essen?". Vielleicht deckt der Gast jetzt mit seiner Information auch einen wesentlichen Mangel auf und verhindert damit weitere Beschwerden von anderen Gästen.

Womöglich ist Ihnen bei den letzten beiden Beispielen aufgefallen, dass ich die Formulierung „Es tut mir leid" bevorzuge. Das Wort „Entschuldigung" dreht sich im wahrsten Sinne des Wortes um die Schuldfrage. Diese finde ich bei der Reklamationsbehandlung aber zunächst unwichtig, weil nicht lösungsorientiert. Die Aussage „Es tut mir leid" vermeidet das und hört sich in meinen Ohren viel ehrlicher an.

Die Punkte 5 und 6 werden in vielen Betrieben verwechselt. Einem Gast schmeckt das Essen nicht und der Mitarbeiter bietet als Lösung einen kostenlosen Kaffee an. Ich weiß nicht, wie es Ihnen als Gast geht. Wenn ich ein Essen bekomme, das (mir) nicht schmeckt, möchte ich lieber ein Essen, das schmeckt und nicht ersatzweise einen Kaffee! Die Kompensation ist nicht die Problemlösung! Das Wort Kompensation beschreibt den Versuch, etwas durch Gegenwirkung aufzuheben. Bei einer Reklamation geht es nicht darum, das Problem zu kompensieren, sondern den entstandenen Ärger! Etwas zu kompensieren ist deshalb auch nicht immer erforderlich, sondern nur, wenn die Problemlösung noch nicht dazu geführt hat, dass der Gast wieder ganz zufrieden ist. Kompensation durch ein Geschenk nutzt demnach die bereits erklärte Dynamik der Reziprozität: Ich gebe etwas, um dem Gast die schlechte Stimmung zu nehmen. Die Voraussetzung für bessere Stimmung ist aber grundsätzlich, dass zunächst der Reklamationsgrund gelöst oder zumindest angemessen bearbeitet wird. Bei Reklamationen und Beschwerden bestehen als Problembehandlung folgende Möglichkeiten der Reaktion:

- Sie tauschen den Artikel. Der Gast erhält den gleichen Artikel nachgebessert.
- Wir wandeln den Artikel. Der Gast erhält einen anderen Artikel mit der gewünschten Eigenschaft bzw. Qualität.
- Sie stellen dem Gast den Artikel bzw. die Dienstleistung kostenlos zur Verfügung.
- Sie geben dem Gast einen Gutschein, den Artikel oder die Dienstleistung zu einem anderen Zeitpunkt noch einmal kostenlos in Anspruch zu nehmen.
- Sie möchten bzw. können keine Lösung anbieten.

Natürlich gibt es auch Reklamationen über beispielsweise System, Ausstattung, Einrichtung usw., die Sie nicht verändern können oder wollen. Es hat meiner Meinung nach auch wenig Sinn, sein Konzept auf Biegen und Brechen zu verändern, um jedem Gastwunsch gerecht zu werden. Sie können solche Fälle genauso souverän meistern, wenn Sie sich trotzdem an die anderen sechs Punkte des vorgeschlagenen Ablaufs halten und nicht von der klassischen Reklamationsbehandlung abweichen. Das könnte sich beim Punkt der Problembehandlung beispielsweise so anhören:

„Ich verstehe Ihren Ärger und das tut mir sehr leid. In diesem Punkt kann ich Ihnen leider keine Lösung anbieten. Für Ihren Ärger würde ich Ihnen aber gerne …“

Oder: „Es tut mir sehr leid, dass Sie wegen uns so verärgert sind. Ich kann diesen Punkt leider nicht verändern. Was kann ich stattdessen tun, damit Sie nicht mit einer schlechten Meinung über uns weggehen?“

Der letzte Punkt in unserem roten Faden, also das Nachfassen nach erfolgreicher Bearbeitung von Reklamationen, wird von den meisten Mitarbeitern in Gastronomie und Hotellerie anscheinend vergessen. Manchmal könnte man sogar den Eindruck gewinnen, dass Gäste nach einer Beschwerde durchsichtig werden. Vielleicht haben manche Servicemitarbeiter folgende Bedenken: „Dieser Gast hat sich schon beschwert, da gehen wir besser nicht mehr hin!“. So eine Reaktion entspricht dann „Murphys-Gesetz“: Für den Gast geht alles schief, was schief gehen kann! Viel geschickter finde ich es, gerade bei Gästen, die sich beschwert haben, die Aufmerksamkeit zu erhöhen. Damit ist ausdrücklich nicht gemeint, dass man noch mehrmals bedauernd und entschuldigend für ein Missgeschick devot vor dem Gast steht. Alles, worauf Sie die Aufmerksamkeit des Gastes gezielt lenken, verstärken Sie gleichzeitig. Was wir uns im ersten Kapitel zu Nutze machen, könnte bei einer Reklamation als Schuss nach hinten losgehen. Sehr gut gefällt mir deshalb, was Adolph von Knigge schon Mitte des 18. Jahrhunderts empfohlen hat: Machen Sie über Ihre Missgeschicke nicht auch noch besonderes Aufheben. Das macht es für alle Beteiligten nur noch peinlicher! Sinnvoll ist aber sicherlich, den guten Kontakt speziell bei Gästen, die sich bereits einmal beschwert haben, gezielt zu pflegen und zu verstärken.

Wie großzügig Sie mit Reklamationen umgehen, müssen Sie natürlich selbst entscheiden. Meiner Erfahrung nach hat es sich bewährt als Gastgeber einfach ein wenig Größe zu zeigen. Ist es wirklich angemessen wegen eines relativ kleinen Betrags Gäste gehen zu lassen, die jedem in ihrem Umfeld von der negativen Erfahrung bei Ihnen erzählen? Sich das eine oder andere Mal bei Reklamationen gelassen und locker zu zeigen, kostet manchmal nur wenig Geld und Anstrengung, ermöglicht Ihnen aber dafür wahrscheinlich viele entspannte Lebensjahre! Es sorgt für weniger Aufregung und Sie tun 95 % der Gäste auch noch einen Gefallen. Wenn Sie dann noch wollen, können auch die letzten 5 % der Gäste, die testen, wie weit sie gehen können, bei Ihnen einen Gastgeber erleben, der wahre Größe zeigt und ein wenig über den Dingen steht. In so einem Gefecht kann sich keiner mehr beschweren! Die Runde geht damit klar an Sie ...

Die „Big Five“ in der Gastronomie

Die letzten Abschnitte haben gezeigt, dass sich auch schwierige Situationen mit ein wenig Vorbereitung meistern lassen. Wie machen das eigentlich Mitarbeiter in anderen Berufszweigen? Flugbegleiter z. B. sind hauptsächlich für die Sicherheit der Passagiere zuständig und machen vor Start und Landung einen so genannten 30-Second-Review, in dem sie noch einmal in sich gehen und kurz sicherheitsrelevante Themen durchgehen: „Was mache ich, wenn ...?“. Ich konnte auch einmal einen Piloten fragen, wie er sich auf schwierige Situationen vorbereitet. Er erzählte mir, dass vor Start und Landung im Cockpit eine ganze Reihe von Checklisten durchzuarbeiten seien. Abschließend würden zudem Kapitän und Co-Pilot noch ein Gespräch darüber führen, wer in einer schwierigen Situation welche Aufgabe übernehmen würde. Ich finde beide Verhaltensweisen beeindruckend professionell. Während der Arbeit mit Gästen entstehen auch schwierige Situationen. Bei Servicemitarbeitern treffe ich diesbezüglich aber oftmals auf folgende Haltung: „Sollte ich einmal mit Gästen in eine schwierige Situationen geraten, dann wird mir schon etwas einfallen!“. Das glaube ich gerne! Den meisten wird auch in schwierigen Situationen tatsächlich irgendetwas einfallen. Im Gegensatz zu der beschriebenen Vorgehensweise der Piloten und Flugbegleiter glaube ich aber kaum, dass die Antworten und Reaktionen dann besonders professionell sind.

Aus meinem Gespräch mit dem Piloten habe ich weiterhin gelernt, dass das Wissen über mögliche Reaktionsmöglichkeiten und Antworten alleine nicht ausreichend ist, um in schwierigen Situationen souverän zu agieren. Das kann man sich wie bei einem Computer vorstellen: Etwas auf der Festplatte zu haben, ist grundsätzlich schon einmal nicht schlecht. Um dann aber zur richtigen Zeit Zugriff darauf zu bekommen, muss ich es erst in den Arbeitsspeicher laden.

Praxistipp Nr. 35
Installieren Sie Ihren eigenen „30-Second-Review“! Überlegen Sie sich dafür 30 Sekunden lang vor Arbeitsbeginn, wie Sie heute mit möglichen schwierigen Situationen am Gast umgehen möchten.

Anhand vieler Erzählungen von Seminarteilnehmern und aufgrund eigener Erfahrungen haben sich schwierige Situationen im Gastkontakt mit signifikanter Ähnlichkeit herauskristallisiert, dass man diese in fünf Kategorien zusammenfassen kann. Ich nenne diese Situationen die „Big Five“ der Gastronomie. Der Begriff „Big Five“ bezieht sich eigentlich auf eine Safari in der afrikanischen Wildnis. Es heißt, dass man Afrika erst kennen würde, wenn man den „Big Five“, also Elefant, Löwe, Nashorn, Büffel und Leopard begegnet sei. Nur so leicht begegnet man ihnen nicht während einer Safari. In dieser Hinsicht hinkt der Vergleich vielleicht ein wenig. Wir in Gastronomie und Hotellerie haben auch unsere „Big Five“: nämlich Spaßbremsen, Arrogante, Verbalattacken, Beleidigungen und Preisreklamationen. Nur in unserem Fall ist es überhaupt kein Problem, diesen im Alltag ständig zu begegnen. Ganz im Gegenteil. Unseren fünf „Problemen“ zu begegnen **IST** Alltag! Vielleicht sollte man deshalb eher sagen, dass man die Gastronomie erst richtig kennt, wenn man mit diesen „Big Five“ geschickt umgehen kann. Für einen Naturliebhaber wie mich ist es ungewöhnlich, negative Situationen mit Tieren zu verbinden. Hier sei deshalb zu meiner Verteidigung erwähnt, weswegen der Vergleich dennoch zutrifft: Alle Tiere sind meiner Meinung nach „liebens-Wert!“. Das bedeutet aber nicht, dass man im Umgang mit ihnen nicht trotzdem einige Regeln beachten muss ...

Der Elefant ...
... ist kräftig und stark, man bewundert ihn; wenn man ihm aber zunahe kommt, kann er schnell auch gefährlich werden ...

Unter unseren „Big Five“ steht er deshalb für die **Spaßbremse:**
Im Kapitel „Ich bin o.k. – Gast ist o.k.“ habe ich vorgeschlagen, durchaus auch mit Gästen zu spielen. Im Rahmen der Transaktionsanalyse habe ich das als Kommunikation „von Kind zu Kind“ (Abb. 1.5) beschrieben. Die meisten Gäste kommen jedoch nicht nur, um mit Essen und Trinken ihre Grundbedürfnisse zu erfüllen, sondern um in Gastronomie und Hotellerie eine eigene Welt zu erleben, die in Abwechslung zum Alltag steht. Gemeinsam zu lachen, ist sicherlich eine der schönsten Arten das sicherzustellen. So zu kommunizieren birgt aber natürlich Gefahren. Was geschieht, wenn ein Gast unsere „Spieleinladungen“ in den falschen Hals bekommt?

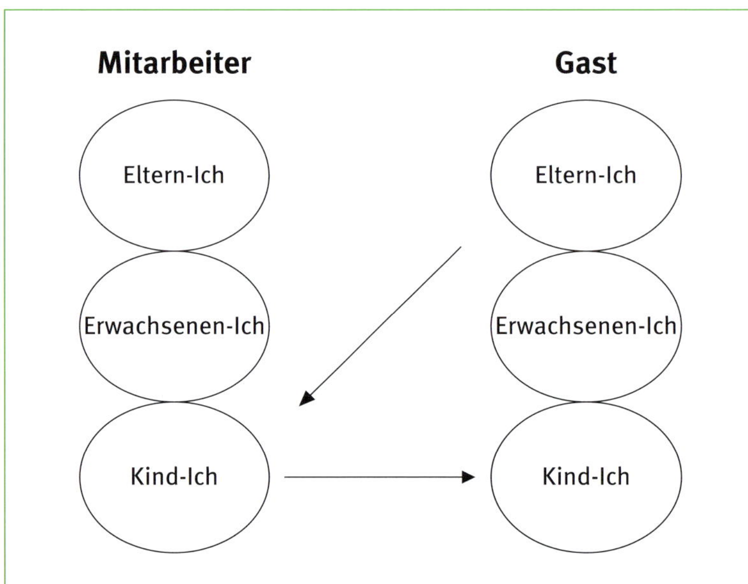

Abb. 4.1: Missglückte Spieleinladung!

Die Abbildung 4.1 verdeutlicht, warum die Spieleinladung schief geht. Der Mitarbeiter sagt beispielsweise zu einem Gast beim Einchecken:

„Ich schaue mal eben nach, ob wir Ihre Reservierung nicht vergessen haben ..." (spielerisches Kind-Ich). Der Gast antwortet: „Was fällt Ihnen ein! Erzählen Sie keine Geschichten, sondern geben Sie mir meinen Zimmerschlüssel!" (tadelndes Eltern-Ich). Vielleicht wird nun deutlich, weswegen ich diese Kategorie als „Spaßbremse" bezeichne. So eine Situation ist auf keinen Fall zu unterschätzen. Der Kontakt zwischen Gast und Mitarbeiter ist jetzt so gestört, dass es entweder zum Kontaktabbruch kommt oder die Situation in die Kategorie „Verbalattacke" oder „persönliche Beleidigung" eskaliert. Ein Augenrollen des Servicemitarbeiters könnte jetzt womöglich das falsche Signal sein. Viel geschickter wäre, die Situation sofort richtig zu stellen und die Situation mit einem gezielt formulierten Satz zu retten. Bei missglückten Spieleinladungen bieten folgende Sätze beispielsweise einen „Notausgang":

- „Entschuldigen Sie bitte meine Bemerkung, das war wirklich nur als Spaß gemeint ..."
- „Es tut mir leid, dass das jetzt nicht gut bei Ihnen angekommen ist. Ich wollte Sie nur ein wenig aufmuntern ..."

Diese Formulierungen bestehen aus zwei Teilen. Zum einen aus einer Entschuldigung und zum anderen aus der Richtigstellung. Dazu empfehle ich, einfach den Tipp von Adolph Knigge zu berücksichtigen und weiterzumachen. Ich habe noch keine Situation erlebt, in der sich der Gast mit meiner Entschuldigung nicht zufrieden gegeben hätte. Sollte das dennoch einmal passieren, würde ich die Situation wie eine Reklamation nach der auf den Seiten 159 bis 166 genannten Vorgehensweise behandeln.

Der Löwe ...
... ist groß, kräftig und wirkt mit seiner Mähne stolz. Als König der Tiere benimmt er sich anderen gegenüber aber gerne rücksichtslos ...

Unter unseren „Big Five" steht er deshalb für die **Arroganten:**
Ist von schwierigen Situationen im Umgang mit Gästen die Rede, beschweren sich viele Mitarbeiter über arrogante Gäste, über Gäste die Mitarbeiter von oben herab behandeln. Ich kann sehr gut verstehen, dass Gäste, die mich mit Mobiltelefon am Ohr links liegen lassen oder die mich, mit italienischer Designer-Sonnenbrille ausgestattet, wie einen Lakaien behandeln, nicht unbedingt zu meinem Hochgefühl beitragen. So ein Verhalten ist ein direkter Angriff auf das Selbstwertgefühl von Servicemitarbeitern. Da wertet einen jemand ab! Je nach limbischer Dominanzinduktion oder Selbstwertgefühl des Servicemitarbeiters ist die Reaktion oft mehr oder weniger energetisch! Da gibt es Servicemitarbeiter, die Gäste nach abwertender Arroganz praktisch

„abwatschen“ (Gegenangriff) und andere, die womöglich in einer Ecke im Betrieb noch eine Stunde später in Tränen ausbrechen. Beide Reaktionen sind nicht angemessen. Hilfreich ist dabei vielleicht die Erklärung, weswegen manche Gäste ein derartig „seltsames“ Verhalten an den Tag legen. Zum einen sollte man wissen, dass so ein Verhalten ein Theaterstück über Selbstdarstellung ist. Servicekräfte sind in diesem Stück einfach nur die Statisten. Daraus lässt sich schlussfolgern, dass sich arrogantes Verhalten überhaupt nicht auf den Mitarbeiter bezieht, sondern auf den Gast selbst. Sich in einer Gruppe als überlegen darzustellen, hat seinen Ursprung erneut in einer Zeit, in der verbale Kommunikation noch eine eher untergeordnete Rolle spielte. Sehr schön finde ich dazu die netten Verse von Erich Kästner zu Beginn dieses Kapitels.

Der zweite mögliche Grund für arrogantes Verhalten löst zumindest bei mir fast schon ein wenig Betroffenheit aus. Wie bereits ausgeführt benötigt unser Gehirn Bezugspunkte, um etwas bewerten zu können. Die Bewertung entsteht meistens aus einem Vergleich heraus. Wenn es darum geht, mich selbst zu bewerten, wird mein Ergebnis umso besser ausfallen, desto schlechter die anderen im direkten Vergleich aussehen. Sie können deshalb davon ausgehen, dass der Grund für arrogantes Verhalten zumeist in der tiefen Unsicherheit des Gastes liegt.

Professionelles Verhalten zeigt sich meines Erachtens darin, auch arrogante Menschen in der Art und Weise zu behandeln, wie es in unserer mitteleuropäischen Kultur üblich ist: mit einwandfreien Umgangsformen! Auf „zuckersüße“ und ganz besonders freundliche Sonderbehandlung würde ich verzichten. Nach dem, was Sie bereits über Kongruenzen und Inkongruenzen wissen, können Sie sich mit dem Satz „Warum, ich war doch freundlich??“ nicht mehr herausreden. Auf besondere Beratung oder sogar ein Stück Persönlichkeit würde ich selbst wahrscheinlich ebenso verzichten.

Das Nashorn ...
... ist äußerlich gepanzert und gut gegen Angriffe gerüstet. Selbst kann es aber nicht nur sticheln, sondern tatsächlich verletzen ...

Unter unseren „Big Five“ steht es deshalb für die **Verbalattacke:**
Manchmal mag man meinen, es gibt Gäste, die lange Strecken und weite Anreisen hinter sich bringen, nur um Mitarbeiter in Gastronomie und Hotellerie zu ärgern. Gegen persönliche Beleidigungen kann man sich vielleicht noch wehren. Es gibt aber auch subtilere Arten und Sticheleien, um Menschen praktisch die Wände hoch gehen zu lassen. Die Art und Weise subtiler Angriffe macht einen nahezu machtlos. Da lächelt ein Gast einem Servicemitarbeiter beispielsweise ins Gesicht

und sagt: „Von Ihnen habe ich auch nichts anderes erwartet!", „Hier bekommt man auch nichts Anständiges mehr zu essen!" oder „Ich habe mir zwar etwas anderes erwartet, aber Sie kennen sich da sicherlich nicht aus!". Hinter all diesen Aussagen steckt beißender Sarkasmus mit schon fast demütigender Wirkung. Auch bei solchen Kommentaren handelt es sich um einen Angriff. An anderer Stelle habe ich bereits die Aussage des Psychologen Paul Watzlawick zitiert, wonach jegliche Kommunikation eine Sach- und eine Beziehungsebene hat, wobei die Beziehungsebene überwiegt. Bei der Verbalattacke tritt die Sachebene völlig in den Hintergrund. Der Sprecher nutzt dabei vor allem die Beziehungsebene, um die herablassenden Botschaften zu senden. Viele Mitarbeiter sind bei solchen Angriffen aus heiterem Himmel tatsächlich sprachlos. Was soll man darauf auch erwidern? Wenn die Sachlage durch den Gast unklar gelassen wird lohnt es sich, diese noch einmal **genau** zu hinterfragen. Solche Fragen auf Sachebene könnten folgendermaßen klingen: „Was genau haben Sie denn von mir erwartet?", „Was genau hätten Sie denn essen wollen?" oder „Wofür genau kann ich denn Ihrer Meinung nach nichts?". Diese Detailfragen entlarven das Spiel der Verbalattacken völlig, was die Person zum Aufgeben dieser Strategie bewegt.

Offen bleibt dann nur noch die Frage, was Gäste dazu bringt, Mitarbeiter aus Gastronomie und Hotellerie mittels Verbalattacken zu ärgern? Die Antwort ist ganz einfach: Das Ärgern bezieht sich nicht nur auf Mitarbeiter in Gastronomie und Hotellerie! Diese Gäste ärgern auch Menschen in allen anderen Branchen und verderben damit deren Stimmung. Wieder ist davon auszugehen, dass die Ursache nicht im Servicemitarbeiter zu suchen ist, sondern in der vergifteten und frustrierten Stimmung des Gastes selbst.

Der Büffel ...
... gerade noch in Ruhe gegrast, rastet er plötzlich völlig aus und geht ohne Rücksicht auf Verluste auf alles los, was sich bewegt ...

Unter unseren „Big Five" steht er deshalb für die **Beleidigung**:
Der Auslöser ist meist kaum auszumachen. Ein Servicemitarbeiter erklärt beispielsweise einen Teil der Leistung oder die Situation und ein Gast verliert buchstäblich die Fassung. Während meiner Laufbahn in Gastronomie und Hotellerie dachte ich eigentlich, ich hätte die ganze Bandbreite an kreativen Beschimpfungs-Formulierungen gehört. In meinen Seminaren belehren mich Teilnehmer aber eines Besseren darüber, was man sich manchmal von Gästen alles anhören muss. Fest steht, dass die persönliche Beleidigung ein Ausdruck von Wut gepaart mit Aggression ist. Was bringt Menschen überhaupt dazu, derart die Fassung zu verlieren? In den meisten Fällen ist es so, dass ein Ausras-

ter in diesem Ausmaß den Gästen selbst peinlich ist, wenn man sie etwas später noch einmal befragt: „**Es** überkam mich ....!". Wenn „es" also kurz die Führung übernommen hat, dann steht auf jeden Fall fest: dieser persönliche Angriff war nicht wirklich überlegt. Sie können davon ausgehen, dass die persönliche Beleidigung das Ende einer Reihe von Ereignissen ist. Der Anfang liegt meist an anderer Stelle. Ein Gast lädt also Energie bei einem Servicemitarbeiter ab, die sich über Stunden, Tage oder sogar Wochen aufgestaut hat. Das entschuldigt so ein Verhalten zwar nicht, aber erklärt es. Ich bin auf keinen Fall der Meinung, Mitarbeiter in Gastronomie und Hotellerie müssten sich alles gefallen lassen. Ich glaube aber, dass Mitarbeiter die Fähigkeit haben sollten, solche Situationen zu deeskalieren. Bei einer persönlichen Beleidigung ist es daher geschickter, nicht noch mehr Öl ins Feuer zu gießen. Antworten wie „Was fällt Ihnen überhaupt ein!", „Nicht in diesem Ton!", „Und wissen Sie, was Sie sind ..." usw. sind nicht dazu geeignet, die Situation zu entschärfen, sondern kommen einer Einladung zur „nonverbalen Konfliktlösung" gleich! Sich im Anschluss buchstäblich „geschlagen zu geben" ist meiner Meinung nach aber die schlechteste Lösung bei persönlichen Beleidigungen! Wenn „es" gerade am Ruder ist, empfiehlt es sich viel mehr, den Kapitän wieder an Deck zu holen. Dazu eignet sich eine sachliche Verbalisierung besonders gut: „Ich fühle mich jetzt von Ihnen persönlich beleidigt." oder „Sie beleidigen mich gerade persönlich!". Wenn die Beleidigungen durch den Gast sofort aufhören und dessen Energielevel in der Stimme sinkt, ist Ihr Versuch gelungen, das Bewusstsein des Gastes wieder zurückzuholen.

Und wenn nicht? Dann können Sie die Situation nicht entschärfen. Nehmen Sie sich entweder selbst aus der „Gefahrenzone" oder den Gast. In so einem Fall ist es besser, mit bestimmter und höflicher Stimme zu sagen: „Bitte verlassen Sie unseren Betrieb!".

Der Leopard ...
...beim Beutefang ist diese Raubkatze geschickt. Erst schleicht sie fast unbemerkt herum, um dann plötzlich zur Höchstform aufzulaufen ...

Unter den „Big Five" steht sie deshalb für die **Preisreklamation**:
Im Abschnitt über Einwandbehandlung habe ich bereits viele Kommunikationsmuster vorgestellt, um einen Preiseinwand zu bearbeiten. Damit hier keine Verwirrung entsteht, möchte ich zunächst den Unterschied zur Preisreklamation klären. Während ein Preiseinwand folgendes Muster hat: „Ich würde ja, wenn ...", steckt hinter der Preisreklamation eher die Botschaft: „Ich möchte eigentlich nicht weil ...!". Ein Gast beschwert sich somit über den Preis. Die Einwandbehandlung wäre deshalb als Reaktion ungeeignet. Nehmen wir beispielsweise an, Sie würden eine Reklamation über Ihren Kaffeepreis bekommen und

darauf das Muster „positive Absicht“ aus der Einwandsbehandlung verwenden: „Ich merke, Sie möchten sich ein wenig Geld sparen“. Ich könnte mir vorstellen, dass diese Antwort nicht zur besonderen Gästebindung beiträgt ...

Es gibt meiner Meinung nach zwei Hauptgründe, die dazu führen, dass Gäste sich über einen Preis beschweren. Zum einen hat sich in Deutschland so eine Art „Subkultur“ entwickelt, in der allgemeines Lamentieren über hohe Preise anscheinend soziale Bindungen stärkt. Gäste aus dieser Subkultur würden sich wahrscheinlich auch beschweren, wäre die Leistung oder ein Produkt um 10 oder 20 Prozent günstiger. Für sie ist eben **alles** zu teuer. Zum anderen hat nicht jeder ein klares Bild darüber, wie Preise in unserer Branche entstehen. Nicht jeder versteht, warum in der Gastronomie eine Tasse Kaffee genauso viel kostet, wie ein ganzes Paket Kaffeepulver beim Discounter um die Ecke oder das Glas Bier ähnlich teuer ist wie sechs Flaschen der gleichen Marke im Getränkemarkt.

Tatsächlich glauben manche Gäste, dass sich Gastronomen und Hoteliers damit eine „goldene Nase“ verdienen, was in Ihren Augen höchst ungerecht ist. In so einer Situation verständnislos den Kopf zu schütteln, ist aber genauso wenig hilfreich, wie einem Gast eine kleine betriebswirtschaftliche Abhandlung über die Preisfindung zu halten. Da die Unterscheidung nicht gleich klar ist, empfiehlt es sich, bei einer Preisreklamation zunächst die Aufmerksamkeit weg vom Preis und gleichzeitig wieder auf das Produkt bzw. die Dienstleistung zu lenken. Das ermöglicht dem Gast einen sachlicheren Preis-Leistungs-Vergleich. Die Wirkungsweise dahinter ist einleuchtend: Sind 1000 € viel Geld? Kommt auf den Bezug an! Für ein Auto? Miete? Monatsverdienst? Für eine Uhr? Welche Uhr? Für ein Kleidungsstück ...? Somit könnte eine erste Antwort auf eine Preisreklamation folgendermaßen aussehen:

- „Sie bekommen dafür einen italienischen Spitzenkaffee ...“
- „Sie bekommen dafür 220 g argentinisches Rinderfilet mit Buttergemüse und Kartoffelgratin ...“
- „Das ist ein 25 qm-Zimmer mit gehobener Ausstattung inklusive Frühstück in Zentrumsnähe.“
- „Unser Veranstaltungsraum verfügt über neueste Technik und hochwertige Ausstattung, damit bei Ihren Gästen keine Wünsche offenbleiben.“
- „In unsere Getränkepreise haben wir natürlich auch alle weiteren Serviceleistungen für Sie mit einkalkuliert.“

Diese Antworten erklären den Preiseinwand zumindest auf Sachebene. Insofern der Gast nun nicht mit einer weiteren Frage reagiert und den

Preis dennoch nicht akzeptiert, können Sie als Gastgeber mit ziemlicher Sicherheit davon ausgehen, dass es nicht mehr um die Sache geht und die Reklamation deshalb auf Informationsebene nicht geklärt werden kann. Da manche Servicemitarbeiter diesen Punkt intuitiv schon erkennen, führen sie die weitere Reklamationsbehandlung weiter, indem sie die Verantwortung von sich ablenken. Antworten wie „Ich mache die Preise nicht.", „Ich kann für die Preise nichts." oder „Die Preise kommen von oben!" entsprechen meiner Meinung nach jedoch nicht der Reaktion eines Serviceprofis! Folgende Aussagen haben ähnlichen Inhalt, transportieren aber eine professionelle und angemessen sachliche Botschaft:

- „Ich kann (möchte) den Preis nicht verändern."
- „Ich merke, dass Sie damit nicht zufrieden sind, dennoch kann ich Ihnen keinen anderen Preis bieten."
- „Ich verstehe Ihren Ärger, dennoch kann bzw. werde ich über den Preis nicht verhandeln."

Mit dieser sachlichen Klarheit ist auch eine Preisreklamation souverän zu meistern, ohne gleichzeitig unfreundlich oder „pampig" zu sein. Wenn ein Gast trotz dieses Bemühens kein Verständnis zeigt bzw. den gebotenen Preis nicht akzeptiert, dann geht es auch nicht mehr um Preise, sondern um Frust. Meiner Meinung nach dürfen Servicemitarbeiter in so einem Fall dann auch zum kommunikativen „Totschläger" greifen und die Preisreklamation mit einer finalen Frage nach folgendem Muster beenden:

- „Möchten Sie den Kaffee trotzdem haben?"
- „Möchten Sie das Zimmer bei uns buchen?"
- „Möchten Sie die Veranstaltung dennoch bei uns durchführen?"

Praxistipp Nr. 36
Mit „normalen" Situationen im Gastkontakt umzugehen ist leicht! Meistern Sie die „Big Five" souverän und beweisen damit, dass Sie tatsächlich Serviceprofi sind.

Bezüglich der „Big Five" in Gastronomie und Hotellerie denke ich gerne an die Aussage eines Segellehrers, der mir einmal sagte: „Segeln bei schönem Wetter ist leicht! Erst bei Sturm zeigt sich die Qualität des Skippers ...!". Dem kann ich auch für unsere Branche 100-prozentig zustimmen.

Was Sie schon immer über Gäste wissen wollten

... wissen Sie schon! Wetten? Ich gehe jetzt natürlich nicht davon aus, dass Sie dieses Buch ausgerechnet mit den letzten Seiten beginnen. Mit allen bisher genannten psychologischen, soziokulturellen und evolutionsbiologischen Grundlagen und Dynamiken sind Sie bestens ausgestattet, eine gute Erklärung für dieses oder jenes Verhalten Ihrer Gäste zu finden. Wofür ist es gut, sich und anderen die Reaktion und das Verhalten von Gästen und Kunden erklären zu können? Auch dieses Wissen haben Sie bereits: Ihr Körper und damit Ihre Körpersprache passt sich Ihren Gedanken an. Mit anderen Worten sehen Servicemitarbeiter, die über einen Gast denken „Der ist wohl unsicher ..." anders aus als Servicekräfte, die denken „So ein Idiot!". Verständnis verändert die Wahrnehmung und damit auch die Reaktion. Bei der Frage, was Sie schon immer über Gäste wissen wollten, kann es sich an dieser Stelle nur noch um eine Zusammenfassung der letzten vier Kapitel handeln. Ein kleiner Test? Hier typische Fragen, die mir Teilnehmer in meinen Seminaren stellen und die ich nicht ausdrücklich beantwortet habe:

- „Warum setzen sich Gäste an einen schmutzigen Tisch?"
- „Warum lesen Gäste die Schilder nicht?"
- „Warum reklamieren Gäste, nachdem Sie etwas aufgegessen haben?"
- „Warum verstehen Gäste unser System nicht?"
- „Warum wissen Gäste nicht mehr, was sie bestellt haben?"

Fallen Ihnen sofort mögliche Antworten zu diesen Fragen ein? Damit meine ich Antworten, die über ein „Gäste sind halt so ...!" hinausgehen. Die Frage, warum Gäste sich beispielsweise an einen schmutzigen Tisch setzen, während alle anderen Tische frisch eingedeckt sind, kann nach den letzten Kapiteln nicht einfach beantwortet werden mit „Weil Gäste Servicemitarbeiter ärgern wollen!". Wenn ich mich nun in die Lage solcher Gäste und Kunden versetze, dann empfinde ich das eher als respektvoll oder womöglich sogar als etwas schüchtern und nicht als bösartig. Manchen Menschen ist es möglicherweise eher unangenehm, sich an einen „so schön gedeckten Tisch" zu setzen. Da tut es doch auch der andere, von dem gerade die letzten Gäste aufgestanden sind. Solche Menschen mit Missachtung oder Unverständnis zu strafen, könnte den Respekt vor unserer Arbeit nachhaltig stören.

Haben Sie schon einmal einen Gast erlebt, der neben den Toiletten stand und fragte, wo die Toiletten seien? Oder Gäste, die sich ständig von der falschen Seite anstellen? Gäste, die sich anscheinend dagegen wehren, die Beschilderung in den Betrieben zu lesen? Die sich an einen Tisch setzen, auf dem ein Reserviert-Schild steht? Dann frage ich Sie nun, ob Sie selbst schon einmal an einer Türe gezogen haben, auf der „drücken“ stand? Sollten Sie diese Frage mit einem klaren „Ja“ beantworten, dann sollten Sie sich nicht mehr darüber beschweren, wenn ein Gast etwas nicht liest. Angesichts der Informationsflut, die uns im Alltag unserer Gesellschaft begegnet, ist es vollkommen nachvollziehbar und ein Stück Eigenschutz, nicht alles zu lesen, womit man den ganzen Tag bombardiert wird. Unverständnis darüber, dass ein Gast etwas nicht liest, zeugt ein wenig von Egoismus. Warum sollte mein Gast etwas lesen, was zunächst nur mir wichtig ist oder was ich nicht immer wiederholen möchte? Interessant dazu finde ich den anscheinend verzweifelten Kampf vieler Gastronomen und Hoteliers, möglichst viel der erforderlichen Kommunikation auf größere oder kleinere Beschilderungen zu schreiben und dann auch noch beleidigt zu sein, wenn ein Gast nicht gleich alles gelesen hat: „Haben Sie das nicht gelesen? Steht doch auf dem Schild neben Ihnen ...!“. Müssen wir vielleicht auch noch eine „Gebrauchsanleitung Gastronomie“ für Gäste schreiben? Unternehmer, die sich vor Fragen der Gäste durch möglichst viel Beschilderung schützen wollen, brauchen ihre Gäste und Kunden nur weiter so unpersönlich behandeln, dann erledigt sich dieses Problem über kurz oder lang von selbst ...

Würden Sie zuhause etwas aufessen, obwohl es nicht so geworden ist, wie Sie sich das gedacht hatten? Warum sollten Gäste das nicht ebenso machen? Wenn ein Gast seine Portion aufisst und danach reklamiert, dann zeigen sich drei Dinge: zum Ersten hatte er wahrscheinlich Hunger. Zum Zweiten war die Qualität des Essens nicht so, dass man es nicht hätte essen können. Zum Dritten zeigt sich aber, dass der Gast während des Essens nicht gefragt wurde, ob das Essen seinen Erwartungen entspricht. Genau genommen handelt es sich bei solch einer Reklamation also um einen Servicefehler! Mitarbeiter, die nun mit der beinahe sarkastischen Frage kontern: „Warum haben Sie es dann aufgegessen??!“ haben große Chancen, gleich eine Spezies der im vorigen Absatz genannten „Big Five“ zu erleben. Aus dieser Sichtweise heraus ist es bei einer Reklamation unerheblich, ob ein Gast sein Essen nun gegessen hat oder nicht. Den angemessenen Ablauf habe ich bereits in Abschnitt 4.4 genannt: „Das tut mir leid ...“, „Was genau hat ihnen nicht geschmeckt ...?“ usw. Erst in den Punkten „Problemlösung“ und „Kompensation“ mag sich dann eine Unterscheidung in der Reaktion ergeben.

Wenn Gäste vermehrt etwas nicht verstehen, dann ist das normalerweise sehr schnell spürbar. Die Punkte, die nicht ganz klar sind, schlagen sich unmittelbar in Reklamationen nieder. Schöner finde ich diesen Satz, wenn man ihn umdreht: Reklamationen zeigen Fehler auf! Daraus ergeben sich zwei Verhaltensmöglichkeiten. Entweder gilt es, die Dienstleistung bzw. das Produkt besser zu erklären oder aber zu verändern und zu verbessern. Der Satz „In Reklamationen stecken Chancen.“ beinhaltet so gesehen viel Wahrheit. Viele neue und moderne Gastrokonzepte haben hohen Erklärungsbedarf. Nicht jeder versteht an manchen Selfservice-Konzepten sofort, wo genau man sich anstellen muss, wo und wie man bestellen oder bezahlen kann usw.

Eine Seminarteilnehmerin sagte einmal: „Gäste werden irgendwie immer dümmer! Ich bekomme 20 Mal am Tag die gleiche Frage gestellt ...“. Ich frage mich, ob so eine Reaktion auf 20 gleiche Fragen wirklich intelligenter ist. Wenn Gäste einen Teil der Dienstleistung nicht verstehen, kann die Reaktion nicht sein, womöglich die Beschilderung zu vergrößern oder mit genervtem Tonfall auf die gehäuften Fragen zu antworten. „Wenn etwas nicht funktioniert, dann mach etwas anders!“. Dieser Gedanke gefällt mir besser als: „Ich mach einfach mehr vom Gleichen ...“. Bei häufigen Reklamationen oder Fragen ist es besser, nicht die Gäste, sondern die eigene Leistung noch einmal zu überprüfen.

Eine ähnliche Aussage über die Intelligenz von Gästen höre ich von manchen Servicemitarbeitern im Restaurant. Demnach wüssten Gäste oftmals nicht mehr, was sie noch 10 Minuten zuvor bestellt hätten. Ich muss aus eigener Erfahrung zugeben, dass es nicht besonders witzig ist, wenn man als Servicemitarbeiter mit heißen Essen an einem Tisch steht und auf die Frage „Wer hatte denn das Wiener Schnitzel bestellt?“ keine Antwort bekommt. Servicemitarbeiter, insofern sie die Bestellung selbst entgegen nehmen, können dieses Problem mit ein wenig Übung sicherlich vermeiden. Sie wissen 10 Minuten später einfach noch, wer das Wiener Schnitzel bei Ihnen bestellt hat. Weiterhin gibt es noch andere Möglichkeiten, dieses Phänomen möglichst zu vermeiden: Bei der Annahme die Bestellung noch einmal wiederholen, gut im Kontakt sein, Gäste aus dem „Autopiloten“ holen usw. In den Kapiteln 1 und 2 finden sich genügend Möglichkeiten, um das Bewusstsein der Gäste zu beeinflussen. Abgesehen davon gibt es einen Punkt, der meines Erachtens nicht zu unterschätzen ist. Ab Seite 150 habe ich von Mitarbeitern berichtet, die manchmal „irgendwie nicht bei der Sache“ sind, und einen Zusammenhang mit deren Selbstbewusstsein hergestellt. Es gibt natürlich auch Gäste mit ähnlich gelagerten Problemen. Solchen Menschen verbale und nonverbale Botschaften zu senden, z. B. dass ihr Verhalten nicht akzeptabel ist, wirkt sich ganz sicher nicht positiv auf die Selbstsicherheit aus. Ich glaube fest daran, dass Gäste, denen es im Laufe ihres Besuchs immer schlechter geht, nicht wiederkommen ...

Praxistipp Nr. 37
Bei vermehrten Fragen und Reklamationen Ihrer Gäste lohnt es sich, die eigenen Produkte und Dienstleistungen zu hinterfragen und möglicherweise zu verändern.

Natürlich sind nun sicherlich nicht alle Fragen geklärt. Geklärt ist aber, wie sie selbst solche Fragen beantworten können und somit endet dieses Buch, wie es angefangen hat: Versetze Dich in die Lage Deiner Gäste. Dazu braucht es keine psychologische Ausbildung, sondern nur ein Stück Bereitschaft. Wer hinter jedem Verhalten von Gästen negative Absichten oder fehlende Intelligenz vermutet, der wird es als Serviceprofi schwer haben bzw. nie einer werden. Verständnis kommt von Verstehen. Das, verbunden mit ein wenig Vorbereitung, sorgt tatsächlich dafür, dass man auch in schwierigen Situationen souverän reagieren kann.

»**Verständnis** kommt von **Verstehen**.«

Überprüfungsfragen zum Kapitel

Wie können Sie Einfluss auf die eigene Grundstimmung nehmen?

Erklären Sie den Unterschied zwischen „State“ und „Trait“.

Wie wirkt sich Ihre Stimmung auf Ihre Physis aus?

Wie genau wirkt sich das Selbstbewusstsein von Servicemitarbeitern auf ein Beratungsgespräch mit Gästen aus?

Nennen Sie vier Punkte, die sich positiv auf das Selbstbewusstsein auswirken können.

An welcher Stelle und wie kann man das Prinzip der Reziprozität bei einer Reklamation anwenden?

Was bewirkt eine Detailfrage über die Zufriedenheit eines Gastes im Gegensatz zu einer allgemeinen Frage?

Was genau kann man bei einer Reklamation kompensieren?

Wie können Sie reagieren, wenn Sie den Reklamationsgrund nicht lösen bzw. verändern können?

Wie reagieren Sie auf arrogante Gästen souverän?

Warum lesen manche Gäste die Beschilderung im Betrieb nicht?

Entwicklung in der Gastronomie

Die berühmten letzten Worte

Ist Ihnen auch schon aufgefallen, dass die Karriere in Gastronomie und Hotellerie oftmals vom Gast weggeht? Nach der Zukunft gefragt, höre ich von vielen Servicemitarbeitern, dass sie gerne weg von der „Front“ möchten und letztendlich als Manager mehr administrative bzw. Führungsaufgaben übernehmen wollen. Wie muss ich mir das vorstellen? Bedeutet das, der Erfolg in unserer Branche misst sich daran, sich nicht mehr mit Gästen „rumschlagen“ zu müssen? Ich habe sogar schon einmal folgende Aussage gehört: „Ich habe ja nicht studiert, damit ich mich von Gästen blöd anreden lassen muss!“. Ich glaube aber, in jeder Position in Gastronomie und Hotellerie muss man vor allem Gastgeber sein! Wer darauf keine Lust mehr hat, sollte deshalb nicht auf-, sondern aussteigen. Es gibt genügend Berufe, in denen man nicht so viel mit den Eigenarten, Facetten, Emotionen und Bedürfnissen von Menschen zu tun hat. Vielleicht ist aber auch das wieder nur eine Frage der Sichtweise. Ich kenne ebenso viele Menschen, die unseren Beruf genau wegen dieser Herausforderung wählen und lieben und die bei Begriffen wie „eigenartig“ und „Facetten“ eher neugierig werden. Genau für diese Menschen ist dieses Buch gedacht!

Man muss für die Arbeit am Gast bzw. Kunden tatsächlich nicht unbedingt studiert haben. Die Kapitel und Abschnitte in diesem Buch konnten hoffentlich aufzeigen, dass ein genaues Studieren der Gäste die Ergebnisse in Gastronomie und Hotellerie drastisch verbessern können. So gesehen ist unsere Arbeit als Gastgeber tatsächlich „hohe Schule“, auch wenn man dafür nicht unbedingt einen Hochschulabschluss braucht. Zusammengefasst bestehen diese von mir aufgezählten psychologischen Tricks und Kniffe aus einem Mix aus Kenntnis, Beobachtungsgabe, Aufmerksamkeit und sprachlicher Flexibilität. Ist es für Mitarbeiter in Gastronomie und Hotellerie tatsächlich möglich, diese Dinge in die tägliche Praxis zu integrieren? Wir reden nicht von einem oder zwei Gästen oder Kunden. Die meisten Mitarbeiter vollbringen täglich ihre Dienstleistung an dutzenden, ja manchmal hunderten von Gästen. Bin ich tatsächlich als Servicekraft fähig, mich auf alle meine Gäste in dieser ganzheitlichen Form einzustellen? Diese Frage kann ich wahrscheinlich nicht allumfassend beantworten. Ich glaube auch nicht, dass „alle“ oder „keine“ die sinnvollen Begriffe in diesem Zusammenhang sind. Vielmehr stelle ich mir das Einfließen der psychologischen Aspekte in die tägliche Arbeit mit Gästen und Kunden wie Klavierspielen vor. Damit ich „Flohwalzer“ spielen kann, reichen eine handvoll Tasten und ein paar Minuten Übung. Das einfließen lassen psychologischer Grundlagen in unsere Aufgaben als Gastgeber ist wahrscheinlich gleichzusetzen mit der Entdeckung weiterer Tasten rechts und links. Je mehr Tasten ich kenne, desto abwechslungsreicher und interessanter wird die Melodie. Je öfter ich diese Tasten benutze, desto selbstverständlicher wird es sein, diese beim täglichen Musizieren zu spielen ...

Für den Fall, dass Sie ein wenig psychologisches Hintergrundwissen und die sich daraus ergebenden Verhaltensweisen nun in Ihren gastronomischen Alltag integrieren möchten, steht fest, dass Ihre Arbeit dadurch nicht leichter wird. Ganz im Gegenteil! Sie haben jedoch die Möglichkeit, der Tätigkeit mit Gästen und Kunden eine zusätzliche Tiefe zu geben, die Ihren Beruf weit anspruchsvoller machen wird als vielleicht bisher. Mehr Anstrengung? Warum sollten Sie das tun? Ich glaube, dass ein gewisser Anspruch und die damit erzielten, überdurchschnittlichen Ergebnisse es überhaupt erst ermöglichen, die Aufgabe am Gast über viele Jahre hinweg oder sogar bis zur Rente, mit Spaß, Freude und eigener Zufriedenheit auszuführen. Das ist es, was am Ende außergewöhnliche Gastgeber auszeichnet.

»Die **Welt** ist genau das,
was **Du** daraus machst!
Also **mach was** daraus ...«

Frank Simmeth

Vielleicht abschließend noch einen letzten, ermutigenden Ausblick in die Zukunft und für Ihre eigene Entwicklung. Die einzelnen Schritte, über die man komplexes Wissen und Verhalten in das tägliche Leben integriert, kann man gut mit dem Erlernen des Autofahrens vergleichen: Als Kind beobachten Sie zunächst, wie ein Elternteil hinter dem Steuer sitzt, Pedale tritt, am Lenkrad dreht und den Motor anlässt. Sie denken: „Das ist ja leicht, das kann ich auch!“. Diesen ersten Schritt nennt man „unbewusste Inkompetenz“. Das ändert sich schlagartig bei Ihrer ersten Fahrstunde als junger Erwachsener. Plötzlich sitzen Sie selbst hinter dem Steuer, versuchen Gänge einzulegen und den Motor nicht abzuwürgen. Sie erkennen: „Oh, ich kann das gar nicht!“. Diesen zweiten Schritt nennt man „bewusste Inkompetenz“. Nun beginnt eine wichtige Phase: Sie fangen an, etwas Neues zu lernen! Wenn Sie dann endlich ihren Führerschein in der Hand halten, sitzen Sie für viele Stunden sehr aufmerksam im Auto und achten darauf, dass Sie alles richtig machen. Diesen Schritt nennt man „bewusste Kompetenz“. Und dann? Können Sie sich denn konkret an das Lenken, Blinken und Schalten der letzten Autofahrt erinnern? Nein? Das wird als „unbewusste Kompetenz“ bezeichnet. Ich wünsche Ihnen auf diesem Weg viel Erfolg mit vielen begeisterten Gästen ...

Zusammenfassung der Praxistipps

Praxistipp Nr. 1 **Seite 14**
Überlassen Sie es nicht dem Zufall, was Ihre Gäste wahrnehmen. Wenn Sie eine besondere Leistung anbieten, dann sprechen Sie Ihre Gäste darauf an und lenken Sie damit deren Sinne gezielt auf den gewünschten Punkt!

Praxistipp Nr. 2 **Seite 15**
Achten Sie darauf, dass Sie in Ihrem Angebot, in Ihren Werbematerialien und in der Gastkommunikation möglichst alle Sinne – sehen, hören, schmecken, riechen und fühlen – ansprechen, um die unterschiedlichen und individuellen Vorlieben Ihrer Gäste abzudecken.

Praxistipp Nr. 3 **Seite 16**
Achten Sie darauf, welche Leistung Ihre direkte Konkurrenz erbringt. Ihre Gäste werden die gleiche oder ähnliche Leistung auch von Ihnen erwarten! Wenn Ihre Gäste eine erwartete Leistung bei Ihnen nicht erhalten, bleiben negative Erinnerungen hängen.

Praxistipp Nr. 4 **Seite 21**
Beziehen Sie Ihre Gäste gedanklich in Aufgaben und Tätigkeiten mit ein. Verwenden Sie in Checklisten und in interner Kommunikation Formulierungen aus Sicht Ihrer Gäste.

Praxistipp Nr. 5 **Seite 23**
Betrachten Sie Ihren Betrieb aus Gastsicht und mit verschiedenen Emotionszuständen. Wie nehmen Gäste, die müde, genervt, in Eile, kritisch, freudig oder gespannt sind, Ihre Leistung wahr?

Praxistipp Nr. 6 **Seite 25**
Nehmen Sie Ihren Betrieb oder Arbeitsbereich regelmäßig mit allen Sinnen wahr: sehen, hören, schmecken, riechen und fühlen Sie. Prüfen Sie, ob alle Signale, die Sie aussenden, geeignet und zielführend auf Ihr Konzept abgestimmt sind.

Praxistipp Nr. 7 **Seite 30**
Machen Sie alles, was Sie tun, noch ein Stück wertvoller durch die Art und Weise, wie Sie es tun. Nutzen Sie Ihre Bühne! Zelebrieren Sie Ihre Speisen, Getränke und Dienstleistungen ein wenig, um diese angemessen zu inszenieren.

Praxistipp Nr. 8 **Seite 32**
Wofür stehen Sie? Formulieren Sie Ihre Identität in einigen Sätzen. Benutzen Sie Ihre ausformulierte Identität praktisch als Musterkriterium (Schablone), um Produkte, Angebote und Dienstleistungen zu überprüfen und Übereinstimmung sicherzustellen.

Praxistipp Nr. 9 **Seite 41**
Sorgen Sie für guten Kontakt mit Ihren Gästen. Das bedeutet, dass Sie sich auf inhaltlicher und emotionaler Ebene angleichen. Die emotionale Ebene überwiegt dabei!

Praxistipp Nr. 10 **Seite 44**
Achten Sie darauf, dass Sie mit einem offenen und freundlichen Kontaktblick möglichst schnell Beziehung zu Ihren Gästen aufbauen.

Praxistipp Nr. 11 **Seite 47**
Widmen Sie Ihren Gästen und Kunden zu Beginn und am Ende des Besuchs besondere Aufmerksamkeit. Am Anfang bestimmen Sie damit den weiteren Kontaktverlauf, am Ende beeinflussen sie, wie Ihre Gäste Sie bewerten!

Praxistipp Nr. 12 **Seite 48**
Begrüßen Sie Ihre Gäste mit einem Lächeln! Achten Sie dann aber auf die emotionale Haltung Ihrer Gäste und reagieren Sie entsprechend empathisch. Nur so kann guter Kontakt auf emotionaler Ebene gehalten werden.

Praxistipp Nr. 13 **Seite 55**
Bleiben Sie auch mit den Gästen in gutem Kontakt, die Ihnen nicht auf Anhieb sympathisch sind. Sie lassen damit den notwendigen Raum für mögliche Veränderung!

Praxistipp Nr. 14 **Seite 56**
Begegnen Sie Ihren Gästen in deren Welt! Gleichen Sie Ihre Kommunikation in Lautstärke, Tonalität, Körperhaltung und Gestik, aber auch was Sprechweise und Wortwahl betrifft, der Ihrer Gäste an.

Praxistipp Nr. 15 **Seite 59**
Machen Sie sich als Dienstleister nicht kleiner, sondern begegnen Sie Ihren Gästen verbal und nonverbal auf Augenhöhe. Vermeiden Sie distanzierende Gastro-Floskeln!

Praxistipp Nr. 16 **Seite 65**
Übernehmen Sie Ihre Gastgeberrolle geschickt! Sorgen Sie mit liebevollen und fürsorglichen Aussagen dafür, dass sich Ihre Gäste bei Ihnen „heimisch" fühlen.

Praxistipp Nr. 17 **Seite 69**
Umgangsformen sind die Pflicht, Persönlichkeit aber ist die Kür! Achten Sie darauf, dass in Ihrer Gastkommunikation auch ein Anteil „Small talk" enthalten ist.

Praxistipp Nr. 18 **Seite 72**
Überprüfen Sie, ob Ihre Wortwahl auch Ihre innere Haltung gegenüber den Gästen und Kunden widerspiegelt. Benutzen Sie Worte, die Sie als Gastgeber erkenntlich machen.

Praxistipp Nr. 19 **Seite 78**
Wenn Sie von Ihren Gästen gerne Trinkgeld bekommen möchten, müssen Sie dafür mit Ihrer Leistung oder mit Ihrem Verhalten auch einen klaren Mehrwert bieten!

Praxistipp Nr. 20 **Seite 82**
Stellen Sie Ihre Gäste in den Mittelpunkt Ihrer Aufmerksamkeit! Entscheiden Sie über die Reihenfolge Ihrer Aufgaben nach folgender Prioritätenhierarchie: 1. Gast, 2. Ablauf, 3. Sauberkeit, 4. Team.

Praxistipp Nr. 21 **Seite 88**
Stimmen Sie Verkaufsgelegenheiten und Arbeitsablauf aufeinander ab. Planen Sie, welche Artikel(gruppe) Sie zu welchem Zeitpunkt im Serviceablauf anbieten möchten.

Praxistipp Nr. 22 **Seite 90**
Helfen Sie Ihren Gästen dabei, Entscheidungen zu treffen. Beratung bedeutet, dass Sie Produkte und Dienstleistungen individuell bewerten, sprich „wertvoller" machen.

Praxistipp Nr. 23 **Seite 94**
Überprüfen Sie Ihre Vorurteile! Schränken Sie Ihre Beratungsleistung nicht aufgrund unüberprüfter Glaubenssätze über Ihre Gäste ein.

Praxistipp Nr. 24 **Seite 103**
Reagieren Ihre Gäste mit Störgefühlen wie z. B. verärgert, verstört, genervt, verunsichert, ist das eventuell ein Zeichen schlechter Kommunikation und drohenden Kontaktabbruchs.

Praxistipp Nr. 25 **Seite 115**
Jegliche Kommunikation hat einen Inhalts- und einen Beziehungsaspekt. Achten Sie speziell bei der Verkaufseröffnung darauf, dass der Beziehungsaspekt den Kontakt verstärkt.

Praxistipp Nr. 26 **Seite 116**
Geschickt zu beraten bedeutet, rationale und emotionale Verkaufsargumente zu beachten. Machen Sie sich immer wieder bewusst, dass Gäste und Kunden ihre Kaufentscheidungen überwiegend emotional treffen.

Praxistipp Nr. 27 **Seite 126**
Verkaufen Sie „gehirngerecht". Beachten Sie, dass Ihre Gastkommunikation im Verkaufsgespräch die limbischen Grundausrichtungen Dominanz, Stimulanz und Balance enthält.

Praxistipp Nr. 28 **Seite 128**
Überprüfen Sie Ihre Absicht! Manipulation ist moralisch einwandfrei, solange Sie das Wohlbefinden Ihrer Gäste positiv beeinflussen möchten.

Praxistipp Nr. 29 **Seite 139**
Beziehung geht vor Verkauf! Gehen Sie wertschätzend mit den Einwänden und Vorwänden Ihrer Gäste um. Welche positive Absicht steckt hinter einem Einwand?

Praxistipp Nr. 30 **Seite 154**
Managen Sie nicht nur Produkte und Abläufe, sondern auch Ihre eigene Stimmung! Bringen Sie sich mit Verhalten, Gedanken und Vorstellungen zu Arbeitsbeginn in entsprechende Arbeitsstimmung, um Ihre Gäste zu begeistern.

Praxistipp Nr. 31 **Seite 160**
Wählen Sie gegenüber Reklamationen die angemessene Einstellung eines professionellen Gastgebers: Eine Reklamation ist ein kostenloser Verbesserungsvorschlag!

Praxistipp Nr. 32 **Seite 161**
Gäste äußern ihre Reklamationen nicht immer verbal. Hinterfragen Sie Ihre Dienstleistung auch dann, wenn der Gast auf nonverbaler Ebene seinen Unmut äußert. Denn auch nicht Ausgesprochenes kann gesagt sein!

Praxistipp Nr. 33 **Seite 163**
Hinterfragen Sie Ihre Dienstleistung. Wenn Sie detaillierte Informationen von Ihren Gästen erhalten möchten, müssen Sie auch detaillierte Fragen stellen.

Praxistipp Nr. 34 **Seite 164**
Halten Sie sich bei Beschwerden und Reklamationen möglichst an folgenden roten Faden:

1 Bedanken Sie sich für eine Beschwerde.
2 Nehmen Sie die Reklamation angemessen an.
3 Zeigen Sie Verständnis.
4 Klären Sie den genauen Sachverhalt.
5 Lösen Sie das Problem schnell und unkompliziert.
6 Kompensieren Sie evtl. entstandenen Ärger.
7 Fassen sie noch einmal nach.

Praxistipp Nr. 35 **Seite 167**
Installieren Sie Ihren eigenen „30-Second-Review"! Überlegen Sie sich dafür 30 Sekunden lang vor Arbeitsbeginn, wie Sie heute mit möglichen schwierigen Situationen am Gast umgehen möchten.

Praxistipp Nr. 36 **Seite 174**
Mit „normalen" Situationen im Gastkontakt umzugehen ist leicht! Meistern Sie die „Big Five" souverän und beweisen damit, dass Sie tatsächlich Serviceprofi sind.

Praxistipp Nr. 37 **Seite 178**
Bei vermehrten Fragen und Reklamationen Ihrer Gäste lohnt es sich, die eigenen Produkte und Dienstleistungen zu hinterfragen und möglicherweise zu verändern.

Literaturnachweis

Dr. Eckart von Hirschhausen	Glück kommt selten allein ..., 2009
Denise Schulz	Das Lokal als Bühne, 1996
Zeithaml, Parasuraman, Berry	Qualitätsserivce – Was Gäste erwarten, 1990
Daniel Zanetti	Kundenverblüffung, 2005
G.Rizzolatti, C. Sinigaglia	Empathie und Spiegelneuronen, 2008
Hans-Georg Häusel	Think Limbic! Die Macht des Unbewussten verstehen und nutzen, 2010
Hans-Georg Häusel	Neuromarketing, 2008
Robert B. Dilts	Die Magie der Sprache - Sleight of Mouth, 2008
Doris Märtin	Smart Talk - Sag es richtig, 2006
Stefan Klein	Zeit – Der Stoff aus dem das Leben ist, 2008
Dale Carnegie	Wie man Freunde gewinnt, 1963
Vera F. Birkenbihl	Stroh im Kopf?, 2000
Vera F. Birkenbihl	Kommunikationstraining, 1999
A. Haubrock	Der Mythos vom König Kunde, 2006
Eric Berne	Spiele der Erwachsenen, 2003
Thomas A. Harris	Ich bin O. K. Du bist O. K., 2002
Friedemann Schulz von Thun	Miteinander reden: 1–3 , Allgemeine Psychologie der Kommunikation, 2008
Richard Bandler, John Grinder	Refraiming, 2010
Robert B. Cialdini	Die Psychologie des Überzeugens, 2001
Marshall B. Rosenberg	Gewaltfreie Kommunikation, 2009
Manfred Spitzer	Geist und Gehirn DVD 1-7, 2008
Nathaniel Branden	Die 6 Säulen des Selbstwertgefühls, 2003
Jean-Georges Ploner	Service that Sells, 2002
Asfa-Wossen Asserate	Manieren, 2003
René Egli	Das LOLA-Prinzip, 1994
Adolph Freiherr von Knigge	Über den Umgang mit Menschen, 2004
Klaus Grochowiak	Framing – NLP Wissen für Trainer, 2011
Samy Molcho	Körpersprache im Beruf, 2001

Frank Simmeth

„Hab Spaß am Job – und lass deine Gäste daran teilhaben!"

Der gelernte Koch nahm zwischen 1991 und 1998 Führungspositionen in der Gastronomie ein – mit Schwerpunkt Systemgastronomie. Bis 2003 war er gastronomischer Leiter der Käfer Messegastronomie und interner Trainer der Käfer Personalentwicklung. Seit 2003 ist der NLP-Trainer und zertifizierte Coach erfolgreich als selbständiger Trainer für Gastronomie und Hotellerie tätig und begeistert in seinen lebendigen und abwechslungsreichen Seminaren Mitarbeiter wie Führungskräfte gleichermaßen. Servicewüste Deutschland? Mitnichten, ist Frank Simmeth überzeugt. Zumindest nicht in Gastronomie und Hotellerie. Wer seine „Hausaufgaben" gemacht hat, kann mit professionellem Auftreten sowie vor allem mit einem Touch „Herzblut" seine Gäste heute umso mehr überzeugen! Frank Simmeth weckt mit seinen praxisorientierten Seminaren die Lust, seinen Job neu zu entdecken und jede Menge Spaß dabei zu haben. Simmeth-Training bietet Training, Coaching und Beratung für Gastronomie und Hotellerie zu folgenden Themengebieten an: Kundenfokussierung, Kommunikation, Verkauf, Motivation und Führung. Seit 2006 schreibt Frank Simmeth die beliebte Kolumne „Der monatliche Servicetipp", die im bayerischen Gastronomie Report veröffentlicht wird.

Informationen und Kontakt und den monatlichen Servicetipp als Newsletter unter: www.simmeth-training.de

Fragen, Meinungen und Anmerkungen an: fs@simmeth-training.de